AUTOR *BEST SELLER* #1 DEL *NEW YORK TIMES*

DAVE RAMSEY

LA TRANSFORMACIÓN *Total* DE SU DINERO

UN PLAN EFECTIVO PARA ALCANZAR PAZ FINANCIERA

 HarperEnfoque

Traducción, edición y tipografía: *Grupo Scribere*
ISBN: 978-1-40034-276-1
eBook: 978-1-40034-277-8
Audio: 978-1-40025-029-5

La información sobre la clasificación de la Biblioteca del Congreso está disponible previa solicitud.

Impreso en Estados Unidos de América
24 25 26 27 28 LBC 5 4 3 2 1

DAVE RAMSEY

LA TRANSFORMACIÓN Total DE SU DINERO

UN PLAN EFECTIVO PARA ALCANZAR PAZ FINANCIERA

A mi bella esposa, Sharon, que experimentó a mi lado una transformación total de nuestro dinero. Te amo, vida mía.

A las superestrellas en todo Estados Unidos que han tenido el valor de enfrentarse a la persona en el espejo, a la cultura, a sus familiares y hasta a sus compañeros de trabajo al «vivir como nadie para después poder vivir como nadie». Ustedes, que con valor tuvieron una transformación total de su dinero en el corazón y en la billetera, son verdaderas superestrellas.

A los equipos de Ramsey Solutions y Thomas Nelson por las incansables horas que dedicaron a poner este material a la disposición de todo el mundo.

Contenido

Introducción

¡Lea las historias de las vidas que este libro ha cambiado! Es más, le recomiendo que se salte el libro y revise primero las historias. Ellas lo inspirarán a leer todo el libro y a realizar el Plan efectivo para alcanzar paz financiera.

Hace muchos años, recibí un llamado: revelarles a las personas la verdad sobre las deudas y el dinero y proporcionarles la esperanza y las herramientas necesarias para liberarse financieramente. Al principio, llevé a cabo mi llamado con algunas conferencias y un pequeño libro que yo mismo publiqué y que se titulaba *Tranquilidad financiera*. Tiempo después, dicho libro fue publicado por una editorial de Nueva York y se convirtió en nuestro primer *best seller* del *New York Times*. Además, comencé un pequeño programa de radio local que actualmente se emite en cientos de emisoras de todo el país, así como en plataformas de pódcast como YouTube y Spotify. Todo esto suma millones de oyentes y telespectadores que nos sintonizan cada semana. Hace treinta años, empezamos a impartir una clase titulada Universidad para la Tranquilidad Financiera, a la que millones de familias han asistido. Luego surgió *La transformación total de su dinero*.

Estoy convencido de que las finanzas personales dependen en un ochenta por ciento de nuestra conducta y en un veinte por ciento del conocimiento que tenemos. Nuestro enfoque en el comportamiento (tras concluir que la mayoría de personas saben *qué* hacer con el dinero, pero no *cómo* hacerlo) nos ha revelado una perspectiva distinta sobre las finanzas personales. La mayoría de asesores financieros yerran al procurar explicarle las cifras, pues asumen que no comprenderá la matemática. Estoy seguro de que la culpa de mis problemas financieros recae sobre el hombre en el espejo. Si se comporta, arreglará sus finanzas. Los cálculos implicados en aumentar las riquezas no son mecánica cuántica; son sencillos, ¡pero debe ACTUAR!

El plan efectivo de transformación total de su dinero que yo enseño ha sido exitoso, no porque yo descubriera los secretos de los ricos o porque haya tenido una revelación inusitada sobre las tarjetas de crédito, ni porque yo sea el único con un Plan bola de nieve. En realidad, este plan efectivo está teniendo un impacto nacional porque he concluido que, para cambiar sus finanzas, primero debe cambiar *usted*. Debe cambiar su vida, porque al hacerlo, usted saldrá de sus deudas, podrá hacer donaciones e invertir a un ritmo increíble. Cuando lea las historias de este libro, comprobará que no presentan cálculos complejos ni sistemas mágicos, sino vidas, matrimonios y relaciones transformadas. Cuando usted cambia su vida, en realidad la transforma.

Sin duda me emocioné cuando Mike Hyatt, quien entonces era presidente y director ejecutivo de Thomas Nelson Publishers, me presentó la idea del libro sobre *La transformación total de su dinero*. Mi emoción se remitía a mi certeza de que este libro inspiraría a los lectores a actuar de inmediato en un proceso sencillo y estructurado cuyos resultados cambiarían sus vidas. La esperanza, aquella luz al final del túnel que no proviene de un tren en las vías, es una fuerza poderosa.

Aunque estaba emocionado, no sabía con certeza lo que estábamos comenzando. Yo suponía que esta información se entendía por sentido común, pero parece ser que el sentido común no es tan frecuente. Este libro apareció en el mercado como un rayo. ¡Causó sensación! Sin embargo, esto no sucedió porque yo fuera un genio, sino porque la nación estaba preparada para una llamada de alerta financiera. Sin duda se debió a que las familias estadounidenses, aquellas mujeres y hombres trabajadores que estaban hartos de las dificultades económicas, estaban listos para cambiar sus vidas. Más de una década después, al examinar el recorrido, quedo impresionado por los resultados que estas familias han obtenido y me siento honrado de haber aportado un poco a la transformación de sus vidas.

A lo largo de los años, *La transformación total de su dinero* les ha dado ESPERANZA a millones de familias. Este libro les ha dado la esperanza de ganar y eso los ha llevado a actuar y a declarar la victoria definitiva sobre sus preocupaciones y dificultades financieras. ¡Así han podido *ganar* de verdad! Es impresionante la cantidad de personas que he conocido en el país y que me han confesado que este es el primer libro (en general) que han leído en diez años. En *La transformación total de su dinero* usted tiene un libro apto para todo el mundo; es para personas con altos ingresos, como yo, y también para quienes empiezan desde el fondo, como también lo hice yo.

Usted está a punto de leer sobre un proceso, un plan efectivo, para poder ganar. El plan es sencillo, pero muy interesante. Sin embargo, estos principios no son míos; en realidad, se los robé a su abuela y a Dios. Dichos principios son parte del sentido común, que, de nuevo, no es tan común. El plan es mío (y sin duda no soy un genio) y lo creé al observar a millones de personas con las cuales he interactuado a través de la radio, la televisión, los libros, las clases, el internet, los correos electrónicos, los pódcast y nuestros eventos en vivo. He logrado comprimir exitosamente un poco de sentido común sobre finanzas en un plan que todo el mundo puede hacer y sin duda millones lo hacen.

Cuando empecé a hablar sobre estos principios hace años, sabía que nos habían ayudado a mi esposa, Sharon, y a mí a sobrevivir la bancarrota y a comenzar a prosperar nuevamente. Las primeras cien veces que hablé sobre dinero, no tenía tanta confianza como ahora en estos principios. En la actualidad, veo a los ojos a miles de personas que han seguido el plan y han experimentado, al igual que nosotros, la emoción, la esperanza y la gratitud. Estoy feliz no solo de haberles proporcionado un plan efectivo, sino también de haberlos inspirado a transformar su árbol familiar.

Tengo tanta confianza en los principios expuestos en *La transformación total de su dinero* que no soporto cuando alguien no lo comprende. Puesto que estoy tan convencido de que mi plan funciona para todo el mundo, mis respuestas a las preguntas recurrentes jamás cambiarán. Al reconocer e identificar diversas verdades y principios de sentido común, he podido convencer a millones de personas de cambiar sus vidas y experimentar una transformación total de su dinero. ¿Sigue usted?

Lo que este libro NO es

Sé que quizás para usted será difícil creerlo, pero recibo muchos correos electrónicos de odio y muchas críticas. Este libro y lo que he dicho u omitido en él han generado mucha negatividad e insultos. ¡Qué divertido! Sin embargo, no es divertido porque yo me proponga ofender a otros o porque disfrute de leer las afirmaciones hostiles que las personas escriben sobre mí, sino porque toda esa negatividad significa dos cosas: primero, para muchos, estamos abordando un tema que debe ser discutido para que puedan transformar sus vidas; y segundo, yo persigo la verdad de manera activa y apasionada. Aristóteles afirmó: «Para evitar las críticas, no digas nada, no hagas nada y no seas nada». No puedo ayudar a millones de personas si no digo, hago ni soy algo. Por lo tanto, tomo la ira, las críticas e incluso el correo electrónico de odio como un estímulo.

Mi editor me sugirió «responder a mis críticos». Creo que paso. Mi abuela solía afirmar: «Aquellos convencidos en contra de su voluntad, conservan sus mismas opiniones». No obstante, querido lector, no deseo engañarlo. Es importante que exprese lo que este libro NO es, para que pueda decidir si invertir en él su valioso dinero.

Este libro NO es sofisticado ni complicado

Si usted busca una guía detallada y profunda sobre cómo invertir, está en el lugar equivocado. Si usted busca un texto académico que lo hará dormir y donde se utilice un cierto discurso para elevar el ego del autor, está en el lugar equivocado. He descubierto que muchas de las verdades más profundas y relevantes que encontrará son muy sencillas.

En nuestra cultura, sobrevaloramos lo complicado y lo sofisticado. Si usted conoce la función de todos los botones en su control remoto, probablemente no sea un buen control. En el mundo de las finanzas, se nos ha enseñado a ser intelectuales arrogantes. Muchos creen que las ideas sencillas no son profundas, que son para «la gente común». Esta noción es tan falsa como arrogante. Yo he conocido a miles de millonarios y casi todos ellos tienen filosofías *muy poco* complicadas sobre la inversión y las finanzas. Esta semana conversaba sobre inversiones y estructuras de negocios con un amigo cuyo patrimonio neto supera los 20 millones de dólares. Él afirmó: «Siempre mantengo las cosas sencillas y claras». Solo los bobos de las finanzas prefieren complicar estos asuntos para justificar sus existencias o el costo de sus estudios. Por favor, no espere encontrar en este libro una guía detallada sobre cómo organizar su plan de patrimonio ni una teoría minuciosa sobre las inversiones. Ese no es mi campo. Yo ayudo a las personas a comprender y actuar con base en verdades bien establecidas sobre el dinero, de modo que puedan transformar sus vidas.

Este libro NO contiene algo que no se haya dicho antes

En la actualidad, existen muchos buenos autores de finanzas y existieron incluso más en el pasado. Muy poco de este texto equivale a un contenido que otros no hayan mencionado o explicado ya. Con frecuencia decimos en nuestro programa de radio que ofrecemos los mismos consejos de finanzas que su abuela, con la excepción de que no se nos cae la dentadura postiza de la boca. Le sugiero que lea a muchos otros autores, como lo hago yo. En realidad, he inventado muy pocas ideas en esta área de las finanzas. Mi aporte ha sido condensar estos principios bien establecidos en un proceso sencillo que ha inspirado a millones de personas a actuar. La mayoría de nosotros sabemos qué hacer, pero nos cuesta llevarlo a cabo. ¿Cómo se pierde peso? Ejercitándose más y comiendo menos. Eso lo sé; entonces compré un par de libros sobre este tema y tomé acción. Al final, perdí treinta libras (catorce kilogramos). ¿Me revelaron los autores de esos libros conocimientos insólitos? No, sencillamente me ofrecieron un plan de acción y algunas ideas de apoyo para hacer lo que yo ya conocía. Bienvenido a mi mundo.

Este libro NO lo engañará sobre la rentabilidad de las inversiones

Muchas personas en nuestro país son ignorantes en el tema de las ganancias obtenidas en las buenas inversiones. La ignorancia no implica una falta de inteligencia; tan solo significa «no conocer algo». Tristemente, muchas personas inteligentes, pero ignorantes, creen que obtener una tasa de rendimiento del 12 % en inversiones a largo plazo es imposible. También creen que, si afirmo que existe una tasa de rendimiento disponible del 12 %, entonces les he mentido o los he engañado.

En este libro recomiendo como una buena inversión a largo plazo los fondos mutuos de inversión de buen incremento y me atrevo a afirmar que usted debería obtener un 12 % de ganancias por su dinero en el futuro. La información que apoya esa declaración audaz podrá hallarla si examina los promedios históricos del índice Standard & Poor's 500. Dicho índice es considerado la mejor estimación del mercado de valores estadounidense y contiene quinientas de las compañías más grandes en industrias líderes de la economía estadounidense. El promedio anual del S&P 500 de los últimos noventa y tantos años ha sido del 11,59 % hasta el momento de redactar este texto. Además, esto incluye algunos considerables períodos de recesión.

¿Significa esto que usted puede esperar obtener un 11 o 12 % de crecimiento cada año? Claro que no, así no funciona. El mercado sube y baja constantemente, a veces de manera estrepitosa. En el momento de redactar este texto, puedo afirmar que los últimos años han sido como una montaña rusa. En el 2020, la rentabilidad anual del mercado fue del 18,02 %; en el 2021, del 28,47 %, y en el 2022, se desplomó todo el año hasta el -18,01 %. No obstante, los verdaderos inversores a largo plazo no se preocupan demasiado de la rentabilidad anual, sino que consideran el panorama completo; algunos años sube, otros baja.

La mayoría de expertos y todo aquel que haya tomado al menos una clase sobre finanzas estarán de acuerdo en que el S&P 500 es una excelente medida estadística de la rentabilidad del mercado de valores. Es tan buen estándar o barómetro, que casi todos los fondos de inversión mostrarán su rentabilidad en comparación con el S&P 500. Recalco: el promedio permanente de este índice está apenas por debajo del 12 %; es por eso que lo uso para mis ejemplos. Sin embargo, no es un número mágico, solo es parte del diálogo sobre las inversiones.

Hace muchos años, compré un fondo mutuo de inversión de crecimiento e ingresos en el que todavía invierto. Hasta el momento, ha promediado un 12,03 % anual desde 1934. La semana pasada compré otro que ha promediado, hasta el momento, más de 13,9 % anual desde 1973. También compré uno con ganancias anuales del 12,01 % desde 1984, otro con el 12,39 % desde 1973 y uno más con el 11,72 % desde 1952. Todo corredor de bolsa con el corazón de un maestro podría fácilmente indicarle los fondos con extensos historiales de promediar más del 12 %. No permita que alguien le diga que no puede predecir una cifra como esa cuando esté considerando inversiones de diez años o más.

Este libro NO solo trata sobre matemáticas, estadísticas, datos y cifras

Este libro es sobre la vida. Ya he mencionado que las finanzas personales dependen en un veinte por ciento de nuestro conocimiento y en un ochenta por ciento, la mayor parte del asunto, de nuestra conducta. No existe una cifra mágica que transformará su vida, ni una tasa de interés o de retorno de la inversión que le dé un giro a su existencia. Por eso enseño conceptos, no fórmulas matemáticas. Las cifras, los promedios y los porcentajes económicos podrán variar con el tiempo, pero no así los conceptos y los principios de este libro.

Este libro NO fue escrito por alguien sin credenciales académicas

Raramente menciono mis credenciales académicas formales porque, para ser honesto, no creo que sean tan importantes. He conocido a tantas personas quebradas con estudios en finanzas que me veo tentado a pensar que tener educación formal en el área me desacredita. Sí, tengo un título en finanzas;

tengo o he tenido licencia para bienes raíces, seguros e inversiones; y también poseo todas esas letras tontas que poner tras mi nombre. No obstante, lo que más me califica para instruir a otros sobre finanzas es que he tomado decisiones muy tontas con varios ceros al final. Sin duda tomé malas decisiones. Tengo un doctorado en T-O-N-T-O. De modo que sé lo que es estar asustado y herido; sé lo que es tener a mi matrimonio colgando de un hilito por causa del estrés financiero, y sé lo que es ver mis anhelos y sueños desplomarse por culpa de mis malas decisiones. Es *eso* lo que me califica de manera única para enseñar y amar a quienes sufren. Mi otra credencial decisiva es que utilicé los mismos principios que enseño para construir mi propia riqueza. Mi esposa y yo hemos vivido estos principios. Lo que enseñamos no es solo teoría: ¡sin duda funciona!

Sin embargo, las credenciales de enseñanza de las que estoy más seguro y las que más me impulsan son los cientos de miles de personas en Estados Unidos a quienes este libro los ha liberado. Estos principios funcionan. No acepte asesoramiento financiero de personas sin dinero.

Este libro NO es políticamente correcto

Antes mencioné que las finanzas personales dependen en un ochenta por ciento de nuestra conducta. Para concebir de forma adecuada el comportamiento humano y entender cómo modificarlo de manera inteligente debemos considerar varios aspectos. Concebir propiamente nuestras acciones implica considerar las emociones, las relaciones, la historia familiar, los impactos socioeconómicos y lo espiritual. Soslayar alguno de estos cuando procuramos cambiar el comportamiento con respecto al dinero sería ingenuo e incompleto. Por eso hablo de lo espiritual de manera abierta en este libro. Este no es un libro «cristiano» ni un estudio bíblico sobre las finanzas, pero, como hombre cristiano, incluyo algunos versículos bíblicos en el texto. Este libro es un plan efectivo para la paz financiera que mi equipo y yo hemos desarrollado durante varias décadas y que implica abordar el tema espiritual con respecto al dinero. Por lo tanto, disgustaré tanto a los que no les agrada porque incluyo pensamientos espirituales en el texto, como a quienes creen que mi libro no es lo suficientemente espiritual. De cualquier modo, usted ha quedado advertido.

Este libro NO está equivocado

No confunda una gran confianza con arrogancia. Estoy muy seguro de que este material es efectivo porque millones de personas se han beneficiado de él. No soy arrogante, pues he comprendido que no soy el responsable de la transformación de esas vidas. Yo enseño principios verdaderos y ellos son responsables de cambiar vidas. No obstante, siempre respondo a las mismas preguntas con las mismas respuestas, incluso cuando las personas creen que su situación es distinta. En realidad, no lo es. Los principios se mantienen y funcionan siempre.

Este libro NO es como mis otros libros

Cuando comenzamos el proyecto *La transformación total de su dinero*, tuvimos que contestar una pregunta de integridad: ¿ en verdad podíamos regresar al mercado y pedirles a nuestros lectores que compraran un libro que decía lo mismo que los anteriores? Mi conciencia no me lo permitiría. Mi libro *Tranquilidad financiera* ha vendido millones de copias hasta el momento. Entonces, ¿en realidad necesitaba escribir otro libro? Finalmente concluí que existía una diferencia clara entre los dos proyectos. En *Tranquilidad financiera* abordamos «qué hacer con el dinero». Es un excelente libro de texto para manejar el dinero con sentido común. ¿En qué se diferencia *La transformación total de su dinero*? Es más que un libro sobre «qué hacer»; es un plan sobre «cómo hacerlo». El libro muestra un proceso. Nuestra intención es poder entretejer con mucho cuidado la inspiración y la información necesarias en un mismo plan estructurado. Sin duda usted encontrará en este libro muchos de los mismos temas y principios abordados en los anteriores. Sin embargo, este es un trabajo diferente por su enfoque en el proceso.

Si usted busca caudales de información novedosa porque solo le interesa acumular datos y cifras, entonces quedará decepcionado. No obstante, si usted desea abordar las finanzas con toda su energía, entonces amará este libro. Muchos lectores de *Tranquilidad financiera* me han comentado que *La transformación total de su dinero* les dio alas a los conceptos aprendidos antes, de modo que estaban felices de haberlo leído. Lo reitero: no lea este libro esperando encontrar grandes revelaciones ni diversos capítulos con principios insólitos.

Este libro NO recibirá quejas ni críticas…

… de parte de quienes sigan sus principios. Jamás alguien me ha escrito para afirmar: «Adopté un presupuesto, pagué mis deudas, obtuve paz con mi cónyuge, aumenté mi riqueza y ME PARECE TERRIBLE». ¡Aquellos que han seguido este plan y han descubierto una nueva vida de libertad financiera han transformado sus vidas *para siempre*! ¿Le gustaría experimentar el mismo cambio? Usted podría ser la siguiente historia de éxito que las personas escuchen. ¡Usted puede tener una transformación total de su dinero a partir de hoy!

Pavos al vuelo y nadar desnudos

Cuando yo era niño, mi abuela (una maestra del segundo grado que, además, enseñaba teatro) me sentaba en sus rodillas y me leía de un libro con gran entusiasmo y de manera *bastante* dramática.

La historia infantil de los tres cerditos era una de las que me solía leer. El primero construyó su casa de paja; el segundo, de ramitas; y el tercero, de ladrillos. Usted conoce la historia: los que construyeron sus casas «rápido y fácil» se fueron a holgazanear y a festejar, pero también se burlaron del tercero, que construía con ladrillos, por tomarse demasiado tiempo y esfuerzo en hacerlo *correctamente*. Por supuesto, cuando vinieron la tormenta y el viento, los dos que pensaron a corto plazo tuvieron que mudarse a la casa de su hermano. ¿Por qué razón? El tercer cerdito se había preparado bien y podía soportar las tormentas, pero las vidas de los otros dos fueron destruidas.

Buenas y malas noticias sobre las tormentas económicas

Si está leyendo esto y tiene más de 25 años, usted ya ha soportado varias tormentas económicas importantes: ha sido testigo de la quiebra de las puntocom y de las consecuencias económicas de los atentados terroristas del 11 de septiembre. Ha sido testigo de escándalos empresariales de gran repercusión y de enormes pérdidas bursátiles, y ha sobrevivido a la Gran Recesión que provocó un desempleo del 10 %, cifras récord de ejecuciones hipotecarias y el vaciado de las cuentas de jubilación de millones de estadounidenses. Además, como si pudiéramos olvidarlo (si tan solo pudiéramos), se produjo la recesión de COVID-19, abrupta pero, afortunadamente, de corta duración, que se tradujo en despidos patronales, cierres de empresas y un inevitable descenso de la actividad de consumo. Son auténticas tormentas económicas con consecuencias reales para personas reales, y no son más que la punta del iceberg. Desde la Segunda Guerra Mundial, Estados Unidos ha atravesado más de una docena de recesiones, subidas (y bajadas) de los tipos de interés, inflación, fluctuaciones del mercado bursátil, guerras y conflictos.

La buena noticia de este tipo de tormentas económicas es que *sí* nos recuperamos. Algunos de nosotros aprendemos dolorosas lecciones a nivel privado e individual; otros aprenden las lecciones económicas a un nivel más generalizado y cultural. Muchos no aprenden nada en absoluto.

Las excelentes noticias son que, para algunos, esos eventos pueden llegar a ser su Gran Depresión, emocionalmente hablando. La Gran Depresión cambió la manera en que muchas personas manejaban sus finanzas. Si usted tiene la suerte de conocer a alguien que fue un adulto en esa época, es probable que esa persona tenga una concepción muy distinta sobre las deudas, los ahorros y las donaciones que la mayoría de personas de otras generaciones. La razón es que ese pariente vivió una experiencia. Como afirma mi pastor: «Una persona con experiencias no está a merced de una con opiniones».

Cerca de llegar a mis treinta años, quedé en bancarrota. Esa experiencia me cambió la vida e incluso cambió la forma en que me afectaban las turbulencias económicas externas. Por ejemplo, la Gran Recesión. Cuando estalló en 2008, yo ya llevaba dos décadas y media aplicando los principios de este libro a mi vida, así que no era más que un espectador. Esta no me hizo daño en absoluto. De hecho, logré impulsarme al comprar propiedades inmobiliarias a precios excelentes y al invertir mucho en el mercado de valores mientras había crisis.

He pasado los últimos 30 años tratando que las personas vivan los principios de la transformación total de su dinero. Los que han escuchado están tan preparados como yo para la próxima vez que sople el viento y venga la tormenta. Sin duda, tienen una base sólida.

Pavos al vuelo

¿Qué significa todo esto en el contexto de la transformación total de su dinero? La primera lección extraída de esta tormenta económica es que sus principios y procesos financieros deben funcionar en tiempos buenos y malos. Si no es así, entonces no funcionan. Un dato interesante sobre los ciclos económicos modernos es que el período promedio de recesión dura unos diez meses, mientras que el período normal de crecimiento económico es casi seis veces más largo: 57 meses. Cuando la economía marcha bien durante tanto tiempo, algunas ideas absurdas parecen funcionar a corto plazo. Eso llevó a muchos a pensar que lo tonto en realidad era sabio, pero cuando lo tonto fue puesto bajo presión en un buen tiempo, reveló ser muy tonto.

Cuando la economía está en alza, uno tiende a hacer tonterías con el dinero, a descuidarse y a tomar altos riesgos sin darse cuenta. He escuchado ese principio plasmado en un aforismo: «Incluso un pavo logra volar en un tornado». La gente va de un lugar a otro para comprar cosas que no pueden pagar, con dinero que no tienen, para impresionar a gente que ni siquiera es de su agrado; además, lo hacen a gran escala. ¡Lo peor es que parece que se salen con la suya!

Son como los dos cerditos con sus casas de paja y ramas. Mientras brilla el sol, la vida es un carnaval; y el cerdito que construyó su hogar con ladrillos parece un cerebrito, demasiado conservador o incluso fanático. Sin embargo, cuando sus ideas tontas fueron puestas bajo presión, sus casas se desplomaron.

Jim Collins, uno de los más importantes escritores estadounidenses de negocios, escribió un libro titulado *Empresas que caen*. En él, Collins describe las cinco etapas del deterioro de una empresa que fracasa o cae. Ahí tenemos una gran implementación tanto para la economía de nuestro país como para *su* vida y la mía.

Collins afirma que la primera etapa del deterioro está definida por la soberbia. El orgullo y la arrogancia, en conjunto con una falsa noción de invencibilidad, llevan a las empresas a tomar riesgos descomunales y ridículos. En nuestro contexto, sería hacer préstamos excesivos y no ahorrar porque «tengo un trabajo "estable" y puedo manejar los "pagos fáciles" con mi "trabajo"».

Esa soberbia provoca descuidos y negación de riesgos. Vaya, eso parece describirme poco antes de mis treinta, justo antes de quedar en bancarrota. Me habían enseñado diversos mitos *(mentiras)* que yo aceptaba como verdades sobre el dinero. Yo creía que las leyes del riesgo y la moderación no aplicaban a mí porque era muy inteligente. Eso me llevó a construir un castillo de naipes que se desplomó en cuanto hubo uno ligera brisa, y qué decir de una tormenta de verdad.

La enseñanza es que solo porque vea un pavo volando en medio de un tornado no significa que los pavos puedan volar. Solo porque una teoría extravagante sobre invertir, hacer préstamos y vivir sin reservas de efectivo funciona durante los buenos tiempos no significa que usted pueda sobrevivir a la tormenta. Recuerde que sus métodos para manejar las finanzas deben funcionar en tiempos buenos *y* malos.

Nadar desnudos

Warren Buffett tiene un dicho excelente: «Cuando baja la marea, podemos ver quién nadaba desnudo». Durante años he enseñado que, si tiene un mapa deficiente, llegará tarde, o no llegará, a la fiesta. Los principios sobre los cuales construye su vida determinarán su nivel de éxito. Si usted planifica su matrimonio con un mapa deficiente o con base en suposiciones erróneas, entonces probablemente fracasará. Aunque usted tenga las mejores intenciones, si construye sus finanzas sobre la base de ideas deficientes, se desmoronará. Yo experimenté esto hace mucho tiempo. Desde la última recesión, muchos estadounidenses han descubierto que sus teorías y suposiciones sobre las finanzas están equivocadas. Además, se dieron cuenta de la peor manera: con sufrimiento.

El derroche que no lo *parece* porque la situación marcha bien *sigue* siendo derroche. Utilizar deudas para invertir en inmobiliarios o el mercado de valores con la esperanza de obtener ganancias rápidas lo arruinará en el momento en que el mercado cambie. Participar en los fraudes para obtener riquezas fáciles, como la lotería o invertir en criptomonedas o, que Dios nos libre, en los NFT, le traerá sufrimiento. Contratar a alguien más (como una compañía de liquidación de deudas) para que solucione sus problemas generalmente no funciona.

Los mitos (*falsedades* diseminadas en nuestra cultura) que fueron abordados en las últimas tres ediciones de este libro fueron *todos* demostrados en las tormentas económicas que hemos enfrentado. Si usted vive como este libro recomienda, entonces prosperará en tiempos buenos *y* malos.

Yo tengo un amigo a quien llamaremos Chris. Él me refirió una interesante historia durante la Gran Recesión que ilustra lo que deseo explicarle a usted. Chris trabajó para una corporación importante, cuyo nombre usted reconocería, durante trece años. Él inició la transformación total de su dinero pocos años antes del inicio de la recesión. Cuando volví a verlo, cinco años después, corrió hacia mí con una gran sonrisa, me abrazó y exclamó con orgullo que estaba «¡LIBRE DE DEUDAS!», incluso en lo referente a su casa. Ya no tenía deudas y había ahorrado 38.000 dólares en su fondo de emergencia.

Cuando lo vi de nuevo un año más tarde, él tenía otra historia más para contarme. Parece ser que él y su jefe se hicieron mejores amigos durante los años en que trabajaron juntos. Aquella semana su amigo (su jefe) entró a su oficina, pálido y con labios temblorosos, para anunciar: «No sé cómo decirte esto, pero los ejecutivos me pidieron que te despida». Chris saltó de su asiento, rodeó el escritorio, abrazó a su amigo y exclamó: «¡Magnífico! ¿De cuánto es la indemnización?».

La compañía le entregó más de 70.000 dólares de indemnización y con eso él inició su propio negocio, algo que había querido hacer durante muchos años. Mi amigo no se estresó, sino que vio la oportunidad porque estaba listo. No pasó mucho tiempo hasta que Chris ganó con su nuevo negocio casi el doble de su antiguo salario. Increíble.

No obstante, la mayoría de la gente hace lo opuesto. Cuando los despiden, quedan pálidos y sus labios tiemblan. Si usted perdió su trabajo y tiene dificultades, no crea que estoy atacándolo. Yo también he pasado tiempos difíciles, pero deseo que usted haga lo mismo que yo cuando enfrente el sufrimiento que produjeron mis propias decisiones tontas y mi falta de preparación. Yo afirmé en voz alta: «¡NUNCA MÁS!». La próxima vez… bueno, no habrá próxima vez.

Eso no significa que no haya otra tormenta económica que soportar. Mi confianza en que nuestro gobierno estropee las cosas es lo suficientemente fuerte como para garantizarle que verá muchas más recesiones, mercados en baja y espirales inflacionistas a lo largo de su vida. En realidad, siempre habrá un caos económico a lo grande, y no hay nada que usted o yo podamos hacer para controlarlo. El objetivo de *La transformación total de su dinero* es que usted aprenda a controlar las cosas que puede controlar. ¿Qué es lo que usted puede controlar? Sus hábitos, sus elecciones y sus acciones. Cuando crea buenos hábitos económicos, como presupuestar y vivir con menos de lo que gana, cuando decide dejar de hacer lo que hace la gente en bancarrota y empieza a hacer lo que hace la gente rica, puede ganar indistintamente de lo que pase con la economía. ¿Qué está esperando? Es tiempo de la transformación total de su dinero. ¿Está listo?

1

El desafío de la transformación total de su dinero

«¡Tan perdido como una pelota en la maleza!» (o como una aguja en un pajar). Exactamente así me sentía. Aunque eso fue hace décadas, puedo aún experimentar aquella sensación como si fuera ayer. Descontrolado, perdido, sin la energía necesaria, percibía cómo el terror se arrastraba por la habitación como las sombras de la tarde en un día de invierno. Sentado otra vez en la mesa de la cocina, con demasiado mes por delante y poco dinero, no estaba para bromas. Ese arreglo de «adultos» en el que la esposa lo considera el sostén del hogar y los niños esperan de usted la comida y el abrigo no estaba precisamente dando resultado. No me sentía como un adulto poderoso; al contrario, en mi interior había un niñito con mucho miedo a las cuentas mensuales, al pago de la hipoteca de este mes y totalmente aterrorizado cuando consideraba el futuro. ¿Cómo iba yo a enviar a los hijos a la universidad, a jubilarme, a disfrutar la vida y a vivir libre de la preocupación del dinero?

La familia estadounidense «normal»

Me parecía que cada mes me sentaba a la misma mesa con las mismas preocupaciones, temores y problemas. Tenía demasiadas deudas, muy pocos ahorros y ningún sentido de control sobre mi vida. Por fuerte que trabajara, me parecía que no tenía las de ganar. Estaba llamado a ser esclavo sempiterno de algún banquero, del gobierno y de las «necesidades» de mi familia. Cuando Sharon y yo «hablábamos» sobre finanzas, terminábamos peleando; ella se sentía atemorizada y yo incompetente. La compra del próximo automóvil, la próxima casa, la universidad de los niños: nuestro futuro parecía estar fuera de nuestro alcance.

Yo no necesitaba que uno de esos vendedores de programas para enriquecerse rápidamente me diera cuerda ni que me dijera que tenía que ser positivo. No necesitaba una fórmula secreta para volverme rico. No le tenía miedo al trabajo ni al sacrificio. No quería llegar a ser positivo vía «emociones». Yo solo estaba seguro de una cosa: estaba cansado de estar cansado, de sentarme a «pagar las cuentas» y de sentir como si un gran peso me cayera encima. La desesperanza era abrumadora. Me sentía como un ratoncito de laboratorio en una rueda, gira que gira, sin tracción, sin cubrir terreno; tal vez la vida era solo una ilusión financiera. Todo el dinero venía, todo el dinero se iba; solo los nombres se cambiaban para proteger al inocente. Debía y debía y a trabajar partía. Usted conoce la rutina y todos los clichés propios de ella.

Durante algunos meses todo parecía funcionar y creía que quizás íbamos a estar bien. Bien podía decirme: «Bueno, así es como vive todo el mundo». Esos momentos me ofrecían la oportunidad de seguir engañándome con eso de que estábamos abriéndonos paso.

No obstante, muy en el fondo, yo sabía que no era así.

Seguí mi propio sistema, pero no funcionó

¡BASTA! ¡ESTO APESTA! Finalmente decidí que este plan falso no daba resultado. Si ha sentido esto alguna vez, le va a gustar este libro y, lo más importante, le encantará la transformación total de su dinero.

Cuando estábamos cerca de llegar a los treinta años, mi esposa Sharon y yo quedamos en bancarrota. Lo perdimos todo debido a mi estupidez al manejar el dinero, o al no manejarlo, como sea el caso. Tocar fondo de golpe fue, simultáneamente, lo peor y lo mejor que me haya pasado.

Comenzamos con nada, pero cuando tenía veintiséis años de edad, éramos dueños de bienes raíces valorados en más de 4 millones de dólares. Yo era bueno en bienes raíces, pero era mejor en pedir dinero prestado. Aun cuando llegué a ser millonario, había construido un castillo de naipes. Para hacer el cuento corto, pasamos por un infierno financiero y lo perdimos todo en un período de tres años. Nos demandaron, fuimos a juicio hipotecario y, finalmente, con un niño recién nacido y uno que comenzaba a caminar, quedamos en bancarrota. *Asustados* no es la palabra que mejor define cómo nos sentíamos; *aplastados* viene mejor.

Así, pues, luego de perderlo todo, me lancé a una búsqueda para encontrar cómo funciona el dinero en realidad, cómo controlarlo y cómo podía obtener confianza al manejarlo. Leí todo lo que caía en mis manos. Entrevisté a personas ricas de mayor edad, gente que hizo dinero y lo conservó. Esa búsqueda me llevó a un lugar donde me sentí en extremo incómodo: mi espejo. Me di cuenta de que mis problemas, mis preocupaciones y mi escasez de dinero comenzaban y terminaban en gran medida con la persona que tenía ante mí en el espejo. Comprendí también que si yo podía aprender a dominar al personaje que se afeitaba frente al espejo cada mañana, también podía triunfar en las finanzas. Esa búsqueda, la que terminó con mi contemplación ante el espejo, me llevó a una nueva ruta durante los últimos quince años: la de ayudar a otros, literalmente a millones, a emprender la misma búsqueda ante el espejo. Conferencias, la Universidad para la Tranquilidad Financiera, *The Ramsey Show* (programa radial) y los éxitos de librería a nivel nacional: *Tranquilidad financiera*, *More Than Enough* [Más que suficiente], *La transformación total de su dinero*, *EmpreLiderazgo* y *Baby Steps Millionaires* [Pasitos de bebé millonarios] me permitieron mostrarles a millones de estadounidenses lo que aprendí, con mil trabajos, sobre el dinero.

El gran desafío: Busque un espejo

Tengo un reto para usted. ¿Está dispuesto a enfrentarse con la persona, sea hombre o mujer, que aparece en el espejo? ¿Sí? Bien, usted está listo para la victoria. Yo redescubrí la fórmula sencilla que tienen Dios y mi abuela para manejar el dinero. Aumentar la riqueza no es ingeniería aeroespacial, lo cual es bueno para mí (y probablemente para usted). Ganar en el campo de las finanzas es ochenta por ciento conducta y veinte por ciento conocimiento. Qué hacer no es el problema, hacerlo sí lo es. La mayoría sabemos qué hacer, pero sencillamente no actuamos. Si puedo controlar a la persona que está ante el espejo, puedo llegar a ser delgado y rico. Dejemos que otros libros hablen de la delgadez; yo los ayudaré con la parte de la riqueza. No, no hay secretos y sí, la cosa es bien difícil. Oiga, si fuera fácil, cualquier tonto sería rico.

Así, pues, la transformación total de su dinero comienza con un desafío. El desafío es usted. Usted es el problema con su dinero. Ni el canal financiero ni los publirreportajes de la madrugada son su respuesta; usted lo es. Usted es el rey de su futuro y yo tengo un plan. El plan de la transformación total de su dinero no es teoría; es algo que funciona siempre. Funciona porque es sencillo y porque va al meollo de sus problemas eco- nómicos: usted. Está basado en una serie de sacrificios que hay que hacer para ganar. Todos los que ganan pagan un precio por ello. Algunos perdedores pagan un precio y nunca ganan, generalmente porque no tienen el beneficio de un plan probado para obtener el bienestar financiero.

Gente común y corriente

Decenas de miles de personas comunes y corrientes han usado el sistema que se explica en este libro para salir de deudas, reconquistar el control y crear riquezas. He divulgado sus casos a través del libro. Si en algún momento du- rante su renovación se ve tentado a desistir o si necesita un poco de estímulo, lea una de esas historias. Esas personas se sacrificaron por un breve período de tiempo para nunca más tener que hacerlo.

Si está buscando un mapa para encontrar su casa, lo encontró. Si está buscando algo fácil o rápido, este no es el libro. Si está buscando uno que lo ayude a aprobar su examen de contador público o conocimiento financiero, este no es el libro. Si está buscando un escritor con intrincadas teorías aca- démicas (que no funcionan en el mundo real), se ha equivocado de autor. Yo poseo muchos títulos académicos, pero terminé arruinado. He llegado a ser millonario dos veces partiendo de cero. La primera vez tenía más de veinte años, el dinero estaba en bienes raíces y lo perdí debido a mi estupidez; la segunda vez no tenía todavía cuarenta años, pero en esa ocasión hice con el dinero lo que era correcto y estoy libre de deudas.

Oigo a menudo sobre profesores de economía arruinados que se quejan de que mi sistema es demasiado simple, o como me dijo alguien un día por el correo electrónico en *The Ramsey Show*: «Usted es un caballito de un solo truco». A aquellos de ustedes que dicen tener grandes planes, pero que no se han puesto en ejecución, les digo: «Demuéstrenlo. Yo ya lo hice». A mí me gusta el modo en que he creado riquezas más que el modo en que ustedes no lo han hecho. Usted se encontrará con personas, con estudios o sin ellos, a través de este libro que han ganado o han comenzado a ganar dinero por primera vez en sus vidas. ¡La transformación total de su dinero da resultado!

El lema de la transformación total de su dinero

Este plan da resultado, pero le costará. Le enseñará a decir nuevas palabras, como *no*. En resumen, la transformación total de su dinero será una renovación personal de sus finanzas con la que aprenderá este lema: SI USTED VIVE COMO NADIE, DESPUÉS PODRÁ VIVIR COMO NADIE MÁS. Este es el lema de la transformación total de su dinero. Esta es mi forma de recordarle que si usted hace ahora los sacrificios que la mayoría de las personas no están dispuestas a hacer, más tarde podrá vivir como esas personas nunca podrán vivir. Usted observará el lema en todo este libro, incluso debajo de cada página. Siento mucho que no exista una vía más fácil que pueda expresar en forma de lema, pero lo bueno de todo esto es que funciona. Usted puede repetirse el lema cuando deje pasar una compra con el propósito de lograr sus metas. Cuando trabaje hasta tarde y se sienta cansado, repítase el lema a sí mismo. Por supuesto, no se trata de una fórmula mágica; eso no es lo mío. Sin embargo, le recordará que usted *ganará* y que las ganancias *serán* dignas del costo.

Algunos de ustedes son tan inmaduros que no están dispuestos a retrasar el placer para luego obtener un resultado mayor. Yo les mostraré exactamente cómo obtener el resultado que desean, de modo que el precio que paguen no sea en vano. No quiero caminar sobre carbones encendidos porque sea divertido, pero si me demuestran que una caminata corta y dolorosa pondrá fin a la vida de preocupaciones, frustraciones, estrés y temores que me traerá el estar en quiebra permanente, tráiganme los carbones calientes.

Al inicio de nuestro matrimonio, decidimos que Kari permanecería en casa con los niños en lugar de trabajar afuera. Quizás esta decisión ha traído desventajas financieras a veces, pero sin duda ha sido la mejor decisión para nuestra familia en muchos aspectos.

En cuanto a las finanzas, hemos cometido diversos errores. Por ejemplo, mantener nuestros préstamos estudiantiles por los «intereses bajos» e incluso alquilamos un auto por un tiempo. Para nosotros, las tarjetas de crédito eran un símbolo de estatus, por eso teníamos varias. Nuestra deuda llegó a un máximo de unos 375.000 dólares (incluyendo la hipoteca). Esa no es la mejor situación para estar cuando se tiene cuatro hijos y nada más que un salario. Cuando adoptamos el plan de Dave, estábamos listos para trabajar con la intensidad de una gacela para liberarnos de nuestra deuda. En un período de seis meses pagamos 57.000 dólares de la deuda y donamos 7.000 a nuestra iglesia. ¡Eso nos dio ánimo y nos permitió avanzar! ¡También fue magnífico ir a Atlantis con Dave y Sharon como finalistas del Desafío de la transformación total de su dinero!

Actualmente, no tenemos deudas y estamos ayudando a nuestra hija a pagar por su primer año de universidad. Además, estamos ahorrando a buen paso para nuestra jubilación y también estamos construyendo una casa nueva. Ahora nos gusta ganar intereses en lugar de pagarlos. No hubiéramos podido hacerlo sin Dave. También pagamos todo con efectivo y le decimos a nuestro dinero dónde ir. ¡No podría expresar la paz y la libertad que esto le ha traído a mi familia!

Los primeros meses fueron los más difíciles, pues cambiamos de crédito a efectivo. Sin embargo, ¡se siente tan bien ya no tener que pagar por lo de hoy y también lo de ayer! Al seguir la transformación total de su dinero, el plan de Dave, usted obtendrá paz mental a la vez que toma control de sus finanzas. Solo recuerde mantenerse enfocado.

La clave de nuestro éxito fue que ambos concordamos nuestras ideas al mismo tiempo. Ahora planificamos juntos nuestros gastos en lugar de competir por ver quién gasta más. Ambos somos un apoyo para el otro en momentos de debilidad cuando gastar dinero parece llamativo. Hemos aprendido a

DIVERTIRNOS al conversar sobre dinero y metas financieras. Ya no es un tema polémico.

Nuestro consejo es que determine su nivel de ganancias y que viva con menos dinero del que gana. ¡Tome el control de su destino y su felicidad!

Mark y Kari Stolworthy
(ambos tienen 43 años)
Consultor de CPC / Sistemas;
ama de casa y madre

Mi promesa para usted

Mi promesa para usted es: si sigue la orientación de este sistema probado de sacrificio y disciplina, podrá estar libre de deudas, comenzar a ahorrar y dar como nunca antes. Creará riquezas. Además, le aseguro que todo depende de usted. La transformación total de su dinero no es una fórmula mágica para alcanzar la riqueza. Este sistema no funciona a menos que usted funcione y, entonces, solo en el grado de intensidad en que sea capaz de ponerlo en marcha. En las siguientes páginas, conocerá a muchos individuos y familias que han ganado muchas victorias monetarias, pero ni una de ellas se ganó hasta que vencieron en la lucha con el personaje del espejo. Su situación no es culpa de su cónyuge (bueno, quizás, pero de eso hablaremos más adelante), no es culpa de sus padres, ni de sus hijos, ni de sus amigos. ¡ES CULPA SUYA!

¿Sabe qué significa eso? Bueno, eso significa que si usted fue quien se metió en este lío, usted puede salir de él. Ninguna ley, regulación o mandato podrá arreglarlo. Tampoco podrán las promesas de los políticos, el apoyo gubernamental, su trabajo soñado ni un sueldo descomunal. Algunas de estas cosas podrán ayudar, pero ninguna funcionará si usted no toma el control de su propia vida. Recuerde, es su vida, su decisión y su futuro. Esa decisión depende de usted por completo. Si está listo para avanzar, prosigamos al instante. Yo seré el guía, pero no lo empujaré más allá de la línea de partida y no puedo arrastrarlo hasta la meta. El viaje, de principio a fin, depende solo de usted.

DAVE DECLARA...

Los ahorros sin misión son basura. Su dinero debe trabajar para usted y no estancarse.

Mi vida financiera comenzó a cambiar cuando asumí toda la responsabilidad por ella. A través de todo Estados Unidos, hay personas que han utilizado estos pasos para llegar a ser libres, reconquistar un sentido de confianza y control y forjar un futuro mejor para sus familias. Por favor, acompáñeme en un viaje lejos del joven que era yo, el que describí anteriormente, que estaba atormentado con preocupaciones, temores y culpa respecto al dinero. Haga este viaje conmigo rumbo a la transformación total de su dinero, pero recuerde que la primera parte de la búsqueda es confrontar al personaje del espejo. Ese reflejo es el desafío de la transformación total de su dinero.

2

Negación: No estoy *tan* fuera de forma

Hace varios años me di cuenta de que había dejado que el cuerpo se me volviera grasa nada más. Había trabajado tan duro durante tantos años que había descuidado mi condición física. El primer paso para recobrar la forma era comprender la necesidad de cambiar mis métodos; pero el segundo, igualmente importante, era identificar los obstáculos para lograrlo. ¿Qué podría impedir que recobrara mi forma? Una vez que comprendí cuáles eran los obstáculos, comencé un proceso para bajar de peso, desarrollar músculos y llegar a estar en mejor forma. La transformación total de su dinero es lo mismo. Usted necesita comprender que existe un problema, pero también debe identificar lo que pudiera vedar su marcha hacia la buena condición financiera. Los próximos capítulos identificarán algunos obstáculos importantes que pueden impedir la transformación total de SU dinero.

Mírese en el espejo. Mírese detenidamente. ¿Qué ve? Encoja el vientre, levante el pecho y mírese bien. No importa cuántos ángulos o poses asuma, el espejo es cruel. «Bueno, no estoy *tan* gordo, tal vez un poco fofo». Mi papá solía decir que noventa por ciento de la solución de un problema es darse cuenta de que existe uno. Enfocarse intensamente, con un vigor de vida o muerte, es lo que se requiere para que ordene de nuevo sus patrones de gasto. Además, uno de sus mayores obstáculos va a ser la NEGACIÓN. Lo triste es que usted puede ser financieramente mediocre, o incluso fofo, en este país y ser todavía uno del promedio. A decir verdad, formar parte del promedio, ser normal y fofo en las finanzas es aceptable según el criterio de la mayoría de la gente. Sin embargo, este no es un libro para personas tímidas y delicadas; es un libro para ganar, para realmente tener algo.

Al principio de nuestro matrimonio, no teníamos ninguna deuda. Vivíamos de un solo salario, los autos habían sido pagados e incluso teníamos algunos ahorros. No obstante, después cometimos el error de mudarnos a una casa más grande, lo que nos puso bajo presión financiera. Años después, yo tomé otro trabajo y nuestro sueldo anual creció. Esto nos hizo pensar que podíamos elevar nuestro estándar de vida. Fue entonces cuando comenzamos a acumular deudas. Invertimos en dos autos NUEVOS para reemplazar los antiguos; comenzamos a comprar todo con crédito; e incluso obtuvimos un préstamo con garantía hipotecaria. ¡Cuando nos dimos cuenta, ya estábamos ahogados en deudas!

Kelley vio *La transformación total de su dinero* en una librería local y me lo compró como regalo del Día del Padre. Para cuando llegó el Día de la Independencia, ¡ya le habíamos declarado la guerra a nuestra deuda! Teníamos 6.000 dólares ahorrados, pero la deuda era de 16.000 dólares, sin contar la casa. El plan requería que tomáramos 5.000 dólares de nuestros ahorros para la deuda. Eso nos dejaba con mil dólares para el fondo de emergencia del bebé. Fue difícil ver nuestros ahorros, obtenidos con tanto esfuerzo, desaparecer. Sin embargo, eso ayudó a comenzar nuestro plan Bola de nieve. También hicimos sacrificios en otras áreas y, en solo diez meses, ¡pagamos toda nuestra deuda de consumo!

Dave nos ayudó a comprender que debíamos detenernos y dejar de gastar más dinero del que ganábamos. En lugar de tener que pagar los créditos al final del mes, ahora podemos tomar ese dinero e invertirlo en nuestro futuro.

Mark y Kelley Reep
(40 y 39 años respectivamente)
Ingeniero civil; estudiante de enfermería

No espere a que le arranquen la negación

Con frecuencia hablo ante audiencias de dos mil hasta doce mil personas para enseñarles las ideas que aparecen en este libro. Después de un evento en que hablé ante cuatro mil personas, Sara me comentó que la transformación total de su dinero le llegó solo después de que la vida le hiciera un llamado. Afirmó que había escuchado mi referencia al *Wall Street Journal* donde se reportaba que 70 % de los estadounidenses viven de sueldo en sueldo, pero ella pensaba honestamente que estaba incluida en el 30 % que estaba bien. Ella había asumido cierta postura financiera; esa postura era la negación.

Con dos hijos de su matrimonio previo, Sara se había vuelto a casar y se hallaba feliz y segura en su empleo, como lo estaba su esposo John. Su nueva vida parecía maravillosa. Sus ingresos combinados rondaban los 75.000 dólares al año, con las deudas «normales» de un pequeño préstamo estudiantil, un préstamo para la compra de un automóvil y «solo» 5.000 dólares en una tarjeta de crédito. Con la vida bajo control y todo en marcha, Sara y John decidieron que su nueva familia necesitaba una nueva casa, así que seleccionaron un constructor y comenzó la edificación. En lo más hondo puede que haya existido cierta inquietud, pero muy hondo. Finalmente, llegó el día cuando la nueva casa se completó. Todo iba a marchar bien, la nueva familia estaría en la nueva casa, como «debe ser». En mayo, se mudaron al nuevo hogar, con nuevos pagos descomunales.

En septiembre, el jefe de Sara le pidió que fuera a su oficina. Ella era excelente en su trabajo y se preparó para escuchar un buen elogio, seguido de un magnífico bono o un aumento. Por el contrario, el jefe le explicó que su cargo había sido eliminado, «para reducir la nómina, usted sabe», afirmó él. Le habían quitado el trabajo de toda su vida (y con él 45.000 dólares de su ingreso de 75.000) con las frías palabras del jefe. No solo quedó herido su orgullo y acortada su carrera, sino que un creciente terror la invadió mientras regresaba a su hogar para decírselo a John. Aquella noche, hubo lágrimas, temores y la sombría realidad de que ella y John estaban financieramente por el suelo. De pronto, Sara y su familia enfrentaban un juicio hipotecario sobre la casa y el embargo de su automóvil. Las cosas fundamentales de la vida habían llegado a ser apreciadas.

Sara y John habían escuchado *The Ramsey Show* en la radio, pero siempre pensaban que eran otros quienes necesitaban la transformación total de su dinero. Después de todo, siempre mantenían sus estómagos recogidos cuando se miraban en el espejo. La noche después de la cesantía de Sara fue la primera vez que se miraron frente al espejo financiero y se vieron gordos. El espectáculo no era bonito: altos pagos por la casa, pagos elevados por el automóvil, grandes préstamos estudiantiles, tarjetas de crédito infladas, escasos ahorros y ningún presupuesto. Se vieron gordos.

> ### DAVE DECLARA...
>
> Por su propio bien, por el bien de su familia y su futuro, póngase los pantalones. Cuando algo está mal, párese, dígalo y no se retracte.

Cuando usted está físicamente gordo, es difícil negarlo, porque la línea del cinturón está en constante ampliación. Sin embargo, cuando usted está financieramente gordo, puede disimularlo y lucir bien por un tiempo. Sus amigos y familiares participarán en su negación fantasiosa, lo cual le hará creer que le va bien. Uno de los cuatro factores principales que impiden a la gente triunfar en materia de dinero mediante la transformación total de su dinero es no darse cuenta de que la necesitan. Tristemente, algunas de las más dramáticas transformaciones que he visto han sido en personas a quienes la vida las ha castigado tan duro que les arrancó la negación de un tirón, como a Sara. Si la vida no lo está castigando por ahora, usted se halla en mayor peligro que Sara y John la noche de la cesantía. Usted es un verdadero candidato a la mediocridad financiera o incluso a una crisis mayor como consecuencia de la negación y tiene que ver la necesidad de hacer cambios dramáticos. Si es indiferente porque todo parece «marchar bien», entonces no estará dispuesto a realizar los cambios profundos y necesarios para obtener resultados contundentes.

Mmm… ancas de rana

Hace años, en un seminario de motivación ofrecido por el maestro Zig Ziglar, escuché un cuento de cómo la mediocridad se nos puede ir colando. La narración dice que si usted deja caer una rana en agua hirviendo, ella sentirá el dolor e inmediatamente saltará hacia afuera. Sin embargo, si la pone en agua a temperatura ambiente, ella nadará plácidamente; luego, si usted aumenta el calor del agua de manera gradual hasta hacerla hervir, la rana no sentirá el cambio. La rana es atraída hacia la muerte por el cambio gradual. Podemos perder nuestra salud, nuestra capacidad física y nuestra riqueza de ese modo, poco a poco. Pareciera un cliché, pero es así porque es cierto. El enemigo de «lo mejor» no es «lo peor». El enemigo de «lo mejor» es «lo bastante bueno».

Yo estuve en plena fase de negación durante mucho tiempo respecto a mi vida y mis hábitos de gasto. Para cuando cumplí los veinticinco años de edad, tenía 23.000 dólares de deuda y poca motivación para liberarme de ella. Mi principal problema no era que no podía concebir lo agradable que sería liberarme de las preocupaciones financieras. En realidad, mi problema eran las apuestas; no podía dejar de apostar. Incluso cuando empecé a escuchar *The Ramsey Show* y quise comenzar a pagar mi deuda, con frecuencia fracasaba. Seguí perdiendo dinero por causa de mi adicción y no me daba el tiempo para obtener algo de estabilidad.

Tomó algún tiempo, pero, finalmente, las presiones financieras se hicieron inaguantables. Entonces supe que debía cambiar. Comencé a participar en un increíble programa llamado Celebrate Recovery [Celebre la recuperación], un ministerio que busca ayudar a personas con adicciones, sufrimientos y complejos.

También comencé la transformación total de mi dinero paso a paso. Lo más difícil fue establecer mi fondo de emergencia, porque todavía luchaba con mi adicción a las apuestas y gastaba el dinero en ello. No obstante, cuando mi adicción menguó y pude instaurar un presupuesto, la deuda que me asediaba comenzó a disminuir. Me mudé a la casa de mis padres para invertir el dinero, que de otro modo sería para la renta, en saldar la deuda que restaba.

Ahora estoy ahorrando para pagar el anticipo de una casa. Espero cumplir mi meta hasta el año que viene. ¡Se siente increíble no tener sobre mí la presión de las deudas!

Tony E. Newman (26 años)
Analista financiero

El dolor del cambio

El cambio es doloroso. Pocas personas tienen el valor de buscarlo. La mayoría de las personas no cambian hasta que el dolor de donde se encuentran excede al del cambio. Cuando se trata de dinero, podemos ser como el niñito con un pañal húmedo. «Yo sé que huele mal, pero está calientito y es mío». Solo cuando sentimos la irritación es que gritamos. Espero que la historia de Sara y las otras que encontrará en este libro lo animen a no permanecer donde está. Si se mantiene haciendo las mismas cosas, seguirá obteniendo los mismos resultados. Usted está en este punto, financieramente hablando, como resultado de la suma total de las decisiones que ha tomado hasta ahora. Si está a gusto donde está, manténgase allí. Sin embargo, tenga en mente por qué está leyendo un libro titulado *La transformación total de su dinero*. ¿Será porque allá en lo profundo tiene los mismos sentimientos de insatisfacción que Sara tenía, pero que no lidió con ellos hasta que fue casi demasiado tarde? ¿Está usted realmente buscando algo más? Si es así, le tengo grandes noticias. ¡Este plan da resultado! Rompa con la tentación de permanecer en la misma situación. Opte por el dolor del cambio antes que el de no cambiar lo alcance. No espere a que un ataque al corazón le demuestre que tiene sobrepeso. Reduzca los carbohidratos, las grasas, los azúcares y abróchese los zapatos de correr.

Las buenas noticias sobre Sara y John fueron que el ataque al corazón de tipo económico que sufrieron los hizo bregar con sus hábitos financieros de alimentación y ejercicio. La cesantía fue un llamado a despertar y poner fin a la negación. Después de un año de pasar momentos muy duros, Sara pudo encontrar una nueva carrera. Solo que esta vez, cuando los cheques empezaron a llegar, Sara y John comenzaron a utilizar este sistema. Cada cheque de pago se convirtió en un acontecimiento emocionante porque tenían un plan. Estaban perdiendo peso y tonificándose en el área financiera. No fue un proceso rápido, pero después de seguir los pasos por algún tiempo, hoy son realmente triunfadores.

La noche que conocí a Sara y a John, llevaban dos años siguiendo el plan y sonreían por ello. Me dijeron que estaban libres de deudas salvo por la casa y que tenían 12.000 dólares en el banco para emergencias. Aunque habían eliminado la negación, incomodaron a sus familias al rehusarse a vivir como todo el mundo. Albert Einstein declaró: «Los grandes espíritus siempre han encontrado la violenta oposición de las mentes mediocres». El padre de John se había burlado de su plan y de los empleos extras que habían tomado para lograr triunfar. Les preguntaba si se habían afiliado a alguna secta o algo parecido. Una vez que Sara y John comprendieron que eran como el emperador desnudo, negarlo dejó de ser una opción. También reconocieron todo lo que habían estado haciendo con el dinero para impresionar a otros, pero ya no más.

Sara se reía entre dientes mientras me contaba cómo solía razonar:

«Debemos estar muy bien; según todas estas compañías de tarjetas de crédito, tengo un crédito excelente. Si recibo aprobación de todos estos bancos, debo estar bien porque, de otra manera, no desearían prestarme dinero. Además, yo pago mis tarjetas de crédito cada mes. ¿Cómo podría estar en problemas? Yo puedo permitirme comprar ese automóvil o esos muebles si puedo pagarlos». John se reía irónicamente también, a medida que ambos se burlaban del lenguaje que usan las personas financieramente gordas que creen estar bien. Ese no es más que el lenguaje de la negación.

Al término de nuestra conversación esa noche, Sara me dijo que, aunque espera que ella o John nunca pierdan otro empleo inesperadamente, están preparados si ocurre. Ella afirmó: «Ya no vivimos un engaño. Ahora sabemos dónde estamos, adónde vamos y cómo llegaremos». Ambos deseaban dejarme un regalo por inspirar la transformación total de su dinero, pero les aseguré que ya lo habían hecho.

3

Mitos de la deuda: La deuda (no) es un instrumento

Con la cara encendida y los puños cerrados, el niñito chillaba con furia asesina en la voz: «¡Lo quiero! ¡Lo quiero! ¡Lo quiero!». Todos hemos contemplado esa escena en una tienda de comestibles. Quizás hemos visto alguna vez a nuestros propios hijos haciéndolo (una vez). Ahora que soy mayor y más gentil, algunas veces sonrío un poco cuando una madre joven trata inútilmente de reprimir los gritos incontrolables de un niño a quien se le niega algo.

Es parte de la naturaleza humana desear algo y desearlo ya; es también una señal de inmadurez. Estar dispuesto a posponer el placer por un mejor resultado es una señal de madurez. Sin embargo, nuestra cultura nos enseña a vivir para el momento. «¡Yo quiero esto!», gritamos y podemos obtenerlo si estamos dispuestos a contraer una deuda. La deuda es una manera de obtener el «yo quiero esto» antes de que podamos costearlo.

Unirse a la mentira

He oído decir que, si usted dice una mentira con suficiente frecuencia, en alta voz y durante mucho tiempo, el mito llegará a ser aceptado como una realidad. La repetición, el volumen y la extensión tergiversarán y convertirán un mito, o una mentira, en una forma comúnmente aceptada de proceder.

16

ɜPUÉS PODRÁ VIVIR COMO NADIE MÁS   SI USTED VIVE COMO NADIE, DESPUÉS PODRÁ VIVIR COMO NADIE MÁS   SI USTED VIVE COMO NADIE, DESP

Poblaciones enteras han sido atraídas a dar su aprobación a hechos espantosos y aun a participar en ellos mediante pasos graduales de la verdad a la mentira. A través de la historia, la lógica torcida, la racionalización y los cambios progresivos han permitido que individuos normalmente inteligentes sean partícipes de cosas ridículas. La propaganda, en particular, ha desempeñado un importante papel en la consecución de esas cosas.

Tenemos propaganda en nuestra cultura de hoy. No estoy hablando en un sentido político, sino más bien reconociendo que hay personas que desean que pensemos como ellas y que harán todo lo posible por conseguirlo. Las industrias financieras y bancarias, en particular, son muy buenas para enseñarnos la manera de manejar el dinero, lo cual, por supuesto, nos lleva a comprar sus productos. Si veo un anuncio una y otra vez que me dice que luciré bien si manejo determinado automóvil, puedo caer bajo la ilusión de que, si compro ese auto, esas cosas buenas me ocurrirán. Puede que no creamos que llegaremos a ser un modelo solo por comprar un automóvil, pero observe que a la gente fea no la utilizan en los anuncios de la televisión para vender automóviles. No estamos realmente cayendo en esa mentira, ¿o sí? Solo pregunto. Después de todo, compramos el automóvil y justificamos nuestra compra basados en algo académico como la cantidad de kilómetros por litro de gasolina.

Cuando participamos en lo que la multitud identifica como normal, aun si es estúpido, ganamos la aceptación del club. Algunas veces, ni siquiera comprendemos que es estúpido lo que estamos haciendo porque nos han enseñado que esa es precisamente «la manera de hacerlo» y nunca preguntamos por qué. A medida que participamos en el mito, aprendemos a divulgar sus principios. Con el paso de los años, y tras invertir más dinero y tiempo en el mito, llegamos a ser grandes discípulos y podemos exponer sus puntos con gran fervor y abundancia de explicaciones. Llegamos a ser tales expertos en el mito, que podemos convencer a otros de unirse a la mentira. Yo me uní una vez a ella, pero nunca más volveré a hacerlo.

¡No deje que los monos lo echen abajo!

Nos han vendido la deuda de forma tan audaz, ruidosa y frecuente, que imaginar vivir sin ella exige romper con el mito. Debemos destruir sistemáticamente el trabajo interno de los mitos. La deuda está tan vinculada a nuestra cultura, que la mayoría de los estadounidenses no pueden siquiera imaginar un automóvil sin un pago, una casa sin una hipoteca, un estudiante sin un préstamo, una tarjeta sin crédito. Se nos ha vendido la deuda con tanta repetición y fervor, que la mayoría de las personas no pueden concebir lo que sería no tener que hacer pagos. Así como los esclavos nacidos en la esclavitud no pueden visualizar la libertad, nosotros los estadounidenses no sabemos lo que sería despertar sin deudas. Literalmente millones de ofertas de tarjetas de crédito nos llegan a nuestros buzones, físicos y electrónicos, cada año y nosotros aprovechamos esas ofertas. En la actualidad, los estadounidenses tienen una deuda de más de un billón de dólares en tarjetas de crédito. No podemos estar sin deudas, ¿o sí?

Trabajando con decenas de miles de personas en la transformación total de su dinero en los últimos años, he descubierto que una barrera importante que impide triunfar es nuestro concepto de la deuda. La mayoría de las personas que han tomado la decisión de no pedir dinero prestado han experimentado algo extraño: el ridículo. Amigos y familiares que son discípulos del mito de que la deuda es buena han ridiculizado a aquellos que van camino a la liberación.

John Maxwell nos habla de un estudio sobre los monos. Un grupo de monos estaba encerrado en un cuarto con un poste en el centro. En el tope del poste se colocaron varias bananas maduras y deliciosas. Cuando un mono comenzaba a trepar el poste, los encargados del estudio lo hacían bajar con un chorro de agua de una manguera de bomberos. Cada vez que un mono intentaba subir, lo echaban abajo y así hasta que lo hicieron repetidamente con todos. Los monos aprendieron que no había esperanzas de subir. Los experimentadores observaron que cuando un mono trataba de subir, los otros primates lo echaban abajo. Entonces reemplazaron un mono con otro que no conocía el sistema. Tan pronto como el nuevo primate trataba de subir, los otros lo halaban hacia abajo y lo castigaban por intentarlo. Uno por uno, fueron reemplazando a todos los monos y la escena se repitió hasta que no quedó mono alguno en la habitación que hubiera experimentado el chorro de la manguera. Aun así, a ninguno de los nuevos monos le fue permitido trepar. Los otros monos los tiraban abajo. Ninguno de ellos sabía por qué, pero a ninguno le fue permitido tomar las bananas.

Nosotros no somos monos, pero algunas veces exhibimos una conducta que se parece más bien a la del mono. Ni siquiera recordamos por qué, solo sabemos que la deuda es necesaria para triunfar. Así, pues, cuando un ser querido decide efectuar la transformación total de su dinero, nos reímos, nos enojamos y lo echamos abajo. Somos como el último grupo de monos. Con desdén repetimos frases consabidas asociadas al mito, como si alguien que no desea tener deudas careciera de inteligencia. Ese debe ser un simplón, un fanático o, lo peor de todo, «un falto de educación en finanzas». Entonces, ¿por qué hay tantos profesores de finanzas arruinados? Yo creo que un profesor de finanzas en quiebra es como un maestro de artes mecánicas a quien le faltan los dedos.

Mito vs. realidad

Deseo exponer la labor interna del mito de la deuda examinando a muchos de los submitos. Sin embargo, necesito advertirle que vigile su instinto de defender el sistema estadounidense de préstamos. Tranquilo. Relájese y acompáñeme en un recorrido por unas cuantas páginas. Es posible que yo tenga algunas ideas buenas. Si al final de esta sección sobre la destrucción del mito usted llega a la conclusión de que yo soy un chiflado con un libro, nadie lo obligará a cambiar. No obstante, en caso de que las decenas de miles de familias que han experimentado la transformación total de su dinero tengan algo que decirle, léalo calmadamente. Desmonte su guardia; siempre podrá colocarse la coraza más tarde.

> **MITO:** La deuda es un instrumento y debe usarse para crear prosperidad.
>
> **REALIDAD:** La deuda añade considerables riesgos, casi nunca trae prosperidad y la gente rica no la utiliza tanto como se nos ha hecho creer.

Cuando me adiestraba para mi primera carrera en bienes raíces, recuerdo haber escuchado que la deuda era un instrumento. «La deuda es como un punto de apoyo y una palanca» que nos permite levantar lo que de otra manera no podríamos. Podemos comprar una casa, un automóvil, comenzar un negocio o salir a comer y no sufrir la molestia de la espera. Recuerdo a un profesor de finanzas que nos decía que la deuda era una espada de dos filos: que podía cortar como un instrumento, pero también herir a la persona. Nos han vendido el mito de que debemos usar el dinero de otras personas (DOP) para prosperar. La basura académica sobre este asunto se ha regado en abundancia. Nos han dicho con tono de superioridad y mucha altanería que los financistas sofisticados y disciplinados usan las deudas ventajosamente. Cuidado con eso, puede quemarse.

Mi punto de vista es que la deuda entraña suficiente riesgo para contrapesar cualquier ventaja que pueda obtenerse mediante ella. En el curso de una vida, el riesgo destruirá los posibles beneficios que defienden los propagadores del mito.

Yo solía ser un propagador del mito y podía repetirlo de manera muy convincente; en particular, era muy bueno con el mito de la «deuda como instrumento». Aun llegué a vender a inversionistas propiedades para alquilar que estaban perdiendo dinero al convencerlos, mediante demostraciones con muy sofisticadas tasas internas de ganancias, que ellos ganarían dinero. ¡Qué tarea, caballeros! Podía hablar del mito con entusiasmo, pero la vida y Dios tenían algunas lecciones que enseñarme. Solo después de haber perdido todo lo que tenía y hallarme en bancarrota, pensé que el riesgo debe incluirse como un factor en la ecuación, aun matemáticamente. Fue necesario despertar en «cuidados intensivos» para comprender cuán torpe y peligroso es este mito. La vida me golpeó con suficiente fuerza como para llamarme la atención y enseñarme. Según Proverbios 22:7: «Los ricos son los amos de los pobres; los deudores son esclavos de sus acreedores». Me vi confrontado con este pasaje bíblico y tuve que tomar una decisión consciente sobre quién tenía la razón: mi arruinado profesor de finanzas, que me enseñó que la deuda era un instrumento, o Dios, que muestra un evidente desdén por la deuda. Beverly Sills tuvo razón cuando afirmó: «No hay atajo a ningún lugar que valga la pena».

¡Nosotros caímos en el engaño! Vivíamos nuestras vidas pendientes de nuestro estatus entre los vecinos. Resulta que ellos también estaban arruinados y ahogados en deudas. Mi esposo y yo debíamos 72.000 dólares de una propiedad de alquiler y 35.000 de las tarjetas de crédito, los préstamos estudiantiles y los pagos del auto. Como si fuera poco, compramos una casa de cuatro habitaciones y una piscina que necesitaba serios arreglos. Todo esto lo hicimos con un salario anual de profesor de 40.000 dólares. No obstante, habíamos determinado que estas eran inversiones adecuadas para nuestro futuro. ¡Qué equivocados estábamos!

Estábamos hartos de que el dinero no nos alcanzara hasta el final del mes. Sin duda necesitábamos la transformación total de nuestro dinero. Entonces vendimos nuestra propiedad de alquiler y nuestra EXUBERANTE casa y nos mudamos a un lugar mucho más pequeño. ¡Nos tomó dos años y medio de enfoque intenso quedar LIBRES DE DEUDAS!

Si usted está viviendo como esclavo de la deuda, entonces no está viviendo en realidad. Ahora nuestro matrimonio es mucho mejor; hoy existe una paz que no teníamos antes de optar por un plan financiero. Nos sentimos bendecidos por haber encontrado esta información al principio de nuestro matrimonio y estamos agradecidos de tener la oportunidad de enseñarles a nuestros hijos a ser responsables con las finanzas.

Alison y Mike Wessner
(29 y 33 años respectivamente)
Ama de casa; profesor de
Educación física

He descubierto que, si examina la vida de la clase de persona que usted quisiera ser, hallará temas comunes. Si quiere ser flaco, estudie a los flacos; si quiere ser rico, haga lo que hacen muchas personas ricas, no lo que algunos seguidores de mitos dicen que hay que hacer. La Forbes 400 es una lista de las cuatrocientas personas más ricas en Estados Unidos según la calificación de la revista *Forbes*. Cuando se hizo la encuesta, 75 % de los Forbes 400 (gente rica, no su arruinado y terco cuñado) dijeron que la mejor forma de crear riqueza es llegar a estar y mantenerse libre de deudas. Chick-Fil-A, Hobby Lobby e Intuitive Surgical, Inc. funcionan sin deudas. He conocido a miles de millonarios en mis años de consultor financiero y nunca he encontrado a uno que diga que hizo sus millones con los puntos que regala la tarjeta Discover. Todos ellos vivían con menos de lo que ganaban y gastaban solamente cuando tenían efectivo; no tenían pagos que hacer.

La historia enseña también que la deuda no fue siempre un estilo de vida. En realidad, tres de las mayores firmas de prestamistas del último siglo las fundaron personas que aborrecían las deudas. Antes de declararse en quiebra, Sears era una fuerza poderosa en el comercio minorista y ganaba más dinero con el crédito que con la venta de mercancía. No eran tiendas en realidad; eran prestamistas con alguna mercancía como pantalla (te hace preguntarte por qué quebraron, ¿verdad?). Sin embargo, en 1910, el catálogo de Sears afirmaba: «Comprar a crédito es insensatez». Al igual que Sears, las tiendas J. C. Penney hacían millones anualmente con las tarjetas de crédito antes de declararse en quiebra. Sin embargo, su fundador, James Cash Penney, dirigió su imperio minorista con tiendas que solo vendían en efectivo, grandes reservas de efectivo y cero deudas, lo que ayudó al negocio a sobrevivir a la Gran Depresión. Henry Ford creía que la deuda era el método del holgazán para comprar artículos y su filosofía se arraigó tanto en la Ford Motor Company que la firma no ofreció financiamiento hasta 1959, diez años después de que General Motors lo hiciera. Ahora, por supuesto, Ford Motor Credit es una de las operaciones más rentables de Ford. La vieja escuela vio la insensatez de la deuda; la nueva escuela vio la oportunidad de aprovecharse del consumidor con la deuda.

Usted habrá oído probablemente mucho sobre los submitos que van detrás del gran mito: «La deuda es un instrumento». Así, pues, para no dejar piedra sin remover, vamos a revisar y desenmascarar cada uno de los mitos divulgados por una cultura que cayó oficialmente en la mentira.

MITO: Si presto dinero a amigos o familiares, los estoy ayudando.

REALIDAD: Si le presto dinero a un amigo o familiar, la relación se hará tirante o se destruirá. La única relación que se fortalecerá es la que resulte cuando una parte se convierta en amo y la otra en sirviente.

Un viejo chiste pregunta que si usted le presta a su cuñado cien dólares y este no le habla más, ¿valió la pena la inversión? Todos hemos experimentado el haber prestado algún dinero y notar un inmediato distanciamiento en las relaciones. Joan llamó a mi programa radial un día quejándose de cómo un préstamo había arruinado su relación con una de sus mejores amigas en el trabajo. Ella le había prestado cincuenta dólares a una señora, una madre soltera en bancarrota, hasta el día de pago. Llegó el día de pago y pasó y su amiga, con quien acostumbraba conversar durante el almuerzo cada día, su confidente y consejera, la esquivaba. La vergüenza y la culpabilidad habían entrado en la escena sin provocación alguna. Nosotros no controlamos cómo las deudas afectan las relaciones; la deuda hace eso independientemente de lo que deseemos. El prestatario es esclavo del prestamista; usted cambia la dinámica espiritual de una relación cuando presta dinero a un ser querido. Ellos dejan de ser amigos, tíos o hijos: ahora son sus esclavos. Yo sé que algunos piensan que soy exagerado, pero díganme por qué la comida del Día de acción de gracias sabe diferente cuando se ha hecho un préstamo. Comer con su amo es diferente a comer con su familia.

Joan estaba de veras destruida por haber perdido esa amistad. Le pregunté si la amistad valía los cincuenta dólares. Me respondió que valía mucho más que eso. Entonces le aconsejé que llamara a su amiga y le dijera que la deuda estaba perdonada, que era un regalo. El perdón de la deuda la ayudó a eliminar la dinámica de amo y esclavo de la relación. Por supuesto, hubiera sido mejor si esa dinámica nunca hubiera entrado en escena. También le indiqué dos estipulaciones al perdón de la deuda: primero, que la amiga conviniera en ayudar a alguien necesitado algún día; y segundo, que nunca prestara dinero a los amigos. Rompamos la cadena del mito. En el caso de Joan, la cadena del mito de prestar dinero a un amigo se romperá si ambas aprenden su lección. La lección es que, si bien es correcto *regalarle* dinero a un amigo en necesidad, si usted tiene suficiente, prestarle dinero embrollará las relaciones.

He tratado con cientos de familias agobiadas y destruidas, personas decentes que prestaron dinero para «ayudar». Los padres le prestan dinero al hijo recién casado de veinticinco años para cubrir el pago inicial de su primera casa. Esto parece tan noble y bueno hasta que la nuera capta las miradas de desaprobación a la simple mención de las próximas vacaciones de la pareja. Ella conoce el significado de los gestos y debe chequear con esos decentes y nobles suegros antes de comprar incluso papel higiénico hasta que el préstamo se pague. Toda una vida de resentimiento puede surgir de aquí. El abuelo le presta 25.000 dólares al nieto de veinte años para comprar el nuevo camión con tracción en las cuatro ruedas que «necesita». Por supuesto, el préstamo es a 6 %, mucho mejor que lo que el chico puede obtener en el banco y el abuelo en su certificado de depósito bancario. Todo el mundo sale ganando, ¿verdad?

¿Qué pasa cuando el nieto pierde su empleo y no puede pagarle al abuelo, que es de la vieja escuela donde, si es necesario, hay que excavar la tierra hasta la medianoche para cumplir con la palabra empeñada? Ahora nieto y abuelo están como las greñas, de modo que el nieto vende el camión y le paga al abuelo los 19.000 dólares que obtuvo por la venta. El abuelo no había declarado un gravamen sobre el título, de modo que ahora espera que el nieto, en bancarrota, enojado y desempleado, le pague el saldo de 6.000 dólares. El abuelo no volverá a ver ni sus 6.000 dólares ni a su nieto. En algún giro perverso del mito, mezclado con la vergüenza y la culpabilidad, la mente del nieto concibe que toda la culpa es del abuelo y abandona la relación.

Cientos de veces he visto relaciones afectadas e incluso destruidas. Todos lo hemos experimentado, pero seguimos creyendo en el mito de que un préstamo a un ser querido es una bendición. No lo es; es una maldición. No ponga esa carga sobre ninguna relación que desee conservar.

MITO: Al servir de avalador de un préstamo estoy ayudando a un amigo o familiar.

REALIDAD: Esté listo para repagar el préstamo; el banco desea un aval por una razón: no espera que el amigo o el familiar pague.

Piense conmigo por un momento. Si el préstamo es el producto que se anuncia más agresivamente en nuestra cultura hoy, si los prestamistas deben cubrir cuotas de venta para la «producción de préstamos», si los prestamistas pueden proyectar la probabilidad de un préstamo hacia el incumplimiento con increíble precisión, y si todas esas cosas son ciertas, y la industria del préstamo le ha negado uno a su amigo o familiar, hay pocas dudas de que el prestatario en potencia es un problema inminente. Sin embargo, la gente en Estados Unidos toma la muy insensata decisión (sí, tonta) de firmar como avalador por alguien cada día.

El prestamista exige un aval porque existe una posibilidad estadísticamente muy alta de que el solicitante no pagará. Entonces, ¿por qué nos ofrecemos como generosos, omniscientes y benévolos auxiliadores que anulan el juicio de una industria que se muere por prestar dinero y que, de todas formas, ha considerado a nuestro amigo o familiar un caso perdido en busca de un lugar para fallar, o por lo menos un préstamo incumplido en busca de un nuevo hogar? ¿Por qué avalar si conocemos muy bien los problemas inherentes?

Entramos en esta ridícula situación solo por las emociones. El intelecto no podría llevarnos hasta allí. Nosotros «sabemos» que ellos pagarán porque los «conocemos». Falso. Los padres avalan por una joven pareja para que compren su casa. ¿Por qué necesitan un aval? ¡Porque la casa no está a su alcance! Los padres avalan por un adolescente para que se compre un automóvil. ¿Por qué lo harían? «Para que aprenda a ser responsable». No, lo que el adolescente ha aprendido es que, si usted no puede pagar por algo, cómprelo de todas maneras.

Lo triste es que quienes hemos sido avaladores de préstamos sabemos cómo terminan. Terminamos pagándolos, pero solo después de que nuestro crédito ha quedado afectado o arruinado. Si usted firma como avalador en la compra de un automóvil, el prestamista no se contactará con usted cuando el préstamo se pague tarde cada mes, pero su crédito se dañará cada mes. El prestamista no se contactará con usted antes de embargarle el automóvil, pero le aparecerá un automóvil embargado en el historial de su crédito. Ellos lo contactarán para saldar la diferencia entre el débito y el precio al por mayor que se paga por un objeto que ha sido embargado, que ellos recibieron por el automóvil, lo que se llama un déficit. Si el prestamista lo contactó, no hay nada que usted pueda argüir legalmente para forzar la venta del automóvil, porque usted no es su dueño, sino solo el responsable de la deuda. Cuando usted firma como avalador para una casa, obtendrá los mismos resultados.

Según Proverbios 17:18: «Es una insensatez dar garantía por la deuda de otro» (NTV). Eso lo resume bien. Además de tratar de bendecir a un ser amado con un préstamo, muchas personas tratan de ayudar haciendo de avaladores; el resultado es un crédito dañado y relaciones quebradas o destruidas. Yo he avalado préstamos y he terminado pagándolos; un pobre hombre me avaló un préstamo y terminó saldándolo cuando yo quedé en bancarrota. Si usted de veras desea ayudar a alguien, regale dinero. Si no lo tiene, no vaya a firmar para pagarlo, ya que posiblemente tendrá que hacerlo.

Conozco a diario en *The Ramsey Show*, nuestro programa radial, los casos de personas que caen en la trampa de firmar como avaladores. Kevin llamó para quejarse de que una compañía hipotecaria contaba su firma como avalador para el automóvil de su mamá como un débito en su contra, aun cuando ella tenía un seguro que pagaría el préstamo si fallecía. Es obvio que lo harían, Kevin; ¡esa es una deuda de la que te hiciste responsable! La compañía hipotecaria no está preocupada por la muerte de ella, sino por su falta de pago, lo cual requeriría que Kevin pagara por el automóvil y entonces posiblemente fuera incapaz de pagar su hipoteca.

Joe, otro que llamó, estaba sorprendido de descubrir que estaba entrampado por 16.000 dólares en una casa móvil que avaló quince años atrás. Hace diez años, le embargaron la casa móvil a su hermano y el banco la vendió en 16.000 dólares menos de lo que se debía; ahora, diez años después, el banco encontró a Joe y quería su dinero. ¡Joe estaba airado porque le estaba sucediendo eso! La mayoría de los que avalan no tienen idea de en lo que se han metido.

Brian me habló en un correo electrónico del automóvil de su novia. Parece que firmó como avalador por 5.000 dólares en la compra de un automóvil para su amada. Ella se fue con el auto y él no pudo encontrarla más; pero, oh sorpresa, ella no está abonando sus pagos. Ahora, o su crédito lo declara como un hombre moroso, o abona los pagos de un automóvil que no puede hallar, para una señorita a quien no desea encontrar. Eso resume el firmar de avalador: corazones devastados y billeteras rotas. Así termina usualmente el firmar como avalador. A menos que usted desee un corazón devastado y una billetera rota, no lo haga.

MITO: Adelanto de dinero, préstamos contra el día de pago, alquiler con opción a compra, empeño del título de propiedad y operaciones de compre aquí, pague aquí en lotes donde se venden autos usados son necesarios para ayudar a personas de bajos ingresos a salir adelante.

REALIDAD: Estos ejemplos de robo en préstamos predatorios están concebidos para aprovecharse de las personas de bajos ingresos y beneficiar solo a los dueños de las compañías que hacen los préstamos.

Las personas de bajos ingresos permanecerán en el último peldaño de la escalera socioeconómica si son víctimas de uno de estos atracos. Estos «prestamistas» (o como yo los llamo: «la escoria de la escoria») se aprovechan de aquellas personas y se hacen legalmente ricos a expensas del pobre o del que está por caer en la pobreza. Las tasas promedio de préstamo en este tipo de operaciones es de casi el 400 % de interés y puede llegar a superar el 600 %. Si usted quiere permanecer en el último peldaño, siga tratando con esa gente. ¿Sabe por qué esta clase de operaciones está localizada en el sector pobre de la ciudad? Porque la gente rica no entra en ese juego. Por eso llegaron a ser ricos.

El préstamo contra el día de pago es uno de los negocios más sucios de préstamos de mayor crecimiento. Funcionan de este modo: usted pide un préstamo de 200 dólares y autoriza a que se debite dinero automáticamente de su cuenta después de su próximo día de pago (o puede hacerlo a la antigua y escribir un cheque con fecha posterior a su próximo día de pago). Ellos le entregarán 200 dólares en efectivo al instante (o le harán un depósito directo en su cuenta) y debitarán el dinero cuando cobre. ¡Todo por la simple suma de veinticinco dólares como pago por el servicio, que equivale a más de 650 % anual!

Un hombre llamado Mike llamó a mi programa radial para decir que fue atrapado en una red de préstamos del día de pago. Él no tenía aún el plan de la transformación total de su dinero y seguía gastando como siempre. Añadió préstamo tras préstamo hasta que no pudo superar el juego de la bolita que había creado. Básicamente, Mike formaba parte del 80 % de prestatarios que no podían pagar su préstamo en dos semanas, así que pidió dinero a un prestamista dudoso para pagarle a otro; al hacer esto una y otra vez había creado un ciclo de muerte financiera. Él sintió pánico al ser amenazado con cargos criminales por emitir cheques sin fondos por los mismos lugares que tienen un modelo de negocio basado en cheques «sin fondo» con fecha adelantada. Lo triste es que el único recurso que le queda a Mike es reventar el globo. Tiene que suspenderles los pagos, cerrar sus cuentas y entonces reunirse con cada uno de sus prestamistas para coordinar los pagos. Eso significa empleos adicionales y venta de objetos de la casa.

Este tipo de negocio es una usura legalizada. Seis estados: Arizona, Arkansas, Georgia, Hawái, Nuevo México y Carolina del Norte han expulsado legalmente de su territorio a las empresas de préstamos contra el día de pago. Muchos otros han limitado el importe máximo de los préstamos (la mayoría alrededor de 500 dólares) y los intereses que pueden cobrar. Incluso el gobierno federal reconoció esta problemática y estableció un límite del 36 % para este tipo de préstamos hechos al personal militar. Esperemos que otros estados sigan este ejemplo.

El clásico «compre aquí, pague aquí» de las ventas de autos usados no es mejor. La mayoría de esas transacciones implican automóviles viejos más baratos. El vendedor compra esos autos y los vende por un pago inicial igual a lo que pagó por el automóvil, de modo que los pagos a 18 % y hasta 38 % de interés pagado semanalmente es ganancia fácil. Los camiones de remolque de todo el pueblo reconocen esos autos porque han sido vendidos muchas veces y repetidamente embargados por el vendedor. Cada vez que la agencia vende un automóvil, sus ganancias sobre la inversión son elevadísimas. Con los pagos se podía haber comprado el automóvil en efectivo en cuestión de semanas; de hecho, con el pago inicial pudo haberse adquirido el automóvil si el comprador hubiera sido un poco más astuto.

El alquiler con opción a compra es uno de los peores ejemplos del niñito de cara encendida que grita: «¡Yo lo quiero ahora!». Las personas alquilan objetos que no pueden comprar porque miran solamente «cuánto a la semana» y piensan: «Esto está a mi alcance, puedo adquirirlo». Según *U.S. News & World Report*, probablemente pagará entre dos y tres veces más de lo que pagaría comprando el producto al contado. En realidad, cuando usted considera las cifras en serio, nadie puede darse el lujo de adquirirlo. Una lavadora y secadora normal y corriente le costará a usted veinte dólares semanales por 104 semanas. Esto suma cerca de 2.100 dólares (sin impuestos) por una lavadora y secadora que pudo haber comprado nueva a precio de menudeo por unos 1.100 dólares o ligeramente usadas por 500. Como decía mi antiguo profesor en cuanto a llegar a ser «dueño» en una transacción de alquiler con opción a venta: «¡Usted debe *vivir* mucho!».

Si usted hubiera ahorrado veinte dólares cada semana por solo veinticinco semanas, ¡habría podido comprar por 500 dólares el modelo con abolladuras que se exhibía en la misma tienda de alquiler con opción a compra! También habría podido comprar un modelo usado en Facebook Marketplace. Vale la pena ver más allá del fin de semana y sufrir yendo a la lavandería automática local con sus monedas. Cuando usted piensa a corto plazo, se dispone a ser víctima de un prestamista depredador. ¡Si el niño de la cara encendida («¡Yo lo quiero y lo quiero ahora!») es el que gobierna su vida, usted seguirá arruinado!

Si usted usa préstamos contra el día de pago, compre aquí, pague aquí y alquiler con opción a compra, entienda que lo están destruyendo financieramente. Esos negocios se alimentan del trabajador pobre y usted debe evitarlos a toda costa si desea ser un triunfador con el dinero.

> **MITO:** «Noventa días igual que en efectivo» equivale a usar gratis el dinero de otras personas.
>
> **REALIDAD:** Noventa días no es lo mismo que en efectivo.

El mercadeo insensato en que Estados Unidos ha caído ha resultado en lo siguiente: compramos cosas que no necesitamos con dinero que no tenemos para impresionar a personas que no nos agradan. El sistema «noventa días igual que en efectivo» se ha disparado en el mercado de muebles, productos electrónicos y aparatos caseros. Recientemente conocí a una dama que compró a plazos a su perro en una tienda de mascotas. «Pero terminé de pagarlo antes de tiempo», me dijo orgullosa. Me alegra que Rover pudo evitar que lo embargaran.

Noventa días NO es lo mismo que en efectivo por tres razones básicas. Primero, si usted muestra dinero (billetes de cien dólares) frente a un administrador que tiene una cuota de ventas que cumplir, probablemente obtenga un descuento. Si no puede conseguir uno, vaya al competidor y obténgalo. Usted no obtiene descuentos cuando firma un plan financiero.

Segundo, las compañías que ofrecen financiación al contado ganan mucho dinero con los que no pagan a tiempo. En 2021, estas empresas ganaron 2.500 millones de dólares con los intereses estafadores del 24 % al 38 % que cobran de forma retroactiva a la fecha de compra cuando el saldo no se paga en su totalidad al final del «período promocional». Por favor, no me vaya a decir que usted es quien realmente va a completar el pago y evitar convertirse en víctima de esta estafa multimillonaria. Un equipo de sonido de 1.000 dólares (recuerde que usted no ha obtenido un descuento) no lo va a hacer rico en noventa días. No obstante, 1.000 dólares colocados en una cuenta de ahorros a 3 % de interés anual le dará una ganancia de 7,50 dólares en noventa días. ¡Vaya, usted es todo un genio financiero!

Tercero, usted está jugando con serpientes y lo van a morder. Marge llamó a mi programa radial con esta pequeña historia. Ella y su esposo compraron un televisor de pantalla grande en una casa de productos electrónicos nacionalmente conocida. Esta pareja terminó de pagar su aparato bastante temprano para estar seguros de que no le hicieran el ardid de cargarle retroactivamente los intereses. No tuvieron suerte. Ellos habían rechazado el seguro de incapacidad y de vida (por un costo de 174 dólares), pero al parecer el vendedor cometió fraude y puso sus iniciales en el contrato en esa sección, algo que ocurre con más frecuencia de lo que uno piensa. Así, pues, aunque nuestra brillante pareja supuso que tenía pagado su televisor, quedaba todavía un saldo que les fue cargado con los intereses retroactivamente por todo el contrato. Estaban procurando resolverlo, pero ello implicaría contratar a un experto en caligrafía e ir a la corte con un abogado para evitar el pago de una cuenta inferior a 1.000 dólares, aun cuando no lo debían. Eso es desalentador. En el jueguito de «vamos a usar tu dinero gratis» el tiro les salió por la culata. Hace poco compré un televisor en esa misma tienda en efectivo, obtuve un descuento y salí con mi aparato. Sin problema, sin gastos de tribunales, sin intereses, sin mentiras. No, Margaret, noventa días NO es lo mismo que en efectivo.

Además, antes de que lo pregunte, las compañías de sistema «compre ahora, pague después» (BNPL por sus siglas en inglés) como Klarna y Afterpay no son mejores. Estas ofrecen un préstamo a corto plazo que fracciona su compra en cuatro pagos iguales. No es más que otra forma de comprar cosas que no se puede permitir; sin embargo, la gente cae en ella ciegamente. El valor total de estos préstamos va camino de alcanzar los 180.000 millones de dólares en 2025. Peor aún, la gente no está dependiendo en ellos para comprar ordenadores portátiles caros y sistemas de juego, sino que lo utilizan cada vez más para pagar lo esencial. Así es: usted puede utilizar el modo BNPL para pagar su caja de refrescos por solo cuatro cómodos pagos de 2,99 dólares.

Algunas opciones de BNPL solo cobran una comisión de demora cuando no se efectúa los pagos y otras cobran intereses. Nuestro estudio muestra que casi la mitad de la gente no paga a tiempo. Curiosamente, es el mismo número de personas que se arrepienten de haber comprado mediante un BNPL.

El verdadero secreto oscuro tras el sistema BNPL es que esas empresas utilizan el hecho de que pueden hacer que usted gaste más como un atractivo comercial ante los minoristas. Afterpay presume de que los compradores que utilizan sus servicios gastan un 40 % más que los que no lo hacen y Klarna dice a las empresas que pueden aumentar el precio medio de los pedidos en un

41 %. Para no quedarse atrás, Affirm presume de un aumento del 60 % en actualizaciones, paquetes y complementos. ¿Se le está revolviendo el estómago?

MITO: Los pagos del automóvil son un estilo de vida; usted siempre tendrá que hacerlos.

REALIDAD: Librarse de los pagos por la compra de autos al manejar autos usados en buen estado es lo que hace la mayoría de los millonarios; así es como se han hecho millonarios.

Comprar un automóvil a plazos es una de las cosas más torpes que se hacen y que destruyen sus oportunidades de crear riqueza. El pago del auto es el más alto para la mayoría de las personas, excepto el pago de la hipoteca, de modo que sustrae más dinero del ingreso que prácticamente cualquier otro. Experian señala que el pago promedio de un automóvil nuevo es de 725 dólares con un plazo medio de unos sesenta y nueve meses. La mayoría de las personas incurren en pagos de automóvil y siguen así toda la vida. Tan pronto como terminan de pagar un automóvil, inician otro pago porque «necesitan» un auto nuevo. Si usted mantiene un pago de 725 dólares de por vida, lo cual es «normal», pierde la oportunidad de ahorrar ese dinero. Si invierte mensualmente 725 dólares desde los veinticinco hasta los sesenta y cinco años de edad, una vida normal de trabajo, en fondos mutuos promedio a 12 % de interés (el promedio del mercado de valores durante 90 años) usted tendría un patrimonio de 8.500.000 dólares a los sesenta y cinco años de edad. ¡Espero que le guste ese automóvil!

Algunos de ustedes tenían su nariz en el aire como intelectuales presuntuosos cuando yo ilustraba lo malo que era el método de alquiler con opción a compra, porque usted nunca entraría en un plan así. Sin embargo, a usted le va peor en su adquisición de un automóvil. Si usted coloca 725 dólares cada mes en un frasco para galletitas durante diez meses, al final tendrá más de 7.000 dólares para pagar un auto en efectivo. Yo no estoy sugiriéndole que maneje un automóvil de 7.000 dólares toda su vida, pero así es como usted comienza sin deudas. Luego puede ahorrar la misma cantidad otra vez y cambiar a un automóvil de 14.000 dólares diez meses más tarde y hasta uno de 21.000 diez meses después. En solo treinta meses, o dos años y medio, usted puede manejar un automóvil de 21.000 dólares pagado, sin haber hecho un solo pago y sin tener que hacer pagos otra vez. Asumir una compra de automóvil a base de pagos porque los demás lo hacen no es inteligente. ¿Se burlarán de su automóvil usado sus parientes y amigos arruinados mientras usted hace esto? Seguro que sí, pero será una señal muy buena de que usted va por el camino correcto.

Tras haber sido millonario y caer en bancarrota, me abrí campo al tomar una decisión entre lucir bien frente a estar bien. Lucir bien es cuando sus amigos arruinados se impresionan por su automóvil; estar bien es tener más dinero que ellos.

¿Comienza a comprender que la transformación total de su dinero está también en su corazón? Usted tiene que alcanzar el punto en que la opinión de la gente no es su principal motivación. Alcanzar la meta es la verdadera motivación. ¿Recuerda el juego del circo donde usted movía el gran martillo sobre su cabeza para golpear la palanca que hacía subir un peso por el poste hasta tocar la campana? ¡Usted alcanza el punto que desea para sonar la campana! ¿Qué importa si usted es un enclenque de noventa y ocho libras (cuarenta y cuatro kilos) con figura desgarbada? Las muchachas igual se impresionarán cuando suene la campana. Cuando la meta, mas no las apariencias, es lo que empieza a ser importante, usted está en camino hacia la transformación total de su dinero.

Hoy manejo autos muy buenos, pero no siempre fue así. Después de caer en la ruina, manejaba un Cadillac prestado con 400.000 millas (644.000 kilómetros) recorridas, con un techo de vinilo roto que se llenaba de aire como un paracaídas. El color predominante de ese automóvil era el de la masilla. Manejé el autito color masilla por un período de tres meses que me parecieron diez años. ¡Me había desmontado de un Jaguar para andar en aquel autito enmasillado prestado! Eso no era divertido, pero sabía que si vivía como nadie, después podría vivir como nadie más. Hoy estoy convencido de que mi esposa y yo podemos hacer cualquier cosa que deseemos en las finanzas debido, en parte, a los sacrificios que hicimos respecto a los autos en aquellos días. Creo, de todo corazón, que somos victoriosos debido al cambio interno que nos permitió manejar autos viejos y maltratados a fin de ganar. Si usted insiste en manejar autos nuevos con pagos toda la vida, literalmente consumirá una fortuna en ellos. Si usted está dispuesto a sacrificarse por un tiempo, podrá tener la fortuna y manejar autos de calidad. Yo he optado por la estrategia del millonario.

MITO: Arrendar un automóvil es lo que hace la gente sofisticada. Usted debería arrendar cosas que se deprecian en valor y aprovechar las ventajas del impuesto.

REALIDAD: Los defensores del consumidor, los expertos destacados y una buena calculadora confirmarán que arrendar un automóvil es la manera más costosa de operar un vehículo.

Las revistas *Consumer Reports* y *Smart Money* y mi calculadora me dicen que arrendar un automóvil es la peor manera posible de adquirir un vehículo. En realidad, usted está alquilando para comprar. El costo de capital, que es la tasa de interés, es extremadamente alto. Sin embargo, la mayoría de las ofertas de autos nuevos este año serán una estafa… quiero decir, un arrendamiento. ¡Eso es *maaaalo*! Perdóneme, esa es mi imitación de una oveja que están «esquilando». Los cabilderos de la industria automovilística son tan poderosos que la ley no exige una declaración del estado financiero del prestamista. La industria arguye que usted está meramente alquilando (lo que es cierto), así que no debe exigírseles que le muestren la verdadera tasa efectiva de interés. La Comisión Federal de Comercio exige la declaración de «truth-in-lending» [veracidad en el préstamo] cuando usted compra un automóvil u obtiene una hipoteca, pero no un arrendamiento, de modo que usted no sabe lo que va a pagar a menos que sea muy hábil con la calculadora. Tras haber visto varios cientos de acuerdos de arrendamiento con personas que he asesorado, mi calculadora financiera confirma que la tasa de interés promedio es 14 %.

¿No debería usted arrendar o alquilar algo que se devalúa? No necesariamente. Además, ese cálculo no funciona en un automóvil. Veamos un ejemplo. Si usted alquila (arrienda) un automóvil con un valor de 45.000 dólares por tres años y cuando lo devuelve al final de ese tiempo el automóvil tiene un valor de 22.500 dólares, entonces alguien tiene que cubrir los 22.500 dólares perdidos. Usted no es tonto, sin duda sabe que General Motors, Ford y los demás gigantes de la industria automovilística no van a coordinar un plan para perder dinero. Sus pagos de estafa / alquiler están diseñados para cubrir la pérdida en valor (22.500 dólares extendidos por treinta y seis meses es igual a 625 dólares por mes) además de la ganancia (el interés que usted paga).

¿Dónde obtuvo usted una ventaja en ese negocio? ¡En ninguna parte! Por encima de eso, hay un cargo de quince a treinta centavos por kilómetro por exceder los kilómetros consignados y también están los recargos por concepto de «uso excesivo y desgaste», que han experimentado todos los que han firmado un arrendamiento, lo cual toma en cuenta cada golpecito, abolladura, mancha en la alfombra, tizne o cualquier olor. Usted termina firmando un gran cheque solo por salir de la agencia después de alquilar su automóvil. La idea de los recargos es de doble efecto: primero, busca obligarlo a usted a asumir otra estafa / alquiler de modo que pueda, sin darse cuenta, ser atrapado en un nuevo contrato; y segundo, desea asegurar que la compañía del automóvil gane dinero.

Según J. D. Power, citando a la Asociación Nacional de Agencias de Autos (NADA, por sus siglas en inglés), el automóvil nuevo promedio comprado al contado deja a la agencia alrededor del 3,9 % de ganancia. Por lo tanto, si usted compra un auto nuevo por 50.000 dólares (que es el precio promedio actual), la agencia ganará alrededor de 2.000 dólares. Cuando la agencia logra que usted lo financie a plazos con ellos, añaden lo que se denomina una «reserva financiera» o, en el caso de un arrendamiento, un «factor monetario» que aumenta de 1 a 3 puntos porcentuales al tipo de interés. Eso supone entre 1.600 y 5.000 dólares más para la agencia, pero no tiene por qué informarle del recargo. Lo que es peor, con un arrendamiento, la documentación ni siquiera muestra el precio de venta del auto. Lo único que ve es el «coste bruto capitalizado», que incluye el margen de beneficio de la agencia y cualquier otra cosa que puedan poner sin que se dé cuenta. Como el pago mensual le sale tan «barato», no se da cuenta ni hace preguntas. A partir de ahí, pueden conseguir que contrate todo tipo de servicios adicionales, como seguros y planes de servicio, con los que le sacarán aún más dinero. El hecho es que, el típico agente de autos gana su dinero en la oficina de financiación y en el taller, no en la venta de automóviles nuevos.

El alquiler de autos está en auge porque los vendedores saben que ese es su centro de mayores ganancias. Vivimos en una cultura que dejó de preguntar «¿Cuánto?» para inquirir «¿Cuánto de entrada y cuánto al mes?». Si uno se fija solamente en el gasto mensual, siempre «alquilará», porque esto casi siempre cuesta menos de entrada y menos mensualmente, pero a la larga es mucho más costoso. Una vez más, el niño de la cara enrojecida compra algo que no está a su alcance usando un método inapropiado y luego intenta justificar su estupidez. Esa actitud no va a funcionar si usted desea la transformación total de su dinero.

Craig llamó a mi programa de radio para discutir sobre el arrendamiento de autos porque su contador le dijo que debería alquilar uno. (¡Prueba de que algunos contadores públicos no pueden sumar, o por lo menos no se toman el tiempo para eso!). Craig era dueño de su propio negocio y pensó que, frente a que su negocio fuera dueño del automóvil, el arrendamiento era la mejor idea debido a la excepción tributaria. Craig tenía los 20.000 dólares en efectivo para comprar un automóvil de un año de uso, exactamente como el que deseaba, pero en su lugar iba a alquilar uno nuevo de 30.000 dólares. Pasó por alto dos puntos importantes. Primero, 98 % de los arrendamientos se hacen en un automóvil nuevo, que rápidamente pierde valor y no es una sabia decisión de negocio. Segundo, crear un gasto de negocio innecesario por una excepción tributaria es matemática torcida.

Digamos que Craig arrendó un automóvil por 416 dólares al mes, 5.000 al año, y lo utilizó cien por ciento para el negocio (lo cual es altamente improbable y la mayoría de las veces no sobrevive una auditoría). Si tiene una excepción tributaria de 5.000 dólares, usted no paga impuesto sobre ese dinero. Si Craig no tenía la excepción tributaria por los 5.000 dólares, pagaría unos 1.100 dólares de impuestos por ese dinero. Así, pues, la sugerencia del contador de Craig de que enviara 5.000 dólares a la compañía del automóvil para evitar enviar al gobierno 1.100 suena a que él no sabe sumar. Además, ahora Craig es responsable por el automóvil de 30.000 dólares que está decreciendo en valor en lugar de uno de 20.000 que ya recibió la peor devaluación durante su primer año de uso.

Mi compañía es dueña de mis autos. Nosotros podemos depreciarlos o deducir el kilometraje. Si usted maneja autos baratos en su negocio y los utiliza muchísimo, use la deducción del kilometraje. Si usted, como yo, maneja autos costosos, pero no los utiliza demasiado, use la depreciación oficial. Ambas deducciones de impuestos están disponibles sin tener un estúpido pago de automóvil. Si usted no posee un negocio propio y no entiende todo lo que acabo de decir sobre excepciones tributarias, etc., no se preocupe. Solo recuerde que, como dueño inteligente de un negocio, usted no desea arrendar un automóvil.

> **MITO:** Usted puede obtener un buen negocio de un automóvil nuevo a 0 % de interés.

> **REALIDAD:** Un automóvil nuevo pierde 60 % de su valor en los primeros cinco años; eso no es 0 %.

Hemos abordado la compra de un automóvil nuevo en varias formas en las páginas anteriores. No, un automóvil nuevo no está a su alcance, a menos que sea millonario y pueda darse el lujo de perder miles de dólares, todo en nombre del característico aroma de un auto nuevo. Un buen automóvil usado que tenga menos de tres años es tan confiable, o más, que uno nuevo. Un automóvil nuevo de 50.000 dólares perderá cerca de 30.000 dólares de valor en los primeros cinco años de uso; casi ciento quince dólares por semana en devaluación. Para entender lo que estoy diciendo, abra su ventanilla en su viaje al trabajo una vez a la semana y arroje a la calle un billete de cien dólares.

El millonario promedio maneja un automóvil de dos años sin pagos pendientes. Simplemente lo compró. El millonario promedio no está dispuesto a asumir la pérdida que implica un automóvil nuevo: así es como llegaron a ser millonarios. Yo no estoy diciendo que no maneje nunca un automóvil nuevo, pero hasta que tenga tanto dinero que pueda perder grandes sumas sin siquiera notarlo, no puede darse ese lujo. El vendedor de autos le dirá que «usted está comprando el problema de otro». Entonces, ¿por qué ellos venden autos usados? ¿No sería eso inmoral? La verdad es que la mayoría de los autos ligeramente usados han recibido ya todos los arreglos y no han sido devueltos porque eran malos autos. Es probable que usted esté comprando un automóvil que fue arrendado previamente. Algunos de mis mejores autos comprados fueron de uno y dos años de arrendamiento entregados con bajo kilometraje.

Si usted entiende lo que estoy diciendo sobre esta gran pérdida de valor, usted ahora comprende que 0 % de interés no es realmente «sin costo». Si bien el dinero del préstamo no le cuesta a usted técnicamente hablando, usted está perdiendo tanto en valor que aun así lo han engañado. Sin embargo, ese 0 % se usa con bastante frecuencia por hombres, pocas veces mujeres, para racionalizar su «necesidad» de un nuevo auto. Así, pues, aun cuando la tasa de interés sea atractiva, no haga ese negocio, porque la transacción total es lo mismo que echar billetes de cien por la ventanilla cada semana.

Algunas personas desean comprar un automóvil nuevo por la garantía. Si pierde 30.000 dólares del valor en cinco años, como promedio, usted ha pagado demasiado por una garantía. ¡Pudo haber reconstruido totalmente el automóvil múltiples veces por ese dinero! Además, tenga en mente que la mayoría de las garantías de los fabricantes también aplican cuando adquiere un automóvil ligeramente usado. Por supuesto, cuando comience la transformación total de su dinero, usted tendrá un cacharro, pero el objetivo es evitar la tentación del mito del 0 % de interés y entrar en el tema de los autos usados de calidad. (¿Todavía desea comprar un auto nuevo? Por supuesto, se ven hermosos, huelen increíble y funcionan a la perfección, pero los pagos mensuales y anuales no son tan agradables).

MITO: Usted debe obtener una tarjeta de crédito para construir su crédito.

REALIDAD: Usted no utilizará crédito en la transformación total de su dinero, salvo quizás para una hipoteca, pero no necesita una tarjeta de crédito para eso.

El mejor mito es el que dice «construya su crédito». Los banqueros, los vendedores de autos y los prestamistas de hipotecas poco informados le han dicho a Estados Unidos por años que «construya su crédito». Este mito significa que tenemos que contraer deudas, de modo que podamos adquirir más deudas porque es con ellas que obtenemos cosas. Aquellos que hemos tenido la transformación total de nuestro dinero consideramos que es mejor comprar en efectivo que endeudarse. No obstante, si yo estuviera vendiendo deudas como hace el banquero, también le diría que se endeude para que obtenga más deudas. Sin embargo, esto es un mito.

Sí, usted necesitará «construir su crédito» pidiendo préstamos y amortizando deudas en un plazo determinado si desea vivir una vida de tarjetas de crédito, préstamos estudiantiles y pagos de automóviles. Yo no. La pregunta que tenemos que responder es: ¿cómo obtengo una hipoteca sobre la casa?

Más tarde, le presentaré el plan de 100 % de entrada o, de ser necesario, cómo establecer una hipoteca por quince años con una tasa de interés fija. No obstante, si usted quiere que esa hipoteca a quince años con tasa de interés fija tenga un pago que no sea mayor que 25 % de la entrada, de modo que yo no tenga que gritar por eso, ¿no necesita crédito? No.

Usted necesitará encontrar una compañía hipotecaria que haga negocios de aseguramiento. Algunas compañías hipotecarias le llaman a esto «sin capacidad crediticia» o proceso de «crédito no tradicional». Esto significa que son profesionales con capacidad para procesar los detalles de su vida en lugar de usar solo un puntaje FICO (préstamos para tontos). Cada día es más difícil encontrar un prestamista que se tome el tiempo de conocerlo; pero sí existen. Si un banco afirma que no pueden hacer esto, busque otra opción. Usted puede obtener una hipoteca si ha vivido correctamente. Permítame definir «vivir correctamente».

Usted puede calificar para un préstamo convencional a quince años con tasa de interés fija si:

- Ha pagado a su arrendador anticipadamente o a tiempo por dos años.
- Posee un historial de pagos ininterrumpidos y a tiempo para facturas de servicio, prima del seguro, colegiaturas, cuidado infantil o facturas médicas.
- Ha estado en el mismo ámbito laboral por dos años.
- Dispone de un buen pago de entrada, que es más que «nada en absoluto».
- No tiene otro crédito, bueno o malo.
- No está procurando obtener un préstamo demasiado grande. Un pago que totalice 25 % de la entrada es conservador y le ayudará a calificar.

El puntaje FICO en esencia expresa «yo amo la deuda». De acuerdo a la página web de FICO, dicho puntaje está determinado por:

35 % historial de pago de deudas
30 % niveles de deuda
15 % extensión de la deuda
10 % nueva deuda
10 % tipo de deuda

Si usted deja de hacer préstamos, perderá su puntaje FICO. Este no es un factor que exprese su éxito en las finanzas o su increíble solvencia económica; en realidad, matemáticamente afirma que usted AMA LA DEUDA. Por favor, no presuma su puntaje FICO; eso lo hace ver como un lame botas del banco. Tonto, tonto, tonto.

Entonces, ¿puede obtener una hipoteca sin un puntaje FICO? Muchas compañías se han vuelto tan perezosas que solo hacen préstamos de esta índole. Otras solo no saben cómo hacer un préstamo sin un puntaje así. No obstante, hasta el momento en que escribo esto, usted todavía puede obtener una hipoteca sin puntaje crediticio; pero quizás tome algo de tiempo encontrar el prestamista adecuado. No sirve tener un puntaje bajo; téngalo alto o simplemente no lo tenga. A propósito, mi puntaje es cero, pues no he hecho préstamos en décadas.

MITO: Usted necesita una tarjeta de crédito para arrendar un automóvil, alquilar una habitación de hotel o comprar por vía electrónica.

REALIDAD: La tarjeta de débito hace todo eso.

La tarjeta de débito Visa u otras tarjetas de cheques que están conectadas con su cuenta corriente le proporciona la capacidad de hacer virtualmente todo lo que una tarjeta de crédito haría. Yo tengo una tarjeta de débito para mi cuenta personal y una para mi negocio y no tengo tarjeta de crédito. Por supuesto, usted debe tener dinero antes de poder comprar algo con una tarjeta de débito, pero comprar las cosas con dinero que usted tiene ahora es parte de la transformación total de su dinero. La mayoría de las empresas de alquiler de autos no aceptan tarjetas de débito, pero algunas lo hacen. Aun así, aunque muchas aceptan tarjetas de débito, usted necesita verificarlo de antemano con esas empresas en específico. Algunas de estas compañías pueden hacerle pasar por ciertas dificultades para alquilar un auto con débito, así que investigue bien sus condiciones. Todo lo que digo es que es posible. Yo compro por internet y me alojo en hoteles usando siempre mi tarjeta de débito. En realidad, viajo por toda la nación varias veces al año para hablar a grupos y presentarme ante el público y mi tarjeta de débito me permite acceso a las mejores cosas que la vida puede ofrecer sin incurrir en deudas.

Recuerde, solo existe una cosa que la tarjeta de débito *no hará*: ponerlo en deuda.

MITO: La tarjeta de débito tiene más riesgos que la de crédito.

REALIDAD: ¡No!

Algunos de ustedes se preocuparon cuando mencioné la compra por internet y las reservaciones en hoteles con una tarjeta de débito. La creencia popular es que es más riesgoso efectuar esas transacciones con una tarjeta de débito. Supuestos expertos financieros han divulgado este mito hasta el punto de que es virtualmente una leyenda urbana. El hecho es que las regulaciones de Visa exigen al banco asociado otorgarle a la tarjeta de débito exactamente la misma protección en casos de robo o fraude. Si usted abriga alguna duda, lea esta cita de Visa en su propia página web. Yo me contacté con Visa y me respondieron lo siguiente:

> La política de «cero responsabilidad» de Visa cubre todas las transacciones de tarjetas de crédito y débito procesadas en el sistema de Visa. Se aplican la misma protección y beneficios a las tarjetas de débito que a las de crédito. Esto incluye la habilidad de los distribuidores de tarjetas de crédito para resolver disputas mercantiles en nombre de los propietarios de la tarjeta en caso de que los productos sean defectuosos, no se reciban, se cobren de más o por otras razones.

No obstante, para obtener la protección absoluta, utilice su tarjeta como una transacción de crédito, mas no con su número PIN. Eso es lo que yo hago.

MITO: Si paga cada mes su tarjeta de crédito, usa gratis el dinero de otros.

REALIDAD: Una investigación de Ramsey Solutions afirma que el 60 % de los usuarios no pagan su tarjeta de crédito cada mes.

Como dije, cuando usted juega con serpientes, lo muerden. A mis oídos ha llegado lo que utilizan como señuelo para atraer al ingenuo a la cueva: un sombrero gratis, kilometraje en aerolíneas, acumulación de puntos, uso gratis del dinero de otros, un descuento en la contadora y la lista sigue hasta hacerlo adquirir una tarjeta de crédito. ¿Se ha preguntado por qué se esfuerzan tanto en atraerlo? La respuesta es que usted pierde y ellos ganan.

Usted no va a usar el sombrero y, según CBSNews.com, hasta el 92 % de las millas de las aerolíneas nunca se redime. La próxima vez que usted vaya a la tienda donde le dieron un descuento por adquirir una tarjeta, se olvidará de su efectivo, usará la tarjeta y el ciclo comenzará. Quizás piense: *Yo pago mi tarjeta, de modo que estoy usando el dinero de ellos, estoy ganando.* Se equivoca. Décadas de estudio de las tarjetas de crédito han demostrado que las personas gastan de 50 % a 100 % más cuando usan la tarjeta de crédito que cuando pagan en efectivo. La utilización del crédito en realidad activa los centros de recompensa en el cerebro, por lo que usted gasta más. Por otro lado, duele cuando se gasta el efectivo y, por consiguiente, usted gasta menos.

La gran pregunta es: ¿qué hacen los millonarios? Ellos no se hacen ricos con sombreros gratis, acumulación de puntos, kilometraje de aerolíneas y uso del dinero de otros. ¿Qué hacen las personas arruinadas? Usan tarjetas de crédito. Según un estudio de la *American Journal of Public Health Law & Ethics* [Revista Americana de Derecho y Ética de la Salud Pública] sobre declarantes de bancarrota, el 44 % de ellos dicen que el exceso de gasto, por lo general en tarjetas de crédito, contribuyó a la bancarrota. Las personas arruinadas usan tarjetas de crédito; las personas ricas, no. Concluyo mi caso.

Antes de adoptar el plan de Dave estaba tan estresado por el trabajo y nuestras finanzas que acabé en el hospital con dolores en el pecho. Mi esposa y yo ganábamos un buen sueldo en la región de la bahía de San Francisco, pero vivíamos en constante presión. Durante años, consideramos mudarnos a un sitio más cerca de nuestros hijos, nietos, padres y hermanos. Sin embargo, nuestra deuda no nos permitía cambiar a una situación de vida con probabilidad de menos ingresos.

Cuando descubrimos *The Ramsey Show* durante nuestro viaje diario al trabajo, teníamos 95.000 dólares en deudas. Pronto comprobamos que Dave explicaba verdades enlazadas con una generosa dosis de sentido común. Destruimos las tarjetas de crédito y formulamos un plan de ataque siguiendo los pasos básicos de *La transformación total de su dinero*. Entonces pagamos nuestras deudas por consumo y nuestros autos en un período de dieciocho meses. También ahorramos nuestro fondo de emergencias de seis meses y diseñamos una estrategia para pagar nuestra casa en siete años.

Algo interesante sucedió cuando saldamos nuestras deudas por consumo: nuestros trabajos estresantes dejaron de ser una necesidad financiera. Tampoco sentíamos tanta presión sobre nuestras vidas y, por primera vez, podíamos ver una luz brillante al final del túnel. ¡A través de Dave, Dios respondió nuestras oraciones y nos permitió ver con claridad la manera de mudarnos para estar más cerca de nuestra familia!

Ya no tenemos deudas, ni siquiera de la casa. Cada semana vemos a nuestra familia y podemos participar de esos maravillosos eventos que durante años nos perdimos. Todavía ahorramos 15 % de nuestros ingresos, diezmamos a la iglesia y donamos a organizaciones benéficas con la esperanza de retribuir esas bendiciones que hemos recibido y continuamos obteniendo.

Solemos comentarles sobre Dave y el excelente regalo de paz financiera a todo el que esté dispuesto a escucharnos. Cancelar nuestras tarjetas de crédito y saldar nuestra deuda exorbitante nos liberó en las finanzas hasta el punto de poder sostener una reducción de salario para concentrarnos en lo que realmente importa. Mi esposa y yo éramos felices antes, pero hoy estamos llenos de un gozo genuino en nuestras vidas.

Alan y Lonnie Cluff
(48 y 47 años respectivamente)
Ambos trabajan en la gestión de tecnologías de la información

---

MITO: Asegúrese de que sus hijos adolescentes obtengan una tarjeta de crédito para que aprendan a ser responsables con el dinero.

REALIDAD: Obtener una tarjeta de crédito para sus hijos adolescentes es una forma magnífica de enseñarles a ser irresponsables en las finanzas. Por eso los adolescentes son ahora el blanco número uno de las compañías de tarjetas de crédito.

Las páginas anteriores han sido dedicadas a los males de las tarjetas de crédito, de modo que no voy a repetirlas en el caso de los adolescentes. Solo añadiré que lanzar a sus hijos adolescentes a un estanque lleno de tiburones es una vía segura para garantizar una vida llena de dolores de cabeza para ellos y para usted. Además, la mayoría de los graduados universitarios tienen deudas de tarjetas de crédito antes de que siquiera tengan un empleo. Los comerciantes de tarjetas de crédito han realizado tan buen trabajo que una tarjeta de crédito se considera como un rito de paso a la adultez. Los adolescentes estadounidenses se ven a sí mismos como adultos si poseen una tarjeta de crédito, un teléfono celular y una licencia de manejar. Tristemente, ninguno de esos «logros» está asociado en modo alguno con la verdadera adultez.

Usted no le está enseñando a su hijo de dieciséis años a tener responsabilidad con sus gastos cuando le da una tarjeta de crédito, como tampoco le está enseñando responsabilidad con una pistola al permitirle dormir con un arma automática cargada y sin el seguro puesto. En ambos casos, usted, como padre, está actuando estúpidamente. Las personas con sentido común no les dan cerveza a sus hijos de dieciséis años para enseñarles cómo usar el licor. Al darle a un adolescente una tarjeta de crédito, el padre, que se supone que tenga responsabilidad, introduce una sustancia financieramente dañina y aprueba su uso. Esto es necio, pero por desdicha muy normal en las familias de hoy. En vez de eso, los padres deben enseñar a sus adolescentes a decir que no. Cualquiera que haya visitado un recinto universitario en años recientes se habrá escandalizado ante el agresivo e insensato mercadeo de tarjetas de crédito a personas que no tienen empleo. Los resultados pueden ser devastadores. Dos estudiantes universitarios en Oklahoma se dieron por vencidos frente a sus deudas de tarjetas de crédito y murieron por suicidio con las cuentas en la cama junto a ellos.

Yo obtuve mi primera tarjeta de crédito cuando tenía dieciocho años. Obtenerla se sentía como un rito de paso hacia la adultez, incluso si no entendía cómo funcionaba. ¡Ni siquiera estoy seguro de que sabía que ese crédito debía pagarse!

Entonces perdí mi trabajo. Las cuentas se acumularon y dejé mi apartamento para vivir en mi camioneta; así podía ahorrar un poco. ¡Luego me embargaron la camioneta! Durante mucho tiempo, utilicé mis tarjetas de crédito para comprar todo lo que necesitaba. Yo no tenía un presupuesto establecido y continuaba utilizando las tarjetas como si fueran un sueldo.

Me casé, pero la deuda siguió provocándonos a mi esposa y a mí mucho estrés y preocupación. ¡Vivíamos en un programa de vivienda subsidiada y a mi esposa le asustaba estar allí sola! Nosotros esperábamos que no ocurriera ningún desastre mientras vivíamos con lo justo para cada mes. Sin ninguna protección entre nosotros y la vida, no sabíamos cuándo la siguiente emergencia nos afectaría.

Un día escuché a Dave en la radio, inicié sus pasos básicos y leí *La transformación total de su dinero*. Luego cancelamos nuestras tarjetas de crédito antes de tener un fondo de emergencia, lo que puso nerviosa a mi esposa. Así logramos pagar 10.000 dólares en deudas con un salario anual combinado de 30.000 dólares. ¡Ya no tenemos deudas!

Raramente discutimos al crear un presupuesto. Con cada sueldo, diezmamos, tomamos dinero para nosotros (es decir, ¡ahorramos!), pagamos las cuentas y utilizamos el sistema de sobres para el resto de nuestros gastos. Además, compré veinte copias de *La transformación total de su dinero* y he disfrutado entregárselas a mis compañeros de trabajo para que también ellos puedan experimentar no tener deudas y contar con efectivo para hacer las compras. ¡Fui de ser un ignorante con las finanzas a no tener deudas y a procurar ayudar a otros para que obtengan la paz financiera!

**David y Tayelor Jarrett
(30 y 25 años respectivamente)**
Representante de soporte técnico / dueña de pequeño negocio; asistente clínica

Vince llamó a mi programa radial con un problema que se ha convertido en algo muy común. Él se inscribió en numerosas tarjetas durante su segundo año de universidad. No iba a usar las tarjetas a menos que surgiera una emergencia, pero cada semana tenía una. Pronto acumuló una deuda de 15.000 dólares. No pudo hacer los pagos, de modo que abandonó los estudios para conseguir un empleo. El problema era que, sin un diploma, sus ganancias eran mínimas. Lo que es peor, también tenía una deuda de 27.000 dólares en préstamos estudiantiles. Dichos préstamos no son pagaderos mientras usted está estudiando, pero, cuando se gradúa o renuncia, empiezan los pagos. Vince era un joven atemorizado de veintiún años de edad con 42.000 dólares en deudas y un salario de solo 31.000 dólares al año. Lo que da miedo es que Vince es «normal».

La razón de que los prestamistas mercadeen de manera tan audaz entre los adolescentes es la lealtad a las marcas. Los estudios de los prestamistas han descubierto que nosotros, los consumidores, somos muy leales al primer banco que certifica nuestra adultez dándonos una tarjeta plástica. Cuando me presento ante el público y corto tarjetas de crédito, es asombroso el apego emocional que muchas personas tienen con la primera tarjeta que adquirieron en la universidad. Se apegan a ella como si fuera un viejo amigo. La lealtad a las marcas es real.

Varios cientos de escuelas en Estados Unidos están usando nuestro currículum para bachillerato llamado «Los fundamentos para las finanzas personales». Los resultados han sido asombrosos. Los adolescentes se adhieren a *La transformación total de su dinero* antes de que lo necesiten. Chelsea, de quince años, una graduada reciente del programa, afirmó: «Creo que esta clase ha cambiado totalmente mi vida. Dondequiera que veo a alguien usando una tarjeta de crédito, pienso: *¡Caramba! ¿Cómo pueden hacerle eso a su vida?* Siempre creí que uno tenía que hacer pagos de tarjetas de crédito, de la casa y del automóvil. Ahora sé que no tengo que hacerlo». Qué bien, Chelsea.

La mercadotecnia dirigida a los niños

Usted tiene que comenzar a enseñar a los niños desde temprano, porque esta tendencia es muy común ahora. Cuando mi hijo tenía once años, miré detrás de una caja de cereales con pasas y leí esto: «Visa… la tarjeta oficial de Villaquién… de la película *El Grinch*, ladrón de la Navidad». Yo no era el objetivo de este anuncio: mi hijo lo era. Los prestamistas les están vendiendo a los niños cada vez más temprano este mensaje de confianza en el plástico. Hace unos pocos años, Mattel sacó al mercado la «Barbie de compras», patrocinada por MasterCard. Por supuesto, esta muñequita «popular» tenía su propia tarjeta MasterCard. Cuando analizaba electrónicamente su tarjeta, la caja registradora decía: «crédito aprobado». Hubo tal reacción por parte de los consumidores, que Mattel retiró el producto. Hace unos años, Mattel sacó «La caja registradora de Barbie»; aparentemente esta dama compra mucho. La registradora viene con su propia tarjeta American Express. ¿Por qué estas compañías están vendiéndoles a nuestros pequeños? Estas marcas comerciales intentan influir en la selección de tarjetas más tarde en la vida. Esto es inmoral.

Una vez más, nosotros decidimos combatir esa estrategia con nuestro propio antídoto: *Tranquilidad Financiera Jr.*, una colección de tácticas para auxiliar a los padres a enseñar a sus hijos (de tres a doce años) sobre el dinero. Por supuesto, usted puede enseñar esos principios sin el programa, pero ellos necesitan aprenderlos de todos modos. En mi casa, usamos las mismas técnicas para enseñar a nuestros hijos cuatro cosas que podemos hacer con el dinero. Deseábamos crear momentos de aprendizaje, de modo que la mercadotecnia dirigida a los niños fuera contrarrestada por el sentido común. Enseñamos a nuestros hijos a trabajar, no como si estuvieran en algún campo militar, sino enseñándoles que haciendo tareas domésticas se gana dinero. Nuestros hijos estaban en comisión, no en asignación. Trabajar y recibir un pago; de lo contrario, no hay sueldo. Es lo mismo que en el mundo real. Nuestros hijos ponían el dinero que ganaban en sobres con membretes de «Ahorro», «Gastos» o «Donaciones». Cuando un niño aprende a trabajar, ahorrar, gastar y dar bajo la madura dirección de los padres, puede evadir los mensajes que dicen que una tarjeta de crédito equivale a prosperidad.

MITO: La consolidación de las deudas ahorra intereses y usted tiene un pago más pequeño.

REALIDAD: La consolidación de la deuda es peligrosa porque usted trata solo el síntoma.

La consolidación de las deudas no es más que un engaño, porque usted cree que ha hecho algo con el problema de la deuda. Ella sigue allí y también los hábitos que la han causado; ¡usted solamente la ha movido! Usted no puede hacer préstamos hasta lograr salirse de la deuda. Tampoco puede salir de un hoyo excavando en el fondo. Larry Burkett afirma que la deuda no es el problema, sino el síntoma. Creo que la deuda es el síntoma del gasto excesivo y el ahorro deficiente.

Un amigo mío trabaja para una firma de consolidación de deudas cuya estadística interna estima que 78 % de las veces, después de que alguien consolida su deuda de tarjetas de crédito, la deuda vuelve a crecer. ¿Por qué? Porque no tiene aún un plan de pagar en efectivo o simplemente no comprar, ni tampoco ha ahorrado para «situaciones inesperadas», lo cual también se convierte en deuda.

La consolidación de deudas parece atractiva porque existe una tasa de interés más baja en algunas de las deudas y un pago más bajo. En casi todos los casos que revisamos, hallamos que el pago bajo existe no porque la tasa sea en realidad inferior, sino porque el plazo se ha extendido. Si usted se mantiene endeudado más tiempo, consigue un pago más bajo. Si permanece endeudado más tiempo, usted le paga al prestamista más dinero; por eso están en el negocio de consolidación de deudas. La respuesta no es la taza de interés; la respuesta es la transformación total de su dinero.

MITO: Tomar prestado más que el valor de mi casa es sabio, porque reestructuraré mi deuda.

REALIDAD: Usted está atascado en su casa, lo cual es realmente tonto.

En el programa radial atendí una llamada de un hombre desesperado que encaraba una bancarrota. Él había hecho un préstamo de 42.000 dólares sobre una segunda hipoteca, un préstamo con garantía hipotecaria. El saldo en existencia de su primera hipoteca era de 110.000 dólares, lo que hacía su total de la nueva hipoteca un débito de 152.000 dólares. La casa de Dan tenía un valor de 125.000 dólares, de modo que debía 27.000 más por su casa de lo que esta valía. Había perdido su empleo dos meses antes y dichosamente acababa de hallar un empleo en otro estado, pero no había podido vender su casa. Tuvo el mismo empleo por dieciséis años y pensó que tenía seguridad, pero ahora, solo unos meses después, estaba «hecho tierra».

Le sugerí a Dan que llamara al prestamista de la segunda estafa hipotecaria y obtuviera un documento legal en el cual se reconociera que no existe ninguna garantía para el préstamo. Ellos no ejecutarían la hipoteca ni en cien años, pero sí lo demandarían cuando la primera compañía hipotecaria la ejecutara. Así, pues, luego de solicitar al segundo prestamista que liberara el gravamen sobre lo que quedara después de vender la casa y pagar la primera hipoteca, Dan firmaría un pagaré y haría pagos sobre el resto. Dan tendría pagos por los años venideros por una segunda hipoteca sobre una casa que ya no posee, pero como mucha gente, con su segunda hipoteca iba a liquidar (o mover) la deuda que ya tenía con las tarjetas de crédito, cuentas de hospital y otros conceptos. Hoy, con un empleo en otro estado, Dan preferiría sus viejas deudas y su casa que podía vender fácilmente.

MITO: Si nadie usara crédito, nuestra economía sufriría un colapso.

REALIDAD: No, en realidad prosperaría.

A veces, algún profesor de economía siente la necesidad de plantear este ridículo escenario. Mi sueño es lograr que tantos ciudadanos como sea posible salgan de deudas con una transformación total de su dinero. Por desdicha, yo podría vender diez millones de libros y aún quedarían siete mil millones de ofertas de tarjetas de crédito por año, así que no hay peligro de que me quede sin trabajo. El mejor programa de pérdida de peso en el mundo jamás podría asegurar que no habrá personas obesas; después de todo, hay demasiados McDonald's.

Sin embargo, vamos a imaginarlo solo por diversión. ¿Qué tal si cada persona deja de incurrir en deudas de cualquier clase durante un año? La economía sufriría un colapso. ¿Qué tal si cada persona deja de incurrir en deudas de cualquier clase durante los próximos cincuenta años, lo que sería una gradual transformación TOTAL de su dinero? La economía prosperaría, aunque los bancos y otros prestamistas sufrirían. ¿Veo lágrimas dondequiera? ¿Qué haría la gente si no tuvieran que hacer pago alguno? Ahorrarían y gastarían, no apoyarían a los bancos. El gasto de la gente libre de deudas apoyaría y prosperaría la economía, que estaría mucho más estable sin las conmociones causadas por la «confianza del consumidor» o por la falta de ella. (La confianza del consumidor es eso que los economistas utilizan para medir cuánto usted gastará en exceso debido a que está eufórico con lo buena que está la economía, sin importarle que esté metiéndose en una deuda profunda. Si el consumidor estuviera libre de deudas y viviera dentro de los límites de sus recursos, su confianza estaría bien fundada). Los ahorros y la inversión crearían riqueza, construida a un nivel sin precedentes, lo cual crearía más estabilidad y mayor consumo. Las donaciones aumentarían y muchos problemas sociales se privatizarían; el gobierno podría salir del negocio de la beneficencia pública. Entonces, los impuestos se reducirían y tendríamos todavía mayor riqueza. Vaya, ¿no es magnífico el capitalismo? Aquellos que están preocupados por la polarización que produce la creciente brecha entre los que tienen y los que no tienen no necesitan acudir al gobierno para resolver el problema, sino abogar por una transformación total de su dinero a nivel nacional.

La deuda *NO* es un instrumento

¿Está comenzando a comprender que la deuda NO es un instrumento? Este mito y otros pequeños mitos se han extendido a lo ancho y a lo largo. Siempre recuerde que, si dice una mentira con suficiente frecuencia, en alta voz y durante mucho tiempo, llegará a aceptarla como una realidad. La repetición, el volumen y la extensión tergiversarán y convertirán un mito, o una mentira, en una forma comúnmente aceptada de hacer las cosas. Ya no más. La deuda no es un instrumento; es un método para hacer ricos a los bancos, no a usted. El prestatario es verdaderamente siervo del prestamista.

Su mayor activo para crear riqueza es su ingreso. Cuando usted frena su ingreso, pierde. Cuando usted invierte su ingreso, se hace rico y puede hacer lo que le venga en gana.

¿Cuánto podría dar, ahorrar y gastar cada mes si no tuviera pagos que hacer? Su ingreso es su mayor instrumento para hacer riqueza, no la deuda. La transformación total de su dinero comienza con una visión permanentemente cambiada de los mitos de la deuda.

4

Mitos del dinero:
Los (in)existentes secretos del rico

La mayoría de los mitos del dinero tienen que ver con una mentira sobre una vía más corta o una mentira sobre la seguridad. Anhelamos llegar a ser saludables, ricos y sabios sin esforzarnos y sin correr riesgos, pero tal cosa no ocurrirá nunca. ¿Por qué tiene tanto éxito la lotería en lograr millones de dólares? ¿Por qué las personas permanecen en empleos que detestan en busca de una falsa seguridad? La mentalidad de la transformación total de su dinero es vivir como nadie para después poder vivir como nadie más. Hay que pagar un precio y no hay atajos. Aunque nadie anda buscando dolores, riesgos ni sacrificios innecesarios, cuando algo suena demasiado bueno para ser cierto, es porque es falso. Los mitos en este capítulo están enraizados en dos problemas básicos. Primero: la negación del riesgo, al pensar que la seguridad total es posible y probable. Segundo: la riqueza fácil, o la búsqueda de la llave mágica para abrir el cofre del tesoro.

La negación del riesgo

La negación del riesgo toma varias formas en el mundo del dinero. Algunas veces la negación del riesgo es una especie de holgazanería, cuando no queremos emplear energía en comprender que esta se necesita para vencer. Otras

50

veces, la negación del riesgo es un tipo de rendición en que aceptamos una mala solución porque estamos tan por el suelo y tan apabullados que alzamos la bandera blanca y hacemos algo estúpido. Otras veces, la negación del riesgo puede tener un componente activo cuando buscamos una falsa seguridad que sencillamente no existe. Esta es la negación del riesgo de alguien que por catorce años mantiene un empleo que no le gusta porque la compañía es «segura», solo para encontrar que la vida se le voltea de cabeza con una cesantía cuando la compañía «segura» se declara en bancarrota. La negación del riesgo siempre implica una ilusión, seguida de desilusión.

Dinero rápido y fácil

El segundo problema de fondo es la búsqueda de riqueza fácil. El dinero rápido y fácil es una de las mentiras o mitos más antiguos en el libro de la raza humana. Una vía más corta, una comida preparada en microondas, un café instantáneo, un millonario de lotería: estas son cosas que deseamos que nos den una alta calidad, pero nunca es así. Los secretos de los ricos no existen porque los principios no son un secreto. No existe una llave mágica; si usted busca una, se expone al sufrimiento y a la pérdida de dinero. Uno de mis pastores afirma que la vida recta no es complicada; será difícil, pero no complicada. Vivir rectamente en las finanzas es igual: no es complicado; puede ser difícil, pero no es complicado.

Mitos vs. realidad

Además de los mitos de la deuda, tenemos que eliminar otros mitos del dinero como parte de la transformación total de su dinero. La mayoría de ellos están enraizados en los problemas que hemos abordado: la negación y la mentalidad de atajo.

MITO: Todo saldrá bien cuando me retire. Yo sé que no estoy ahorrando todavía, pero todo marchará bien.

REALIDAD: Nadie vendrá en su defensa.

¿Cómo puedo decir esto con delicadeza? No hay caballero andante que llegue a su camino en un caballo blanco para resolver la situación. ¡Despierte! ¡Este es el mundo real, donde los ancianos tristes comen alimento para perros! Por favor, no se ilusione y piense que este gobierno, que es tan inepto y poco ingenioso con el dinero, va a ocuparse de usted en sus días dorados. ¡Eso es responsabilidad suya! ¡Es una emergencia! ¡La casa se quema! Tiene que ahorrar. Tiene que invertir en su futuro. ¡Usted no estará BIEN! ¿Entiende la situación?

Vivimos en una tierra de abundancia y eso ha llevado a un gran porcentaje de personas a dormirse hasta hace poco, pues opinan que todo estará «bien». Las cosas no estarán bien a menos que usted actúe en pos de ello. Su destino y su dignidad dependen de usted. Su retiro es su responsabilidad. Hablaremos sobre cómo ocuparnos de eso más adelante en el libro; por ahora, es mejor que esté completamente convencido de que este aspecto merece su total atención *ahora mismo*, no mañana ni en un mes. Yo no deseo trabajar en un McDonald's cuando me jubile, a menos que sea uno de mi propiedad en St. Thomas en las Islas Vírgenes de Estados Unidos.

MITO: El oro es una buena inversión y me protegerá si hay un colapso económico.

REALIDAD: El oro tiene una pobre trayectoria y no se usa cuando hay un colapso económico.

El oro ha sido presentado como una inversión estable que todo el mundo debe poseer. La sabiduría convencional repite: «Desde el principio de los tiempos, el oro ha sido el estándar que el ser humano ha usado para el intercambio de bienes y servicios». Después de esa alegación, el promotor del mito seguirá con la declaración de que en una economía caída, el oro es lo único que retiene su valor. El argumento continúa así: «Usted tendrá lo que todo el mundo desea». Después de escuchar esas declaraciones, la gente compra oro como inversión bajo la ilusión de la falsa seguridad o la negación del riesgo.

La verdad es que el oro es una mala inversión con un largo historial de mediocridad. Las tasas de rendimiento promedio registradas desde la era de

Napoleón son alrededor de 2 % por año. En la historia reciente, el oro tiene un historial en cincuenta años de alrededor de 7,8 %. Durante ese mismo período de tiempo, usted habría obtenido cerca de 12 % en un buen fondo de acciones mutuas. Durante esos cincuenta años, por supuesto, ha habido increíble volatilidad y toneladas de riesgos.

Si bien el oro ha tenido buen rendimiento desde el 2001, este ha sido el único período en la historia en que ha tenido tasas de rendimiento promedio excelentes. Sin embargo, esto se ha debido en su mayoría a las emociones pesimistas provocadas por el 11 de septiembre, la Gran Recesión y la pandemia de COVID.

Es importante recordar que el oro no se usa cuando la economía falla. La historia demuestra que, cuando una economía sufre un colapso total, lo primero que aparece es un sistema de trueques en el mercado negro, donde la gente intercambia mercancías y servicios. En una cultura primitiva, las cosas de utilidad a menudo llegan a convertirse en medios de cambio y lo mismo es temporalmente cierto en una economía caída. Una habilidad, un par de pantalones de mecánico o un tanque de gas llegan a ser muy valiosos, pero no las monedas ni las pepitas de oro. Usualmente, se establece un nuevo gobierno que surge de las cenizas con su papel moneda nueva o moneda acuñada. El oro, cuando más, juega un papel menor y el inversionista en oro se quedará con la triste sensación de que los bienes raíces, la sopa enlatada o el conocimiento hubieran sido una mejor protección contra una economía caída.

MITO: Yo puedo hacerme rico rápida y fácilmente si me uno a esos grupos, voy a este seminario, me suscribo a este servicio y trabajo tres horas a la semana.

REALIDAD: Nadie desarrolla y logra un ingreso de seis cifras en tres horas a la semana.

Hace poco, recibí un correo electrónico de un caballero que me ofrecía una ganancia de quinientos por uno sobre mi dinero. Afirmaba que había llegado a ser tan entusiasta con las perspectivas de esta «inversión» que había conquistado a varios de sus amigos para su negocio. (Ay, no). Tenía poco tiempo en su ocupada agenda, pero haría un espacio si me reunía con él. No, gracias. Yo no sé qué es eso, pero sé que es una estafa. No soy incrédulo, pero sé de inversiones. Las probabilidades de quinientos por uno no se producen y no quiero gastar mi tiempo discutiendo sobre el tema o tratando de hallar la falta de lógica. Es una estafa, punto. ¡Huya lo más rápido que pueda de esa gente!

Cuando era más joven, con frecuencia caía víctima de ese tipo de basura. Más tarde, acostumbraba a reunirme con esa gente para tratar de encontrar su falla. Ahora solo sacudo mi cabeza, porque sé que está destinado a sufrir pena y pérdidas, así como sus amigos.

¿Ha visto los anuncios comerciales de medianoche sobre un seminario en algún lugar exótico donde un tipo le cuenta los «secretos» para que «usted también» pueda llegar a ser enormemente rico comprando bienes raíces sin depósito inicial, o aprendiendo la fórmula secreta del éxito en el mercado de valores? Las ideas sobre la pequeña empresa abundan, tal como hacerse rico desde la casa llenando sobres y haciendo cuentas médicas. Sea realista. ¡Los sobres se llenan mecánicamente a miles por minuto a un costo de un décimo de centavo; no los llena una mamá en casa que procura suplementar el ingreso de la familia! Una persona de cada mil que prueba este concepto de las cuentas médicas, que ha sido tan promovido, obtiene ganancias. El cobrador de cuentas médicas es, por lo general, alguien que vino de la industria médica, no alguien a quien estafaron para tomar un curso de fin de semana. ¡No caiga en eso!

Los bienes raíces pueden comprarse sin dinero de entrada, pero entonces usted debe tanto que no produce efectivo. Usted tiene que «alimentarlo» cada mes. Yo compré bienes raíces sujetos a juicio hipotecario y bancarrota durante años y sé que se puede hacer, pero los compradores con dinero en efectivo son los que ganan. Los buenos negocios son uno en doscientos *si* usted tiene experiencia y es muy bueno en negocios. Yo trabajaba sesenta horas a la semana y me tomó años llegar a tener un ingreso de seis cifras en bienes raíces.

El mercado de valores atrae a las mentes de negocios más brillantes del planeta. Estos supercerebros estudian, siguen la pista, proyectan, comen y respiran el mercado de valores y lo han hecho por generaciones. Sin embargo, cada año sale un nuevo libro o aparece un estafador que afirma haber «descubierto» ideas clave poco conocidas, modelos o tendencias que lo «harán rico». Las Beardstown Ladies publicaron un libro, calificado como éxito de ventas del *New York Times*, sobre el simpático grupo que confeccionaba edredones, que comenzó a invertir y descubrió cómo obtener ganancias increíbles. Según se supo, todo fue un fraude, nunca obtuvieron esas ganancias anunciadas y la editorial recibió una demanda. Otro libro, que se publicó bajo el título de *Dogs of the Dow* [Sabuesos del Dow], mostraba una fórmula poco conocida de comprar las peores acciones industriales promedio del indicador Dow Jones del mercado de valores para ganar riqueza. Como resultado de eso, el autor escribió otro libro sobre cómo invertir en bonos después de descubrir que su fórmula no funcionaba.

Es verdaderamente difícil vender libros y cursos digitales que enseñen la necesidad del trabajo duro, de vivir con menos de lo que se gana, de salir de deudas y de vivir con un plan. Sin embargo, estoy intentándolo, porque esa es la única manera de lograr buenos resultados. Mientras tanto, cuanto más pronto usted comprenda que nadie se hace rico rápidamente usando información secreta, será mejor.

MITO: Un seguro de vida de valor efectivo me ayudará a retirarme rico.

REALIDAD: El seguro de vida de valor efectivo es uno de los peores productos financieros disponibles.

Tristemente, más del 60 % de las pólizas de seguro de vida que hoy se venden son pólizas de valor efectivo. Una póliza de valor efectivo es un producto del seguro que coloca juntos el seguro y el ahorro. No invierta dinero en pólizas de seguro de vida, el rendimiento es horrible. Su asegurador le mostrará proyecciones maravillosas, pero ninguna de esas pólizas se comporta como las proyectan.

Veamos un ejemplo. Si un hombre de treinta años de edad dispone de 100 dólares mensuales para gastar en una póliza de seguro y hace un estudio de seguro en las cinco mejores compañías de valor efectivo, encontrará que puede comprar un promedio de 125.000 dólares en seguros para su familia. El anzuelo es adquirir una póliza que acumule ahorros para el retiro, algo que hace la póliza de valor efectivo. Sin embargo, si este mismo individuo compra un seguro a un término de veinte años, con cobertura de 125.000 dólares, el costo será únicamente de 10 dólares por mes, no 100. ¡Caramba! Si escoge la opción de valor efectivo, los otros 90 dólares por mes serían para ahorrarlos, ¿verdad? Bueno, realmente no; como usted sabe, hay gastos. ¿Gastos? ¿Cuánto? Los 90 dólares por mes desaparecen en comisiones y gastos durante los primeros dos a cinco años; después de eso, la ganancia será un promedio de 2 % por año para un seguro de vida total, entre 3 % y 4,5 % para una póliza de seguro de vida universal y tal vez una rentabilidad ligeramente superior para un seguro de vida variable, que incluye fondos mutuos. Como se lo mire, ¡este producto no es conveniente!

Peor aún, con el seguro total y el universal, los ahorros que finalmente acumula después de haber sido timado por años no van a su familia cuando usted muera. El único beneficio pagado a su familia es el valor nominal de la póliza, los 125.000 dólares de nuestro ejemplo. Lo cierto es que usted saldría mejor parado si comprara la póliza a plazos de 10 dólares por mes y colocara los 90 dólares restantes en una alcancía. Así, por lo menos, a los tres años usted tendrá 3.000 dólares y cuando muera su familia podrá obtener sus ahorros.

A medida que continúe con este libro y aprenda cómo tener una transformación total de su dinero, usted comenzará a invertir correctamente. Entonces, cuando tenga cincuenta y siete años y los hijos estén crecidos y se hayan ido, la casa estará pagada, usted tendrá 700.000 dólares en fondos mutuos y llegará a estar autoasegurado. Esto significa que, cuando su plazo de veinte años se venza, no necesitará seguro de vida de ninguna clase, porque sin hijos que alimentar, sin casa que pagar y con 700.000 dólares ahorrados, su cónyuge solo tendrá que sufrir su ausencia si usted muere.

MITO: Jugar a la lotería y a otras formas de apuestas lo harán rico.

REALIDAD: La lotería es un impuesto a la gente pobre y a las personas que no pueden sacar cuentas.

Una vez me encontraba para dictar una conferencia en un estado en donde hay lotería. Fui a la estación de gasolina para pagar por el combustible y vi una fila de gente. Por un momento pensé que iba a tener que hacer fila para pagar mi gasolina, luego comprobé que era para comprar boletos de lotería.

¿Ha visto usted esas filas? La próxima vez que las vea, fíjese en las personas. Son Pablito y su hermano Pablo. Estas no son personas ricas, ni inteligentes. La lotería es un impuesto a la gente pobre y a las personas que no pueden sacar cuentas. La gente rica y la gente inteligente estarían en la fila si la lotería fuera un verdadero instrumento para crear riqueza, pero lo cierto es que la lotería es un robo instituido por nuestro gobierno. Este no es un concepto moral, sino un hecho matemático y estadístico. Los estudios muestran que las zonas que gastan cuatro veces lo que cualquier otra en billetes de lotería son aquellas de más bajos ingresos de la ciudad. La lotería y otras formas de apuestas ofrecen una falsa esperanza, no una salida. La transformación total de su dinero le brinda esperanza porque da resultados. Recuerde, he estado arruinado dos veces en mi vida, pero nunca pobre; eso es un estado mental.

Las apuestas representan la falsa esperanza y la negación. Con energía, ahorro y diligencia es como se crea riqueza, no con suerte.

MITO: Las casas móviles o las caravanas me permitirán poseer algo, en lugar de alquilar, y eso me ayudará a ser rico.

REALIDAD: Las casas móviles se devalúan rápidamente. Esto provoca que sus oportunidades de crear riqueza sean menos que si usted hubiese alquilado.

Las casas móviles se devalúan rápidamente. Las personas que compran un hogar móvil de doble ancho por 150.000 dólares en cinco años deberán 132.000 por una caravana valorada en menos de 100.000 dólares. Financieramente, es como vivir en su automóvil nuevo. Si le sugiriera que invirtiera 150.000 dólares en un fondo mutuo con una trayectoria probada de depreciación a 100.000 dólares en solo cinco años, usted me miraría como si me hubiera vuelto loco. No tengo a menos vivir en una casa móvil; he vivido en lugares peores. Solo sé que las casas móviles son inversiones horribles. Usted verá informes que afirman que las casas móviles se revalorizan a un ritmo similar al de las viviendas unifamiliares normales. No se deje engañar. Esos informes se basan en casas móviles tituladas como bienes inmuebles, lo que significa que están permanentemente unidas al terreno. El valor de la tierra incrementa, pero no el valor de la casa móvil. Si camina como un pato y grazna como un pato, es un pato. Llámela «casa manufacturada», colóquela sobre una base permanente, añádale muchas mejoras alrededor del patio y seguirá siendo una caravana cuando usted esté listo para venderla.

Yo quiero que usted posea una casa porque ellas son una buena inversión. La manera más rápida de llegar a ser un dueño de casa es a través de la transformación total de su dinero mientras alquila lo más barato que pueda. La compra de una caravana no es la vía más rápida, sino un retraso en el camino hacia las propiedades de bienes raíces que suben de valor. Si el típico consumidor que considera comprar su casa puede acercarse y reconocer que es una caravana, su casa bajará de valor, no lo opuesto.

MITO: Pagar por adelantado mi funeral o los gastos universitarios de mis hijos es una buena manera de invertir y protegerme contra la inflación.

REALIDAD: Los planes de pago por adelantado de funerales y gastos universitarios ofrecen reducidos beneficios y colocan el dinero en el bolsillo de otro.

La única excepción a la norma de «no casa móvil» es el plan de Ron. Él se graduó en la Universidad para la Tranquilidad Financiera y seguía el camino hacia una transformación total de su dinero. Ron y su esposa decidieron, después de mucha oración, vender su excelente casa de 120.000 dólares, por la cual debían solo 50.000, y compraron una pequeña finca y una casa móvil bastante usada de 3.000 dólares. Sin tener que hacer pagos y con una cuota inicial de 85.000 dólares, ahorraron y construyeron una casa muy bonita, pagada por completo, por 250.000 dólares en solo un par de años. La valoración fue de 250.000 dólares, pero como pagaron al contado por el terreno, obtuvieron una ganga. Además, como contratista, Ron construyó la casa por poco, así que no les tomó mucho tiempo terminar de pagarla. Vendieron la casa móvil de 3.000 dólares por 3.200; después de todo, las casas móviles de 3.000 dólares han perdido casi todo su valor, así que la venta fue una negociación.

Cuando usted paga algo por adelantado, su ganancia por la inversión (interés) es la cantidad que el objeto subirá de valor antes de que lo use. En otras palabras, al pagar por adelantado usted evita los aumentos de precio y esa es su ganancia. Pagar por adelantado es como invertir en la tasa de inflación del objeto. Por ejemplo, pagar por adelantado la matrícula universitaria le ahorrará la suma del aumento de la matrícula entre el momento en que usted firma y el momento en que su hijo comienza su educación universitaria. La tasa de inflación promedio para la matrícula nacionalmente es cerca de 8 %, de suerte que pagar por adelantado la matrícula es como invertir dinero a 8 %. Eso no está mal, pero los fondos mutuos darán como promedio cerca de 12 % durante un largo período de tiempo y usted puede ahorrar para la universidad LIBRE de impuestos. (Más sobre ahorro universitario después en la transformación total de su dinero).

El mismo concepto aplica a planes funerales pagados por adelantado. Si usted ha pasado por la experiencia desagradable de seleccionar un féretro, un terreno en el cementerio, etc., en medio del dolor, usted no desea que sus seres queridos experimenten lo mismo. Planear por adelantado los detalles de su funeral es sabio, pero pagar por adelantado no lo es. La mamá de Sara murió de repente y la pena fue abrumadora. En medio del dolor, Sara sintió que había hecho una compra poco sabia como parte de los arreglos funerales y juró no dejar a su familia en el mismo dilema. Así, pues, Sara, de treinta y nueve años de edad, pagó por adelantado 8.000 dólares por un funeral. Lo repito, es sabio planear por anticipado, no pagar por adelantado. ¿Por qué? Si ella invirtiera 8.000 dólares en un fondo mutuo con promedio de 12 % sobre una muerte promedio a la edad de setenta y ocho años, ¡el fondo mutuo de Sara sería valorado en 842.300 dólares! ¡Creo que Sara podría ser enterrada por esa suma, con un pequeño sobrante, a menos, por supuesto, que ella sea Tutankamón!

MITO: No tengo tiempo de trabajar en un presupuesto ni en un plan de retiro o de mis bienes.

REALIDAD: Usted no tiene tiempo para no hacerlo.

La mayoría de las personas en nuestra cultura se concentran en lo urgente. Nos preocupamos de nuestra salud y nos enfocamos en nuestro dinero solo después de que se ha perdido. El libro del doctor Stephen Covey, *Los 7 hábitos de la gente altamente efectiva*, examina este problema. Covey afirma que uno de los hábitos de las personas altamente efectivas es que comienzan con el fin en mente. Deambular por la vida sin un objetivo fijo trae mucha frustración.

Covey sugiere que dividamos las actividades en cuatro cuadrantes. Dos de los cuadrantes son Importante / Urgente e Importante / No urgente. Los otros dos son «No importantes», así que vamos a dejarlos. Nos ocupamos del material Importante / Urgente, pero lo que es Importante / No urgente en una transformación total de su dinero es la planificación. Usted puede pagar la cuenta de la electricidad o sentarse en la oscuridad, pero si no hace un plan de gastos mensuales no hay daño inmediato aparente.

John Maxwell tiene la mejor cita sobre presupuesto que jamás he oído. Desearía que se me hubiera ocurrido a mí: «Un presupuesto es cuando la gente le dice a su dinero dónde ir, en lugar de averiguar adónde fue». Usted tiene que hacer que su dinero se comporte como es debido y un plan escrito es el látigo y la silla para el domador del dinero.

Earl Nightingale, una leyenda en motivación, dijo que la mayoría de las personas gastan más tiempo escogiendo su ropa que planeando su carrera o aun su retiro. ¿Qué tal si su vida dependiera de cómo usted maneja su 401(k) o de si usted comienza su Roth IRA hoy? (Ambos, 401(k) y Roth IRA, son planes de retiro muy populares en Estados Unidos). Realmente es así, porque la calidad de su vida en el retiro depende de que usted llegue a ser un experto en administración de dinero hoy.

La planificación de sus bienes jamás es urgente hasta que alguien muere. Usted debe planificar a largo plazo para ganar en las finanzas; eso incluye pensar en la muerte. Hablaré más sobre esto más tarde, solo recuerde que todo el mundo debe hacer su presupuesto, su plan de retiro y la planificación de sus bienes, sin excepciones.

MITO: Las compañías de manejo de deudas como American Consumer Credit Counseling me salvarán.

REALIDAD: Es posible que usted salga de deudas, pero solo con su crédito deshecho.

Las compañías de manejo de deudas surgen hoy por dondequiera. Estas compañías «administran» su deuda al tomar un pago mensual de su bolsillo y distribuir el dinero entre sus acreedores, con quienes ellos han acordado con frecuencia pagos e intereses más bajos. Este no es un préstamo como el de la consolidación de deudas; algunas personas confunden ambas cosas. Ambas son malas, pero ya hemos explicado los préstamos para consolidación de deudas. Sin embargo, debido a que Estados Unidos necesita una transformación total de su dinero, el negocio de manejo de deudas ha llegado a ser una de las industrias de más rápido crecimiento hoy. Compañías como la American Consumer Credit Counseling pueden ayudarlo a obtener mejores tasas de interés y pagos más reducidos, pero a un precio. Cuando usted contrata a una de esas compañías y procura obtener un préstamo convencional, a través de FHA o VA, no se sorprenda si su prestamista rechaza su solicitud o requiere que pase por una evaluación manual antes de volver con un tipo de interés por las nubes. Un plan de manejo de deudas es una gran bandera roja para los prestamistas que grita que eres un prestatario de alto riesgo. Ellos considerarán su crédito dañado, de modo que no haga eso.

Otro problema con el manejo de deudas asumidas por otro es que los hábitos de usted no cambian. No puede hacer que otro pierda peso por usted; cambiar su ejercicio y sus hábitos de dieta es su labor. Manejar el dinero es igual; usted tiene que cambiar su conducta. Traspasar todos sus problemas a otro es como atacar el síntoma, no el problema.

Nuestra firma brinda asesoramiento financiero y certifica a los asesores en toda la nación para referencias. No manejamos el dinero por usted, lo encaminamos hacia una obligatoria transformación total de su dinero. No somos niñeros. Hemos tenido miles de clientes a través de los años que han acudido a compañías de manejo de deudas en busca de ayuda. Cuando el empleado que recibía la solicitud no podía lograr que la vida de la persona se ajustara a su programa de computadora cortado a molde, le sugería al cliente que se declarara en bancarrota. Luego de reunirnos con ellos, era obvio que el cliente no estaba en bancarrota, tan solo necesitaba una «cirugía» radical. No acepte el consejo de declararse en bancarrota que le ofrecen las compañías de manejo de deudas; usted probablemente no lo esté.

Una de las peores compañías en esa industria ya ha sido clausurada. AmeriDebt fue iniciada por Andris Pukke, quien, antes de iniciar ese negocio, se declaró culpable de cargos federales por fraude a los consumidores en una estafa de préstamo para consolidación de deudas. A pesar de eso, AmeriDebt tuvo ventas brutas muy por encima de los 40 millones y gastó 15 millones de dólares anuales en procurar que usted utilizara sus servicios. Ellos fueron tan descarados al engañar a los consumidores, que la Federal Trade Commission (FTC) finalmente intervino y los clausuró. La FTC revela que honorarios secretos y prácticas engañosas arrancaron 170 millones de dólares de los bolsillos estadounidenses. En el mayor de estos casos que se haya conocido, la FTC inició un juicio por 170 millones de dólares contra AmeriDebt, que hoy está en bancarrota. La corte le ha ordenado a Andris Pukke que reembolse 35 millones de dólares en activos personales para compensar a los consumidores. Sin duda hay tiburones a nuestro alrededor.

MITO: Yo puedo comprar un formulario para limpiar mi crédito y todas mis infracciones pasadas serán borradas.

REALIDAD: Solo las inexactitudes pueden borrarse de los informes de crédito, así que eso es una estafa.

La ley del Federal Fair Credit Reporting establece cómo los consumidores y acreedores se relacionan con las oficinas de crédito. El mal crédito desaparece de su informe de crédito después de siete años, a menos que usted esté sujeto al Capítulo 7 de bancarrotas, que perdura por diez años. Su informe de crédito es su reputación financiera y usted no puede borrar nada de su informe a menos que los acápites sean inexactos. Si tiene algún dato incorrecto que necesita ser eliminado, redacte una carta donde informe el error y les pida que lo corrijan de inmediato. El mal crédito anotado correctamente permanece a menos que usted mienta. Mentir con el fin de obtener dinero es un fraude; no lo haga.

Las compañías para reparar el crédito son mayormente una estafa. La Federal Trade Commission [Comisión Federal de Comercio] regularmente lleva a cabo incursiones para clausurar esas compañías fraudulentas. He tenido muchas llamadas a mi programa de radio de personas que compraron un formulario de 300 dólares para «limpiar» su crédito. Algunas veces el formulario le aconseja disputar todo mal crédito y pedir que este sea borrado aun si el asunto ha sido reportado con exactitud. No haga eso. La peor idea que promueven los recetarios es obtener un nuevo número de seguro social. Al obtener una segunda identidad, usted obtiene un informe de crédito totalmente nuevo y los acreedores

> ### DAVE DECLARA...
>
> No estoy en contra del disfrute del dinero, pero sí estoy en contra de gastar dinero cuando, para empezar, no se dispone de él.

nunca sabrán de sus infracciones pasadas. Eso es fraude, si lo hace, irá a la cárcel. No pase por la salida, vaya directo a la cárcel. Recuerde, fraude. Usted está mintiendo para obtener un préstamo, lo cual no es limpiar su crédito; esto es un acto criminal.

Limpie su crédito con una transformación total de su dinero. Yo le mostraré cómo vivir bajo control, pagar en efectivo para que no incurra en deudas y, con el tiempo, su crédito se limpiará solo.

MITO: Mi decreto de divorcio dice que mi cónyuge tiene que pagar la deuda, de modo que yo no.

REALIDAD: Los decretos de divorcio no tienen poder para borrar su nombre de las tarjetas de crédito ni de las hipotecas, de modo que, si su cónyuge no paga, esté listo para pagar.

Los divorcios ocurren con mucha frecuencia, lo cual es muy triste. Divorcio significa que dividimos todo, inclusive las deudas. Sin embargo, estas no se dividen fácilmente. Si su nombre está en la deuda, usted es responsable del pago y su crédito se afecta si no paga. Un tribunal de divorcio no tiene la facultad de eliminar su nombre de una deuda. El juez que divorcia solo tiene la facultad de decirle a su cónyuge que pague por usted. Si su cónyuge no paga, usted puede decírselo al juez, pero usted sigue siendo responsable. El prestamista que no recibe el pago informará correctamente el mal crédito de todas las partes involucradas en el préstamo, usted inclusive. El prestamista que no recibe el pago puede correctamente demandar a las partes del préstamo, usted inclusive.

Si su exesposo conservó el camión que ambos firmaron al comprarlo y entonces no hace los pagos, su crédito se daña, le quitan el camión y la demandan por el saldo. Si usted otorga una escritura que transfiere su propiedad de la casa de la familia a su exesposa como parte del arreglo, se hallará en un embrollo. Esta escritura es la manera fácil de renunciar a la propiedad de su casa. Si ella no paga a tiempo, su crédito se daña; si ella sufre un juicio hipotecario, usted también. Aun si ella paga perfectamente su casa o él lo hace en cuanto al camión, usted encontrará que tendrá problemas al comprar una próxima casa porque tiene demasiadas deudas.

Si usted se va a divorciar, esté seguro de que todas las deudas no se vuelvan a financiar a su nombre o presione la venta de la propiedad. No asuma la actitud de: «Yo no quiero hacerle vender el camión». Si usted lo ama tanto, no se divorcie, pero si está separándose, hágalo completamente, rompa del todo, aunque sea doloroso en el momento. He asesorado a miles de personas que habían sido arruinadas financieramente por sus excónyuges y el mal asesoramiento de un abogado de divorcios. Así, pues, venda la casa o vuélvala a financiar como parte del divorcio, punto. Otra opción es correr un riesgo enorme, donde puede contar con dolores de cabeza y aún más enojo en su camino.

MITO: El recaudador fue muy servicial; realmente le simpatizo.

REALIDAD: Los recaudadores no son sus amigos.

Hay muy pocos recaudadores buenos, muy pocos. Casi todas las veces que son «comprensivos» o desean «ser su amigo» existe una razón: hacerlo a usted pagar su cuenta. La otra técnica es ser fastidioso y pesado; usted puede hallar a su nuevo «amigo» usando toda clase de tácticas de acoso una vez que sean «camaradas».

La transformación total de su dinero lo hará pagar sus deudas. Yo deseo que pague lo que debe, pero los recaudadores no son sus amigos. Los recaudadores de tarjetas de crédito son los peores, porque mentirán, harán trampas y robarán, todo eso antes del desayuno. Usted puede saber si un recaudador de tarjetas de crédito está mintiendo con observar si sus labios se mueven.

Todo negocio, plan especial o arreglo que usted haga con los recaudadores debe quedar por escrito ANTES de enviarles dinero. De otra suerte, usted descubrirá que no ha hecho un buen negocio y que le han mentido. Nunca permita a los recaudadores acceso electrónico a su cuenta corriente, ni envíe cheques con fecha adelantada. Ellos abusarán de usted si les da esas facultades y no podrá hacer nada porque usted les debe dinero. ¿Estamos claros?

MITO: Me declararé en bancarrota y comenzaré de nuevo; me parece muy fácil.

REALIDAD: La bancarrota es un retorcijón de tripas, un episodio que cambia la vida y causa daños permanentes.

Kathy llamó a mi programa de radio lista para declararse en bancarrota. Sus deudas eran extraordinarias y su esposo infiel se había marchado con su novia. La casa estaba a su nombre, como lo estaba toda la deuda salvo 11.000 dólares. Kathy tenía veinte años y su brillante tío, un abogado de California, le dijo que se declarara en bancarrota. Kathy estaba llena de problemas, desanimada y abandonada, pero no en bancarrota. Cuando su esposo, que pronto dejará de serlo, termine con la deuda a su nombre, es probable que caiga en bancarrota, pero Kathy no.

La bancarrota es algo que no recomiendo, al igual que no recomiendo el divorcio. ¿Hay momentos cuando las personas buenas no ven otra salida y solicitan la bancarrota? Sí, pero trataría de convencerlos de que no incurran en eso si me dieran la oportunidad. Pocas personas que han pasado por la bancarrota pueden dar fe de que es una limpieza no dolorosa, un borrón y cuenta nueva, después de la cual usted marcha alegremente hacia el futuro para comenzar de nuevo. Que nadie lo engañe. He estado en bancarrota, he luchado con ella por décadas y no es un sitio que usted desee visitar.

La bancarrota se considera en la lista de los cinco acontecimientos negativos que alteran la vida, junto al divorcio, las enfermedades graves, la incapacidad y la pérdida de un ser querido. Nunca diría que la bancarrota es tan mala como la pérdida de un ser querido, pero es una alteración de la vida que deja profundas heridas tanto en la psiquis como en el informe de crédito.

La bancarrota del Capítulo 7, que es bancarrota total, permanece en su informe de crédito por diez años. La bancarrota del Capítulo 13, semejante a un plan de pagos, permanece en su informe de crédito por siete años. Sin embargo, la bancarrota, es de por vida. Las solicitudes de préstamos y muchas solicitudes de empleo preguntan si usted llenó alguna vez una solicitud de bancarrota. Si usted miente para obtener un préstamo debido a que su bancarrota es muy antigua, técnicamente comete fraude.

La mayoría de las bancarrotas pueden evitarse con una transformación total de su dinero. Esta transformación puede implicar una amplia eliminación de cosas, que será doloroso, pero la bancarrota lo es mucho más. Si da el paso consciente hacia atrás para afirmarse en terreno sólido en lugar de estar mirando al espejismo de la solución rápida que la bancarrota parece ofrecerle, vencerá más rápida y fácilmente. Conozco por experiencia el dolor de la bancarrota, el juicio hipotecario y las demandas judiciales. He pasado por eso, lo he experimentado, recibí la estrellita y no vale la pena.

Jamás fuimos buenos manejando las finanzas. Eso es evidente; después de todo, ¡nos hemos declarado en bancarrota tres veces!

La primera vez, nos pareció que la bancarrota era nuestra única opción. Nuestro préstamo de pequeño negocio para adquirir un taller mecánico fue del 4 % al 22 % de TAE y perdimos todo el dinero del depósito. Poco después, mi esposo tuvo su primer ataque al corazón, a lo cual se añadieron otros problemas. En poco tiempo, perdimos nuestra casa y nuestros autos. Nos mudamos a otro estado con cuatro hijos, dos gatos, un perro, una motocicleta, una caravana de U-Haul, 800 dólares y sin empleo.

Mientras reparábamos nuestra vida, nos sentimos deprimidos y fracasados. Uno pensaría que aprendimos la lección, ¿verdad? Para nada.

En vez de aprender de nuestros errores, los repetimos poco más de una década después. Tras sufrir una lesión al caerse, mi esposo estuvo sin empleo por seis meses. Nuestros ingresos fueron de 4.000 dólares a la semana a solo 400. Acumulamos deudas en la tarjeta de crédito y acabamos por declararnos en bancarrota por segunda vez. Una vez más, perdimos nuestra casa y la mayoría de nuestras posesiones.

Aunque la primera bancarrota nos pareció el fin del mundo, la segunda no nos molestó tanto. Sentimos que no era tan problemático porque ya habíamos pasado por eso. Entonces, iniciamos por tercera vez y tomamos las mismas decisiones absurdas.

En los siguientes siete años, comenzamos un nuevo negocio, tomamos malas decisiones y clausuramos otra compañía. Así, nos declaramos en bancarrota por tercera vez. Tras hacerlo, nos sentimos avergonzados de comentárselo a alguien. Guardábamos este secreto atroz y sucio que escondíamos de nuestra familia y amigos. Para empeorar la situación, todo ese estrés y vergüenza le causaron a mi esposo dos ataques al corazón.

El proceso de bancarrota fue horrible. Nadie lo mirará a los ojos en la sala del juicio. Es como si todos albergáramos un virus y tuviéramos miedo de hablar con los demás. Declararnos en bancarrota tres veces nos hizo sentir como fraudes. Nos preguntábamos: *¿Qué nos pasa? ¿Por qué repetimos los mismos errores?*

Cuando nuestro hijo regresó del despliegue de tropas con una enfermedad mental, nosotros nos convertimos en sus cuidadores a tiempo completo. El dinero era escaso porque cuidábamos de nuestro hijo con un solo sueldo, ya que mi esposo se había retirado luego de su tercer ataque al corazón. Estábamos a punto de declararnos en bancarrota por cuarta vez cuando nuestra hija acudió al rescate y nos mostró a Dave Ramsey.

Ahora estamos en el plan de la transformación total de su dinero y estamos tratando de arreglar nuestro desastre financiero. ¡Es difícil corregir una vida entera de malas decisiones monetarias y hábitos financieros deficientes! Aunque hemos comenzado el primer paso básico ya tres veces, ¡hemos logrado saldar 26.000 dólares en deudas! Finalmente, hoy tenemos esperanzas para nuestro futuro y estamos motivados para ayudar a que otros no transiten el mismo camino que nosotros recorrimos.

Susan y Larry Hickman
(52 y 67 años respectivamente)
Gestora de colecciones; corredor de seguros
retirado

Nosotros enseñamos a las personas a llevar dinero en efectivo. En una cultura donde el empleado de ventas piensa que usted es un traficante de drogas si paga en efectivo, sé que esta sugerencia puede parecer extraña. Sin embargo, el efectivo es poderoso. Si usted paga de este modo, gastará menos y puede obtener gangas luciendo el dinero. Linda escribió por correo electrónico a mi columna en la prensa para quejarse de que la iban a robar si llevaba efectivo. Le expliqué que los maleantes no tienen visión de rayos X para mirar en sus bolsillos o en su cartera. Ellos asumen que su cartera es como las otras, llenas de tarjetas de crédito que sobrepasan el límite. Mire, no me tomo el crimen a la ligera. Existe una posibilidad de que le roben; a las personas les suelen robar, lleven o no efectivo. Si esto le ocurre, le llevarán el efectivo. No obstante, créame cuando le digo que tiene que estar más preocupada por el peligro de usar tarjetas de crédito que por el peligro de ser asaltada mientras lleva efectivo. Llevar dinero en efectivo no hace más probable que la roben. Por otra parte, la mala administración de las tarjetas de crédito le está robando cada mes.

MITO: No puedo usar el efectivo porque es peligroso; me pueden robar.

REALIDAD: Cada día le roban por no usar el poder del efectivo.

Ya hemos destruido el mito de las tarjetas de crédito y demostrado que cuando usted paga en efectivo, gasta menos. Cuando redacte su plan, encontrará que manejar las categorías de gastos como parte de la transformación total de su dinero es un punto obligado para ganar control. El efectivo lo capacita para decirse no a usted mismo. Cuando el sobre destinado a la comida está bajo en efectivo, comemos lo que queda en vez de ordenar pizza otra vez.

MITO: El seguro no está a mi alcance.

REALIDAD: Hay algunos seguros sin los cuales no se puede estar.

DAVE DECLARA...

El sistema de sobres explicado

Es fácil derrochar cuando no tiene un límite claro. Su presupuesto limita cada categoría. Sin embargo, cuando sus presupuestos de la gasolina, de los comestibles y del entretenimiento están todos abultados en su cuenta bancaria, una de esas categorías podría rebasar su límite sin que se dé cuenta. Por eso recomiendo el sistema de sobres para ciertas categorías.

Digamos que separa seiscientos dólares para la comida del mes. Bien, cuando le llegue el sueldo, tome esa cantidad de dinero en efectivo (sí, *efectivo*) y deposítela en un sobre. Luego escriba «COMIDA» en la portada del sobre. Cuando vaya a la tienda, tome ese sobre y gaste el efectivo que tiene adentro.

Usted no utilizará ese dinero para algo que no sea comida ni comprará sus alimentos con otro dinero que no esté dentro de ese sobre. Cuando se acabe el efectivo, ¡se acabó! ¡El límite está clarísimo!

Este sistema funciona bien en categorías como comida, entretenimiento, vestimenta, gasolina y cosas similares. No es necesario utilizarlo para las cuentas mensuales que paga por correo o que le debitan automáticamente de su cuenta bancaria.

Considere esto: deslizar un pedazo de plástico por una ranura no se registra en su cerebro igual que pagar en efectivo. Cuando usted pone doscientos dólares en el mostrador, ¡ahí sabe que está gastando dinero! Por eso, utilizar el sistema de sobres lo ayudará a cambiar sus hábitos de gasto.

¡El efectivo manda!

Un día, cuando fui a almorzar, me encontré con Steve y Sandy en mi área de recepción. Venían a darme las gracias. ¿Por qué? Esta joven pareja de apenas veinte años había estado escuchando nuestro programa radial, y como yo insto a la gente a obtener la mejor clase de seguro, ellos lo hicieron. A principios de ese año obtuvieron un seguro de vida a término y una cuenta de ahorros médicos con póliza de seguro de salud (conocida como cuenta de ahorros para gastos médicos o HSA [por sus siglas en inglés]). «Qué bueno que hicimos lo que nos indicó», dijo Steve quitándose la gorra para mostrar una cabeza afeitada con una gran cicatriz en la parte superior. «¿Qué fue lo que pasó?», le pregunté. La cicatriz era de una biopsia que reveló un cáncer inoperable en su cerebro. Sandy sonrió y dijo: «El seguro médico ha pagado ya más de cien mil dólares en cuentas, y estaríamos hundidos si no hubiéramos seguido lo que siempre sugiere». Además, Steve no tenía derecho a seguro, de modo que estaba agradecido de haber obtenido ese seguro de vida. Steve y Sandy se convirtieron en mis amigos en los años siguientes, mientras Steve luchaba contra el cáncer. Un amigo mío escuchó su historia y les pagó un crucero de siete días por el Caribe. Steve perdió su lucha contra el cáncer; lo sepultamos el mismo día en que nació su hijo. Él estaría satisfecho de que su historia lo inspirara a usted a adquirir y mantener los mejores seguros. Él era un gran esposo y padre. Al ser responsables y comprar la clase de seguro más adecuada, ellos cubrieron vida y muerte, algo que todos debemos hacer.

Hace dos años, mi esposa y yo éramos una familia común que cometía los errores financieros usuales que cometen las familias «normales». Nosotros creíamos todos los mitos financieros que nos vendían. Sin embargo, cuando se acumularon nuestros errores, nos comenzaron a afectar seriamente. Cuando por fin descubrimos el programa radial de Dave y el plan de la transformación total del dinero logramos detener nuestra ineptitud financiera.

Varios años atrás, no manejábamos bien nuestras finanzas. Hubo un punto en que éramos un matrimonio sin hijos, con ganancias de más de ochenta mil dólares anuales y aun así no podíamos pagar en efectivo por una lavadora. Caímos en muchos negocios de «compre ahora, pague luego». «Noventa días igual que en efectivo» nos parecía una idea razonable en ese entonces. ¡ERROR! Acabábamos pagando más dinero del que valían los productos. Hoy en día, compramos ahora y pagamos ahora; incluso obtenemos dos mil dólares en muebles con solo mil ochocientos dólares en efectivo.

También cometimos errores colosales respecto a nuestro plan de seguro de vida. Varias personas nos advirtieron que debíamos obtener un seguro de vida total antes de cumplir los treinta «o ya verán». Ellos nos comentaban lo increíble que era la función de ahorro de valor en efectivo. ¡ERROR! No teníamos ni idea de lo costosa que era la cobertura, lo altos que eran los pagos y todo el tiempo que se requería para obtener valor en efectivo. Hoy conocemos el juego. Tenemos planificado ahorrar, invertir y llegar a estar autoasegurados.

En el 2006, todavía estábamos haciendo pagos mínimos por préstamos estudiantiles que habíamos arrastrado por más de una década. Caímos en lo que la gente «normal» nos sugería: «Los préstamos estudiantiles son deudas buenas. Todos las tenemos». ¡ERROR! Sabíamos que era necesario deshacerse de los préstamos de Sallie Mae de una vez por todas. Hoy, en lugar de hacerle un pago mensual, podemos ahorrar por adelantado para el fondo universitario de nuestros hijos.

Luego de atravesar por el kit de estudio en casa de la Universidad para la Tranquilidad Financiera y quince meses de absoluto sacrificio, hemos saldado 27.000 dólares en deudas, hemos ahorrado para un fondo de emergencia, nos deshicimos del seguro de vida total y compramos el seguro de vida a término, redactamos testamentos y ahorramos efectivo para unas vacaciones playeras de dos semanas para celebrar nuestra «¡Libertad!». Tras mucho trabajo duro e intensidad de gacela, ¡finalmente vivimos como nadie más!

Travis y Merry Skinner
(33 y 35 años respectivamente)
Diseñador en AutoCAD para agrimensura;
enfermera registrada

Todos odiamos el seguro, hasta que lo necesitamos. Pagamos, pagamos y pagamos primas y algunas veces nos consideramos pobremente asegurados. Sin duda, existen varios artilugios en el mundo de los seguros. Cubrimos el seguro en detalle en la Universidad de la Tranquilidad Financiera y en otros libros, pero usted debe tener seguro en algunas categorías básicas como parte de la transformación total de su dinero.

- Seguro de automóvil y de casa: Escoja los más altos deducibles a fin de ahorrar en primas. Con altos límites de responsabilidad, son las mejores compras en el mundo del seguro.
- Seguro de vida: Compre seguro a nivel de término de veinte años, igual a diez a doce veces su ingreso. El seguro por término es barato y es la

única manera de actuar. Nunca use el seguro de vida como un recurso para ahorrar dinero.

- Incapacidad a largo plazo: Si usted tiene veinte años de edad, tiene el doble de probabilidades de llegar a incapacitarse que de morir antes de la edad de jubilación. El mejor lugar para comprar seguro por incapacidad a una fracción del costo es donde esté empleado. Usualmente, usted puede obtener cobertura que equivalga de 50 % a 70 % de su ingreso.

- Seguro médico: La causa número uno de bancarrotas hoy se debe a las facturas médicas. Un modo de controlar los costos es buscar grandes deducibles para bajar las primas. Una forma excelente de ahorrar en primas es una HSA (cuenta de ahorros para gastos médicos); los deducibles altos disminuyen las primas. Este plan le permite ahorrar para gastos médicos en una cuenta de ahorros libre de impuestos.

- Seguro de cuidados a largo plazo: Si usted tiene más de sesenta años, compre un seguro de cuidados a largo plazo para cubrir el cuidado en la casa o en el asilo. El costo promedio de habitación en un asilo privado es de casi 110.000 dólares al año, lo que causaría a cualquiera una profunda herida en el corazón. Papá puede usar en el asilo los ahorros de 250.000 dólares de mamá en solo un par de años. Haga que sus padres obtengan este seguro.

Quedé muy impresionada con Dave cuando lo vi por primera vez en *The Oprah Winfrey Show*. Entonces supe que la responsabilidad personal y la rendición de cuentas en las finanzas con que él exhortaba a las personas eran precisamente lo que Ken y yo necesitábamos. Nuestros problemas financieros se habían acumulado durante veinte años y eran considerables.

Todo comenzó un año después de que Ken y yo nos casáramos. Él tenía treinta y un años y yo veintidós. Estábamos emocionados por la vida y nuestro futuro. Sin embargo, todo cambió cuando Ken sufrió una apoplejía severa y quedó cuadripléjico. No sabíamos qué hacer en muchos aspectos. En las finanzas, comenzamos a comprar con la tarjeta de crédito porque nuestras ganancias no eran suficientes. Fuimos afortunados de que los gastos médicos de Ken estuvieran cubiertos. Sin esa cobertura, no hubiéramos podido manejar los gastos.

Durante años, acumulamos deudas y nos las arreglamos con dificultad. No obstante, Dios nos bendijo y nos apoyó durante la crisis.

Luego encontramos a Dave. Ken y yo leímos *La transformación total de su dinero* y pusimos sus principios en práctica de manera inmediata. Cuando comenzamos a elaborar presupuestos, Ken se mostró interesado en ayudar con las finanzas y comenzamos a pagar las cuentas por internet. La primera vez que no tuve que pagar las cuentas, me senté y lloré, pues era algo más de lo que no debía preocuparme. Ken se alegró al comprobar que era un compañero activo y que podía facilitarme la vida. Nosotros hemos logrado que elaborar presupuestos y planificar nuestro futuro juntos sea agradable y divertido. ¡Es como irnos de cita! Ken es el hombre más increíble que haya conocido y ha sido mi roca todos estos años. Soy bendecida de recorrer este camino con él.

Cheryl y Ken Rhoads
(44 y 52 años respectivamente)
Director de ventas independiente de Mary Kay

MITO: Si hago un testamento, podría morirme.

REALIDAD: Usted va a morirse de todas maneras, así que hágalo con un testamento.

Según CNBC, el 67 % de los estadounidenses muere sin un testamento. Tonto, muy tonto. El Estado, conocido por sus proezas financieras, decidirá el destino de sus pertenencias, sus hijos y su legado financiero. El proverbio dice: «El hombre de bien deja herencia a sus nietos» (Proverbios 13.22). Soy pragmático, por eso no entiendo toda la lucha con el testamento. Un testamento es un regalo que usted le deja a su familia o a sus seres queridos. Es un regalo porque hace que la administración de sus bienes sea muy clara y mucho más fácil.

Usted va a morir, así que hágalo con estilo y muera con un testamento bien hecho.

Hemos revelado los mitos de la deuda y los del dinero. Si ha leído cuidadosamente y ha entendido por qué esos mitos son inciertos, tengo grandes noticias para usted. ¡La transformación total de su dinero ha comenzado! Este proceso es una nueva hechura de su visión del dinero para que usted cambie permanentemente su modo de manejarlo. Usted debe caminar a un ritmo distinto, el mismo ritmo que escucha el rico. Si el ritmo suena común o normal, abandone la pista de bailar al instante. La meta no es ser normal, porque, como ya saben los oyentes de mi programa radial, ser normal es estar en ruinas.

5

Dos obstáculos más: La ignorancia y la competencia con los vecinos

«Negación» (no tengo un problema), «Mitos de la deuda» (la deuda es el medio para llegar a ser rico) y «Mitos del dinero» (historias promulgadas por la tradición cultural) son tres importantes obstáculos que le impiden llegar a ser un cuerpo fiscalmente adecuado para administrar el dinero y contar con poder estable. Antes de pasar al plan probado, exploremos dos enemigos más de la transformación total de su dinero.

Si los helados Ben & Jerry's le son una tentación muy grande, debería decírselo a su entrenador antes de procurar cambiar su dieta y su programa de ejercicios. Primero, debe admitir su problema con el helado y reconocer los mitos sobre este producto como una herramienta para perder peso. El punto es que debemos identificar al enemigo y a los obstáculos para poder vencer. Establecer un plan de juego y no reconocer los obstáculos a ese plan sería algo inmaduro y poco realista. Aquellos que hemos sido golpeados por la vida sabemos que debemos encontrar los problemas o impedimentos y planear pasar sobre ellos, a través de ellos o alrededor de ellos. Si logra agrupar las cosas que pudieran impedir la transformación total de su dinero, entonces el plan funcionará. El primer paso al perder peso y tonificarse es identificar los mitos de la pérdida de peso, comer en demasía, comer lo que no debe y no hacer ejercicio como los problemas a superar; lo mismo aplica a la transformación total de su dinero. Como dijo hace años el gran filósofo Pogo de la tira cómica dominical: «Hemos encontrado al enemigo y está en nosotros».

Obstáculo # 1: La ignorancia: Nadie nace financieramente talentoso

El primer obstáculo es la ignorancia. En una cultura que rinde culto al conocimiento, decir que la ignorancia sobre el dinero es un problema pone a algunas personas a la defensiva. No se ponga a la defensiva. La ignorancia no es falta de inteligencia; es falta de conocimiento. He visto muchos bebés recién nacidos de amigos, parientes, miembros de la iglesia y miembros del equipo, y nunca he visto a uno nacer listo para hacerse rico. Los amigos y parientes nunca se reúnen alrededor de la ventana de la sala neonatal y exclaman: «¡Oye, mira! ¡Ella es un genio financiero de nacimiento!».

Nadie nace con el conocimiento de cómo manejar un automóvil. Nos enseñan esa habilidad (aunque algunos parecemos no haberla aprendido). Nadie nace con el conocimiento de cómo leer y escribir; nos enseñan cómo hacerlo. Ninguna de estas capacidades es innata; todo debe enseñarse. De igual manera, nadie nace con el conocimiento de cómo manejar el dinero, pero ¡NO nos enseñan eso!

Mientras tomábamos café cierto día, una de mis líderes me dijo: «Necesitamos que se enseñe el proceso de la transformación total de su dinero en la universidad». Antes de que ella pudiera graduarse en un pequeño instituto cristiano, se le exigió que tomara una clase sobre cómo entrevistarse y buscar un empleo. Ella reveló que la clase no era muy difícil académicamente, pero en sus implicaciones prácticas era una de las más valiosas que había tomado en sus estudios. Vamos a la universidad a aprender a ganar dinero; luego ganamos, pero no tenemos idea de lo que vamos a hacer con el dinero. Según el Instituto Nacional de Estadística y Censos, el ingreso familiar promedio en Estados Unidos es de unos 75.000 dólares Aun si jamás obtienen un aumento, ¡la familia promedio ganará más de 3 millones de dólares en una vida de trabajo! Sin embargo, no enseñamos NADA sobre el manejo de ese dinero en la mayoría de las escuelas secundarias y las universidades. Nos graduamos de la universidad, luego salimos al mundo y obtenemos un grado de maestría financiera en E. S. T. U. P. I. D. E. Z.

¿Hacemos un embrollo de nuestras finanzas porque no somos inteligentes? No. Si usted pone en el asiento del chofer de un auto nuevo a una persona que nunca ha manejado un auto, que nunca ha visto un auto, que no puede deletrear *auto*, el accidente se producirá antes de que salga de su casa. Dar marcha atrás y acelerar solo conducirá a otro accidente. «Esforzarse más» no es la respuesta, porque el próximo accidente no solo destruirá totalmente el auto, sino que lastimará a otras personas. ¡Eso es absurdo!

Durante el transcurso de nuestra vida, ganamos casi 3 millones de dólares. Sin embargo, nos graduamos de la secundaria, de la universidad o aun de un posgrado y no podemos deletrear *finanzas*. ¡Este es un mal plan! Hemos eliminado la enseñanza de las finanzas personales y tenemos que comenzar de nuevo. Por eso «Tranquilidad financiera para la nueva generación» se enseña en las escuelas secundarias en toda la nación; no obstante, nuestro currículum para secundaria no lo ayudará a menos que usted esté todavía en la secundaria.

Si ha hecho un embrollo de su dinero o no lo ha usado de manera óptima, usualmente la razón es que a usted nunca le enseñaron cómo hacerlo. Recuerde que ignorancia no significa estupidez; significa que usted tiene que aprender cómo hacer las cosas. Yo soy bastante inteligente. He publicado múltiples libros de gran venta, he hablado con millones de personas en mi programa radial y dirijo una compañía multimillonaria; pero si usted me pide que arregle su automóvil, le haría un desastre. Yo no sé cómo; soy ignorante en esa materia.

Superar la ignorancia es fácil. Primero, admita sin pena alguna que no es un experto en finanzas porque nunca le enseñaron. Segundo, termine de leer este libro. Tercero, emprenda una búsqueda de por vida para aprender más sobre finanzas. No necesita matricularse en Harvard para obtener una maestría en negocios con especialización en finanzas ni tiene que buscar un canal televisivo sobre finanzas en lugar de ver una gran película. Sin embargo, sí necesita leer algo sobre este tema por lo menos una vez al año. Usted debe ocasionalmente asistir a un seminario sobre finanzas. Sus acciones deben demostrar que este tema le interesa aprendiendo algo sobre él.

Sharon y yo tenemos un excelente matrimonio; no perfecto, pero excelente. ¿Por qué? Nosotros leemos sobre el matrimonio, vamos a retiros matrimoniales los fines de semana, salimos juntos semanalmente, a veces asistimos a una clase de Escuela Dominical sobre matrimonio y aun nos reunimos una que otra vez con un amigo que es consejero matrimonial cristiano. ¿Hacemos todas estas cosas porque nuestro matrimonio esté debilitándose? No, las hacemos para mantenerlo excelente. Tenemos un gran matrimonio porque lo cultivamos, le damos prioridad y buscamos conocimiento sobre el tema. Los matrimonios excelentes no ocurren por casualidad; tampoco la riqueza. Usted dedicará algún tiempo y esfuerzo para salir de la ignorancia. Lo reitero, usted no necesita llegar a ser un mago financiero; solo necesita emplear más tiempo en sus opciones del 401(k) y en su presupuesto que en escoger dónde va a pasar las vacaciones este año.

Íbamos por la vida como «Gomer Pyle si tomara diazepam», como dice Dave. No teníamos idea de en qué se nos iba el dinero. Mi esposa y yo no nos poníamos de acuerdo sobre cómo manejar nuestros ingresos. Como todas las parejas «normales», creíamos que DEBÍAMOS tener tarjetas de crédito para construir nuestro crédito y que lo más INTELIGENTE era hacer préstamos para todo. ¡Qué gran mentira!

Un día, mi esposa descubrió *The Ramsey Show*. Después de un rato, ella me refirió los principios que Dave explicaba y nos encantó.

El primer paso en la transformación total de nuestro dinero fue elaborar un presupuesto. Esto nos ayudó a organizarnos con nuestras finanzas. Sin embargo, nosotros también deseábamos vivir sin deudas para lograr triunfar. Luego debimos ahorrar para un fondo de emergencia y también pagar nuestras deudas con el plan bola de nieve.

El paso básico número tres, (ahorre entre tres y seis meses de gastos en un fondo de emergencia abastecido), fue el más difícil para nosotros. Tuvimos que resistir la tentación de gastar ese dinero disponible luego de terminar el plan bola de nieve. Afortunadamente, pusimos en marcha el fondo de emergencia, porque después perdí mi trabajo. Al no tener deudas y al contar con un fondo de emergencia, pude tomarme con calma la búsqueda del excelente trabajo que hoy tengo.

Nuestra vida familiar cambió para bien. Ahora sabemos en qué invertir el dinero y nuestros hijos están aprendiendo a contribuir, a ahorrar y a gastar con sabiduría. Este plan nos ayudó a recuperar la esperanza que ofrece la seguridad financiera y la paz espiritual que todos buscamos en esta vida.

Walter y Stephanie Frick
(47 y 45 años respectivamente)
Agente de ventas; asistente de maestra de jardín de infantes

La ignorancia no es buena. La frase «lo que usted no sabe no lo perjudica» es realmente estúpida. Lo que usted no sabe lo matará. Lo que usted no sabe sobre el dinero lo arruinará y lo mantendrá arruinado. Termine con este libro y lea otros. Usted también puede buscar en nuestro sitio web (ramseysolutions.com/store/books) lecturas recomendadas de otros autores que generalmente coinciden con nuestras enseñanzas.

Obstáculo # 2: Competir con los vecinos: Los vecinos no saben sacar cuentas

El segundo obstáculo en este capítulo es «competir con los vecinos». Presión de grupo, expectativas culturales, «nivel de vida razonable»: no importa cómo lo diga, todos necesitamos ser aceptados por nuestra gente y nuestra familia. Esta necesidad de aprobación y respeto nos lleva a hacer algunas cosas realmente locas. Una de las cosas paradójicamente tontas que hacemos es destruir nuestras finanzas comprando basura que no está a nuestro alcance para aparentar ser ricos ante otros. El doctor Tom Stanley escribió un maravilloso libro en los años noventa que usted debería leer; se titula: *El millonario de la puerta de al lado*. Su libro es un estudio de los millonarios estadounidenses. Recuerde, si quiere ser delgado y musculoso, debe estudiar los hábitos de las personas que son delgadas y musculosas. Si quiere ser rico, deberá estudiar los hábitos y los sistemas de valores de los ricos. En su estudio de los millonarios, Stanley descubrió que sus hábitos y sistemas de valores no eran lo que la mayoría de la gente piensa. Cuando pensamos en los millonarios, pensamos en casas grandes, autos nuevos y ropa de lujo. Stanley encontró que la mayoría de los millonarios no tienen esas cosas. Descubrió que el millonario típico vive en casas de clase media, maneja un automóvil de dos años o más viejo, ya pagado, y compra pantalones vaqueros en Walmart. En resumen, Stanley halló que el típico millonario encuentra infinitamente más motivación en una meta de seguridad financiera que en la opinión de amigos y familiares. La necesidad de aprobación y respeto de parte de otros, basada en lo que ellos poseían, virtualmente no existía.

Si nos fijamos en lo que Stanley ha descubierto y lo comparamos con el plan de vida de Ken y Barbie, hallamos que esta pareja está fuera de la realidad, sin rumbo y sin orientación. Ken y Barbie van a nuestra oficina todo el tiempo en busca de asesoramiento financiero. El año pasado vinieron y sus nombres eran Bob y Sara, una pareja que gana 93.000 dólares al año y lo han hecho durante los últimos siete años. ¿Qué tienen ellos para demostrarlo? Una casa de 400.000 dólares de la que deben 390.000, incluyendo una segunda hipoteca utilizada para amueblar la casa. Tienen dos autos arrendados bien equipados de 30.000 dólares y una deuda de 52.000 dólares en tarjetas de crédito, pero han viajado mucho y se han vestido a la última moda. Los 25.000 dólares que quedan por un préstamo estudiantil de hace diez años están aún pendientes porque no tienen dinero. Del lado positivo, tienen 2.000 dólares en ahorros y 18.000 en su 401(k). Ellos tienen un valor neto negativo, pero lucen realmente bien. La madre de Bob está muy impresionada, y el hermano de Sara frecuentemente llega a pedirles dinero, porque a ellos «obviamente les va bien». Ellos ofrecen el cuadro perfecto del sueño estadounidense que se ha vuelto una pesadilla. Detrás del peinado perfecto y de la manicura francesa había una profunda desesperación, un sentido de futilidad, un matrimonio que se desintegraba y un disgusto con ellos mismos.

Este puede ser uno de los lugares donde se quiebra nuestra metáfora de perder peso para obtener un buen estado fiscal. Si su cuerpo estuviera en las mismas condiciones en que están las finanzas de Bob y Sara, todos podrían pensar: *Quinientas libras es demasiada gordura.* Su problema sería obvio para su familia, amigos, extraños y aun usted mismo. La diferencia con Bob y Sara es que ellos tienen un «pequeño y sucio secreto»: están muy lejos de ser lo que aparentan. Están arruinados y desesperados, y nadie lo sabe; pero no es solo que nadie lo sabe, sino que todo el mundo piensa que lo opuesto es cierto. De modo que cuando mi asesor les hizo algunas sugerencias para prevenir esta bancarrota inminente, hubo más de un lugar de resistencia en el corazón. La verdad es que Bob y Sara están arruinados; necesitan vender los autos y la casa.

La resistencia del corazón es algo real. Primero, por supuesto, nos gustan nuestras buenas casas y autos; venderlos sería doloroso. Segundo, no queremos confesar delante de quienes hemos impresionado que somos farsantes. Sí, cuando usted compra una pila de objetos sin dinero y con muchas deudas, usted es un farsante financiero. La presión de grupo es muy, pero muy poderosa.

«Estamos haciendo recortes» es algo doloroso de admitir frente a amigos o familiares. «Tenemos que olvidarnos de ese viaje o de esa comida, porque no está dentro de nuestro presupuesto» es algo virtualmente imposible de decir para algunas personas. Ser realistas exige tremendo valor. Queremos ser aprobados y respetados; decir lo contrario es una forma de negación. Desear ser admirados por otros es normal. El problema es que esta admiración puede convertirse en una droga. Muchos de ustedes son adictos a esta droga, y la destrucción de su salud y bienestar financiero causado por su adicción es profunda.

Se requiere un cambio radical en la búsqueda de aprobación, que ha implicado la compra de mercaderías con dinero que no tenemos, para lograr un avance en materia de dinero. El avance de Sara vino con la familia, que era de la clase media alta y siempre había obsequiado regalos de Navidad a cada miembro de la familia. Con veinte sobrinos y seis parejas de adultos a quienes había que comprarles regalos, solo en su parte de la familia, el presupuesto era exorbitante. El anuncio de Sara durante el Día de Acción de Gracias de que ese año los regalos de Navidad iban a hacerse por sorteo porque ella y Bob no estaban en buenas condiciones económicas cayó como una bomba. Algunos de ustedes sonríen como si esto fuera insignificante. ¡Fue muy relevante en la familia de Sara! ¡Hacer regalos era una tradición! Su madre y dos de sus cuñadas estaban furiosas. Muy pocas gracias se dieron aquel Día de Acción de Gracias, pero Sara se mantuvo firme y dijo: «No más».

Sara posee una maestría en sociología, de modo que no es una persona fácil de dominar. Ella comprendió cómo iba a alterarse la dinámica de la familia y entendió que iba a perder aprobación, admiración y respeto. Por eso dijo más tarde que aun cuando captaba intelectualmente lo que significó su anuncio y sabía emocional y financieramente que eso era lo correcto, la realidad era muy dura. La fuerte presión de la familia la mantuvo desvelada toda la noche anterior. Según me dijo: «Mientras meditaba en la oscuridad sentía miedo, como una niñita de doce años que desea la aprobación de su papá». Tener el valor para tratar con lo que puede parecer una cuestión pequeña fue un gran avance para ella. Ese Día de Acción de Gracias su corazón tuvo una transformación total de su dinero, y ya no permitiría que la presión de grupo la llevara rumbo a una pobreza bien vestida.

Nuestra transformación financiera inició en marzo de 2008, cuando compramos *La transformación total de su dinero* en unas vacaciones. Mientras manejábamos de vuelta a casa, le leí el prólogo en voz alta a mi esposo y él me pidió que continuara. Tras cuatro horas de lectura, quedé ronca y cansada, ¡pero seguimos leyendo incluso mientras entrábamos en el acceso de nuestra casa! Estábamos enganchados y llenos de energía. ¡Me pareció que nuestra vida acababa de iluminarse!

Esa misma noche, revisamos todas nuestras facturas y creamos una lista de nuestras deudas. Luego elaboramos un presupuesto. Todo esto nos llevó horas, ¡pero al final estuvimos listos para atacar a nuestra deuda! Determinamos saldar la deuda a tiempo para celebrar algunos hitos importantes que estaban a menos de un año de ese entonces. Estos eran nuestro aniversario de bodas número quince y el cumpleaños cuarenta de Darrin. ¡En aquel tiempo esto nos parecía imposible!

Siempre hemos pagado cuotas de los autos y de la tarjeta de crédito. Jamás hemos estado libres de deudas. Tampoco conversábamos sobre nuestras finanzas porque eso siempre acababa en discusiones o sentimientos heridos. Tan solo pretendíamos que nuestras finanzas no existían.

No obstante, con el nuevo plan listo, seguimos adelante sin mirar atrás. Cortamos en pedazos nuestras tarjetas de crédito una por una cuando las pagábamos. Aún más importante, nos pusimos en sintonía con nuestras finanzas, ¡algo que jamás creímos posible!

En diez meses pagamos 58.000 dólares en deudas y ahorramos 18.000 dólares para el fondo de emergencia. También les estamos enseñando a nuestros tres hijos a ahorrar su dinero y a tomar decisiones sabias en sus finanzas.

Ellos han aprendido sobre el peligro de las tarjetas de crédito y a comparar los precios de los productos que desean comprar.

No solo estamos confiados en nuestro futuro financiero, sino que nos emociona más que nunca antes. ¡No podríamos expresar con palabras la carga que fue quitada de nuestros corazones y mentes! ¡Sin duda hemos atravesado una transformación total de nuestro dinero!

Kristin y Darrin Schmidt
(39 y 40 años respectivamente)
Ama de casa; contador

Cada uno tiene su punto débil como Sara. Podría ser su negocio de la tercera generación en quiebra que necesita cerrarse. Podría ser la compra de ropas. Probablemente sea su automóvil. Podría ser el bote. Quizás su punto débil sea darles dinero a sus hijos adultos. A menos que haya experimentado una transformación total de su dinero en su corazón en algún punto, en alguna época en su vida, usted está haciendo algo con el dinero para impresionar a otros, y eso tiene que cambiar antes de que haga un verdadero plan para una buena postura fiscal. La Biblia afirma: «Pero gran ganancia es la piedad acompañada con contentamiento» (1 Timoteo 6:6, RVR1960). Aquellos que hemos tenido una transformación total de nuestro dinero sabemos dónde está nuestro talón de Aquiles y vemos ese punto débil como una herida fatal si le permitimos crecer de nuevo. ¿Cuál es la «cosa monetaria» que hace que usted se sonría por dentro cuando ve a otros admirándola? ¿Necesita desecharla para romper ese sentimiento? Hasta que reconozca esa área de debilidad, usted siempre será propenso a la estupidez financiera en esa área.

Mi debilidad son los autos. Luego de comenzar con nada y haber llegado a millonario la primera vez a la edad de 26 años, puse el ojo en un Jaguar.

«Necesitaba» un Jaguar. Lo que yo necesitaba era que la gente se impresionara con mis éxitos. Lo que necesitaba era que mi familia diera su aprobación basada en mi capacidad para el éxito. Lo que anhelaba era respeto, pero fui muy ingenuo en creer que el automóvil que manejaba me proporcionaba esas cosas. Dios usó esta área de mi vida para darle a mi corazón una transformación total de mi dinero en el aspecto de la presión de grupo.

¡Absolutamente arruinado y manejando un Jaguar!

Aunque estaba en quiebra, perdiéndolo todo, conservé el Jaguar refinanciándolo repetidas veces en bancos diferentes y más amigables. Llegué inclusive a conseguir que un buen amigo firmara como fiador un préstamo, de modo que pudiera conservar ese automóvil de alarde. No podía pagar el mantenimiento del automóvil, así que empezó a deteriorarse. Funcionaba mal y ya no era confiable, pero aun así lo amaba y me aferraba a él. Ya en el primer año de nuestra bancarrota, estábamos tan arruinados que una vez nos cortaron la electricidad por dos días. Siempre me he preguntado qué pensaría el empleado de la compañía de electricidad cuando estuvo en la entrada de mi casa junto a mi Jaguar para desconectar mi contador eléctrico. Esto enferma. El automóvil continuaba deteriorándose y el sello del depósito de aceite se cuarteó. Esto ocasionaba que el aceite saliera por detrás del motor hacia el silenciador y se quemara. El aceite que se quemaba en grandes cantidades creaba una estela de humo por kilómetros dondequiera que iba. El estimado para arreglarlo era de 1.700 dólares y yo no había visto un ingreso extra de esa cantidad en meses, así que seguí manejando mi móvil cortina de humo a lo James Bond. Finalmente, mi amigo se cansó de cumplir con los pagos que hacía como fiador y gentilmente me sugirió que vendiera mi precioso automóvil. Me enojé con él. ¡Cómo se atreve a sugerirme que venda mi automóvil! Él dejó de hacer los pagos y el banco, no tan gentilmente, me sugirió que vendiera el automóvil o tendrían que quitármelo. Traté de evitarlo, pero volví a mis cabales y vendí el Jaguar la mañana de un jueves, porque el banco me aseguró que se lo llevaría el viernes. Pude salir del embrollo, pagarle al banco y aun a mi amigo lo que le debía, pero el proceso fue humillante. Y como fui muy terco para reconocer lo que el automóvil representaba en mi vida, causé mucho daño que podría haberse evitado.

Una nota interesante sobre la curación que puede ocurrir en su punto débil. Yo estaba tan disgustado conmigo mismo cuando desperté y comprendí la profundidad de mi estupidez que renuncié a mi droga: los autos. Inicié la abstinencia: no me importaba qué automóvil manejaba o cómo lucía en tanto que estuviera progresando en la transformación total de nuestro dinero. Quince años más adelante, llegamos a ser ricos nuevamente y decidí tener un automóvil diferente. Siempre estoy buscando un automóvil de un año o dos, siempre pago al contado y siempre busco un buen negocio, sin que me importe realmente qué tipo de automóvil es. Yo estaba buscando un Mercedes o un Lexus, pero realmente buscaba una ganga. Un amigo que vende autos me propuso un negocio… con un Jaguar. Así que más tarde, después de todos esos años difíciles y tristes, cuando esa afición ya no era más la fuerza motriz de mi nivel de aprobación, Dios me permitió tener de nuevo un Jaguar. Él me regresó lo que se habían comido las langostas, pero lo hizo cuando eso ya no era mi ídolo. Se rumora por ahí que a Dios no le gusta que tengamos otros dioses en nuestra vida.

En retrospectiva, puedo decir que éramos la típica familia estadounidense: teníamos un buen salario y muchos productos de calidad, pero nos estábamos ahogando en deudas. Siempre pensamos que merecíamos automóviles nuevos y que necesitábamos una casa para dejar de pagar un alquiler.

Un amigo del trabajo mencionó a Dave Ramsey un día. Esto me intrigó, así que compré su libro, *La transformación total de su dinero*, y comenzamos a leerlo. Nos sentimos motivados por las historias de personas que ganaban mucho menos que nosotros, pero que no tenían deudas. Nosotros deseábamos no tener deudas.

La prioridad era establecer un presupuesto. Sin embargo, primero debíamos vencer la mentalidad de que «necesitábamos» objetos materiales para ser felices. Logramos pagar nuestra deuda sin renunciar a mucho; solo canalizamos de forma diferente lo que ya teníamos.

Este cambio ha sido increíble. Mi esposa ya no se siente culpable al gastar dinero en ropa que necesitamos. Ahora puedo relajarme al pagar las cuentas a fin de mes porque sé que todavía queda dinero en nuestra cuenta corriente. Vale la pena.

Ahora podemos conversar sobre nuestras finanzas en vez de pelear por eso. También hemos ahorrado para nuestra jubilación y sabemos que, si algo inesperado le sucede a uno de nosotros, el otro estará seguro y no tendrá deudas.

Mi esposa y yo hemos estado libres de deudas desde enero del 2004, y la vida es mucho más fácil ahora.

Brian y Tammy McKinley
(36 y 33 años respectivamente)
Agente de compras para la Organización de
Gestión Médica; economista agrícola

Así, pues, es posible que algún día Sara y Bob puedan pagar en efectivo y llevar a toda la familia de Sara en un crucero por Navidad. Después de la transformación total de su dinero, Bob y Sara podrán pagar en efectivo por un evento como ese sin que se afecte su riqueza. Ellos podrán comprar ese viaje en crucero en memoria de aquel simbólico Día de Acción de Gracias cuando el corazón de Sara tuvo la transformación total de su dinero en su necesidad de buscar la aprobación de su familia. Ese cambio les ha enseñado a Sara y a Bob que, si ellos viven como nadie, después podrán vivir como nadie más.

Pasar la carrera de obstáculos y subir la montaña

Una cosa he aprendido al perder peso, tonificar mis músculos y generalmente estar en mejor forma: las cosas que exigen esfuerzo físico ahora son más fáciles para mí. Actividades como ascender montañas o vencer obstáculos son realmente factibles ahora; ya no son un sueño como lo eran cuando tenía sobrepeso y estaba fuera de forma. Lo mismo aplica al proceso de la transformación total de su dinero hacia una buena situación fiscal. ¿Ha comprendido usted que el comienzo de la transformación total de su dinero es casi una carrera de obstáculos? Derribamos la negación; atravesamos el agua y ascendimos sobre los mitos de la deuda; escalamos cuidadosamente la muralla de los mitos del dinero; estamos enfrentando la ignorancia y aprendimos a no hacer mucho énfasis en nuestra competencia en el camino. Hemos dejado permanentemente de competir con los vecinos porque ellos están en la quiebra. Sin embargo, la carrera de obstáculos fue solo parte de este proceso.

Ahora estamos situados al pie de una montaña con una clara visión de la cima. Estamos en mejores condiciones para escalarla y no hay puntos ciegos. Estamos listos para ascender. La meta está lejos, pero ahora la vemos con claridad. Hay un camino muy claro que tomaremos hasta la cima. Lo bueno de este sendero es que no es terreno virgen; es un sendero muy usado. Es un camino estrecho, uno que la mayoría de la gente no sigue, pero muchos triunfadores lo han tomado. Decenas de miles han seguido este sendero tras llegar a él a través de la carrera de obstáculos.

Mire hacia atrás antes de empezar. La escalada será difícil, pero será casi imposible si usted está aún lidiando con algún obstáculo, si todavía está colgado de los mitos, la negación o cualquier otro impedimento. Durante esta subida, usted se sentirá como si cargara una mochila llena de ladrillos. Un par de kilogramos de negación podrá no ser fatal, pero mezclarla con tres kilogramos de «todavía pienso que las tarjetas de crédito son buenas» y una lata o dos de «ceder a la presión de grupo» dará por resultado una carga a sus espaldas que le hará fracasar en su intento de ascender. La mayoría hacemos el primer ascenso usando un sombrero de ignorancia, y si bien este retardará la subida, la ignorancia no le impedirá a nadie llegar a la cima si va mezclada con cierta humildad. Esta montaña es factible, pero no lo es si aún está preocupado por la carrera de obstáculos. Algunas cosas que le pediré que haga no funcionarán y le causarán daño si usted está aún aferrado a la negación, a los mitos, a la ignorancia o a la aprobación.

Decida antes de ascender si va a seguir al guía. Si no va a hacerle caso a un guía experimentado que ha escalado personalmente esta montaña solo y ha regresado a guiar a decenas de miles en este sendero, entonces usted ascenderá a su propio riesgo. Termine de leer el libro, aunque no esté de acuerdo conmigo, pero seguir estos pasos mientras trata de conservar los mitos, la ignorancia, la aprobación o la negación hará su ascenso muy difícil y puede lesionarlo.

¿Por qué no ascender? El único otro sendero es seguir a todas las personas normales que se han ido a la quiebra. Ese no es un sendero; esa es una bien trillada carretera interestatal. La mayoría de las personas dan vueltas y vueltas, ocasionalmente vislumbrando tristemente la montaña que escalaremos, pero cuando ven lo difícil que es el camino de obstáculos tan solo para llegar al pie de la cima, esas almas tristes desisten antes de siquiera comenzar.

Los del programa de recuperación de doce pasos tienen razón al afirmar: «Hacer lo mismo una y otra vez y esperar un resultado diferente es la definición de locura». Lo que usted falsamente ha creído, y sobre lo cual ha actuado o no, es lo que lo ha traído a donde está hoy con sus finanzas. Si desea estar en un lugar diferente, debe creer y actuar en forma distinta. Si deseo tener un tamaño de cintura inferior a ciento treinta y dos centímetros, debo comer y hacer ejercicio en forma diferente. El cambio puede ser doloroso, pero el resultado bien lo merece.

Yo he estado en la cima de la montaña de la transformación total de su dinero y he conducido a incontables personas allí. Le digo que ¡VALE LA PENA EL ESFUERZO! ¡De modo que abróchese los zapatos de la decisión, dígales adiós a sus amigos «normales» y subamos!

6

Ahorre mil dólares rápidamente: Camine antes de correr

La Universidad para la Tranquilidad Financiera, nuestro curso estrella de finanzas personales, gira en torno a los «Pasos de bebé», cuya premisa es que podemos hacer cualquier cosa en las finanzas si lo hacemos dando un paso a la vez. He desarrollado estos pasos de bebé durante años de consejería uno a uno, en diálogos con pequeños grupos, con personas de la vida real en la Universidad para la Tranquilidad Financiera y respondiendo a preguntas en nuestro programa radial. Decenas de miles han seguido este sistema ya probado para lograr la transformación total de su dinero. El término «Pasos de bebé» viene de la película cómica de 1991 *¿Qué pasa con Bob?*, protagonizada por Bill Murray. Bill actúa de un tipo loco que enloquece a su psiquiatra. El terapeuta, interpretado por Richard Dreyfuss, escribió un libro titulado *Baby Steps* [Pasos de bebé]. La frase: «Usted puede llegar a donde quiera si va paso a paso» es el argumento de la película. Nosotros utilizaremos los pasos de bebé para caminar a través de la transformación total de su dinero. ¿Por qué funcionan los pasos de bebé? ¡Qué bueno que lo pregunta!

Comerse un elefante le da energía

El único modo de comerse un elefante es una mordida a la vez. Encuentre algo que hacer y hágalo con vigor hasta completarlo; entonces, y solo entonces, dé el segundo paso. Si trata de hacerlo todo a la vez, fracasará. Si se despertara esta mañana y comprendiera la necesidad de perder 45 kilos, fortalecer su sistema cardiovascular y tonificar sus músculos, ¿qué haría? Si el primer día de su nuevo plan deja de comer, corre 5 kilómetros y levanta todo el peso que pueda con cada grupo muscular, sufrirá un colapso. Si no lo sufre el primer día, espere 48 horas a que los músculos se tranquen, el corazón palpite alocadamente y usted estará atracándose de alimentos poco después. Cuando me lancé a la conquista de un mejor cuerpo y una mejor salud hace algunos años, mi sabio entrenador no trató de matarme el primer día. Ni aun en la segunda semana estábamos tratando de llegar a un extremo, porque él sabía que yo tenía que tonificar un poco los músculos antes de que pudiera hacer ejercicios fuertes. Caminamos antes de correr. Además, si hubiera tratado de hacerlo todo a la vez, hubiera estado sobrecargado y frustrado con mi incapacidad para hacerlo.

El poder del enfoque es lo que hace que nuestros pasos de bebé den resultado. Cuando usted trata de hacerlo todo a la vez, el progreso puede hacerse muy lento. Cuando pone 3 % en su 401(k), 50 dólares extra en el pago de su hipoteca y 5 dólares extra en su tarjeta de crédito, usted diluye sus esfuerzos. Debido a que ataca varias áreas al mismo tiempo, no *termina* nada de lo que empezó por un largo tiempo. Eso lo hace sentirse como que no está logrando nada, lo cual es muy peligroso. Si cree que no está logrando algo, pronto perderá energías para la tarea de administrar el dinero. El poder del enfoque es lo que resulta. Las cosas suceden. Usted elimina algunas tareas de su lista. La vida le dice «bien hecho» en la forma de un progreso real y visible.

El poder de la prioridad también hace que los pasos de bebé den resultados. Cada uno de esos pasos es parte del plan probado para estar en las buenas condiciones financieras que le prometí. Esos pasos se complementan entre sí, por tanto, si se llevan a cabo desordenadamente, no funcionan. Piense en una persona que pesa más de 150 kilos adiestrándose para una carrera maratón y comenzando ese entrenamiento con una carrerita de 15 kilómetros. El resultado de no haberse preparado podría ser la total frustración cuando menos y un ataque al corazón cuando más. Así, pues, ejecute los pasos de bebé ordenadamente. Camine alrededor de la cuadra y pierda algo de peso antes de emprender la carrera de 15 kilómetros.

Para comenzar los pasos de bebé, nos ocuparemos de un importante paso con la exclusión de otros. ¡Tenga paciencia! Escalaremos toda la montaña, pero no hasta tener primero un sólido campamento en la base. Usted estará tentado a acortar el proceso porque está más preocupado por una determinada área de sus finanzas, pero no lo haga. Estos pasos son el plan probado hacia una buena condición financiera y están en el orden adecuado para todo el mundo. Por ejemplo, si tiene 55 años de edad y no tiene retiro, usted podría querer saltar al cuarto paso (invierta 15 % de sus ingresos en el retiro) porque siente temor de no poder retirarse con dignidad. La paradoja es que, si acortamos el proceso, es más probable que no se retire con dignidad. Podría ocurrir un fracaso si usted cobrara su plan de retiro recién formado para cubrir una emergencia inevitable. Si tiene hijos que van a entrar en la universidad, puede ser presa de pánico respecto al ahorro para esos fines, lo cual queda cubierto en el quinto paso de bebé (ahorre para la universidad de sus hijos), pero no lo haga fuera de orden. Yo explicaré los problemas que tendrá en cada etapa si hace las cosas fuera de orden, porque he visto la mayor parte de ellos. Enfóquese exclusivamente en el paso de bebé en que está, aunque parezca que va en detrimento de otras áreas de sus finanzas. Todo saldrá bien si no se enfoca en su retiro por unos cuantos meses, siempre que usted pueda elevar de un golpe el retiro hasta la estratósfera cuando llegue a ese paso.

Usted, S. A.

Este capítulo trata del primer paso de bebé, pero antes de entrar en el ahorro rápido de 1.000 dólares, necesitamos examinar ciertas herramientas básicas necesarias para triunfar y algunas cosas en progreso que debe hacer sobre la marcha. La temible palabra con *P* entra en escena aquí. Usted debe hacer un presupuesto por escrito cada mes. Este es un libro sobre un proceso que lo capacitará para triunfar con su dinero, un proceso que otros han completado con éxito, y le aseguro que prácticamente ninguno de los miles de triunfadores que he visto lo ha logrado sin un presupuesto por escrito.

Estábamos motivados a empezar la transformación total de nuestro dinero cuando comprendimos que nuestros métodos eran inefectivos. El dinero no nos alcanzaba hasta el final de mes y discutíamos por eso. ¡Estábamos hartos de las luchas constantes!

Elaborar un presupuesto fue lo mejor y lo más difícil del proceso. Debíamos asegurarnos de que nuestro capital se invertía en saldar nuestras deudas y de reducir nuestros DESEOS. Sin duda requería un esfuerzo cada semana y mucha disciplina. Si hubiéramos hecho esto bien, jamás hubiéramos caído en este embrollo.

Nuestro mayor sacrificio ha sido la espera. Ahora esperamos antes de comprar muchas cosas hasta que tengamos el dinero suficiente. ¡Excelente idea! La Navidad será distinta y mucho mejor este año porque los regalos bajo el árbol estarán pagados por completo y los disfrutaremos en vez de lamentar las compras.

El cambio es evidente en muchas áreas de nuestra vida. Nos da confianza saber que podremos ahorrar para la universidad de nuestros hijos y que podremos diezmar consistentemente. Lo curioso es que no extrañamos el dinero que se va.

Vivir libres de deudas es maravilloso. Mi esposa y yo nos comunicamos mejor y somos más amorosos entre nosotros y con los niños porque ya no nos estresamos por las finanzas todo el tiempo.

Tony y Tara Kiger
(36 y 37 años respectivamente)
Dueño de un pequeño negocio; ama de casa

En el capítulo 4 sobre mitos del dinero, se discutió la importancia de un presupuesto por escrito. Si trabajara para una compañía llamada Usted, S. A. y su empleo en ella fuera administrar dinero, pero lo administrara igual que maneja su propio dinero en este momento, ¿lo despediría la compañía? Usted tiene que decirle al dinero qué hacer o este se irá. Un presupuesto escrito para el mes es su objetivo financiero. Las personas que triunfan en cualquier terreno se han puesto metas por escrito. Las metas son los objetivos hacia los que usted apunta. Zig Ziglar ha dicho: «Si apunta hacia la nada, nunca fallará». El dinero no se comportará bien a menos que lo domestique. P. T. Barnum afirmó: «El dinero es un excelente esclavo y un amo horrible». Usted no construiría una casa sin un plano, entonces, ¿por qué gasta sus ingresos de toda la vida de más de 3 millones de dólares sin un plan? Jesús declaró: «Supongamos que alguno de ustedes quiere construir una torre. ¿Acaso no se sienta primero a calcular el costo para ver si tiene suficiente dinero para terminarla?» (Lucas 14:28).

Nunca parecía haber suficientes «billetes» para cubrir los gastos de la familia. Cada mes entraba en pánico porque apenas podíamos pagar las cuentas, las actividades extracurriculares de los niños, los arreglos del auto, etc. John se frustraba porque el salario se esfumaba apenas llegaba. Había poco dinero y discrepábamos marcadamente sobre qué debíamos pagar primero. Gracias a una amiga descubrí *La transformación total de su dinero* y comprobé que un futuro de tranquilidad financiera para mi familia estaba cerca si todos colaborábamos.

Por supuesto, cuando John leyó el libro de Dave, llegó a la misma conclusión que yo. ¡Nos emocionó estar en sintonía financiera para comenzar a utilizar nuestro dinero de manera sabia! Elaboramos un presupuesto y nos deshicimos de las tarjetas de crédito. Sabíamos que debíamos trabajar juntos para lograr la meta, por eso le dedicamos mucho tiempo a conversar sobre cómo nuestra forma de emplear el dinero podía mejorar la vida de nuestra familia. Muchas parejas renuncian a trabajar juntos en su presupuesto; uno de ellos siempre acaba presionando e irritando al otro. ¡Es crucial trabajar juntos desde el inicio! Podría parecer aburrido, ¡pero nosotros hemos convertido nuestras reuniones regulares sobre presupuesto e itinerario en citas amenas para construir nuestro futuro!

Es magnífico no tener ansiedad por el dinero. Hemos logrado pasar más tiempo con nuestros cuatro hijos y disfrutar esos momentos especiales con ellos. También estamos planificando añadir una segunda planta a nuestra casa. Antes de iniciar el plan de Dave, me costaba mucho soñar sobre esto con John porque yo creía que jamás se concretaría. Hoy puedo ver esa segunda planta en nuestro futuro cercano. Elaborar y mantenernos en un plan ha beneficiado a toda la familia. ¡Ya no puedo imaginar vivir sin un presupuesto! Los éxitos financieros son increíbles, pero aun mayor es la paz que nos ha traído a John y a mí.

Sarada y John Marsh
(34 y 37 años respectivamente)
Ama de casa; ingeniero civil

Brian Tracy, conferencista motivador, ha dicho: «¿Qué se necesita para triunfar en gran escala? ¿Un tremendo talento que nos dé Dios? ¿Riqueza heredada? ¿Diez años de educación de posgrado? ¿Conexiones? Afortunadamente para la mayoría, lo que se necesita es algo muy sencillo y accesible: metas claras y por escrito». Un estudio de la Dominican University of California le da la razón; demuestra que las personas que escriben sus objetivos tienen un 42 % más de éxito que las que no lo hacen.

Este no es un libro de texto sobre dinero, sino un libro sobre los pasos que hay que dar y cómo darlos. Este no es un capítulo sobre cómo hacer un presupuesto. Sin embargo, muchos de nuestros modelos de presupuesto del programa para computadoras de Tranquilidad financiera aparecen al final del libro para que pueda utilizarlos. Las instrucciones están en cada página, pero permítame darle un par de directrices para que comience a presupuestar.

Organice un nuevo presupuesto cada mes. No trate de tener un presupuesto perfecto para el mes perfecto, eso nunca pasa. Gaste cada dólar por escrito antes de que comience el mes. Dele a cada dólar de sus ingresos un nombre antes de que comience el mes; esto se llama un presupuesto con base cero. Ingreso menos egreso equivale a cero cada mes. Fíjese en el ingreso de este mes y en las cuentas, los ahorros y los débitos del mes y emparéjelos hasta que le haya dado a cada dólar de ingreso un nombre de egreso. Si tiene un ingreso irregular debido a comisiones, trabajo por cuenta propia o bonos use el formulario del Plan para ingresos irregulares (descárguelo en ramseysolutions.com/budgeting/useful-forms) para crear un plan de gastos priorizados. No obstante, aún debe hacer un presupuesto por escrito antes de comenzar cada mes. (La aplicación EveryDollar también puede ayudarlo a hacerlo de forma digital. Ramseysolutions.com/budgeting).

La mentalidad financiera con la que crecí afirmaba: «Si quieres tener algo en esta vida, ¡tienes que endeudarte para adquirirlo!». Yo así lo hice. Alrededor de mis 25 años de edad, ya había acumulado 3.000 dólares de deudas por una casa móvil, 9.000 dólares de un auto, aproximadamente 1.000 dólares en tarjetas de crédito y 50.000 dólares de una casa recién comprada. Eso es mucha deuda que pagar con un salario anual de 30.000 dólares.

No fue sino hasta que mi prima y su esposo me hablaron sobre Dave que comencé a modificar mi manejo de las finanzas. Ellos habían asistido a la Universidad para la Tranquilidad Financiera en una iglesia local y decidieron compartirme los CD. Tras escuchar el programa por algunas horas, me vino una idea. Entonces supe que debía controlar mis finanzas y comenzar a vivir de otra manera. Luego compré *Tranquilidad financiera* y *La transformación total de su dinero* y comencé a escuchar a Dave en línea cada día.

El paso más importante que di para ser libre en mis finanzas fue elaborar un presupuesto. ¡Casi me desmayo al descubrir cuánto gastaba en cenar fuera de casa! Me tomó varios meses organizar mis fondos y mis gastos, ¡pero ahora soy muy buena haciendo presupuestos! Yo contribuyo con el 10 % de mi salario y destino el 49 % a pagar mi casa. No obstante, gracias a un buen presupuesto y a gastos cuidadosos, ¡podré destinar el 52 % de mi salario a pagar la casa al inicio del nuevo año! Así lograré contribuir un poco más y también ayudar a otros a encontrar la paz que hoy tengo.

Jaime Morgan (27 años)
Comunicaciones agrícolas

Acuérdelo con su cónyuge

Si está casado, póngase de acuerdo con su cónyuge en el presupuesto. Solamente esta frase exige por sí misma un libro que describa cómo lograrlo, pero la realidad es esta: si no trabajan juntos, es imposible triunfar. Una vez que se llega a un acuerdo respecto al presupuesto que está por escrito, hagan un compromiso serio de que nunca harán nada con su dinero que no aparezca en el papel. El papel es el jefe del dinero y usted es el jefe de lo que se escribe en el papel. Sin embargo, tiene que ajustarse al presupuesto, o esto no es más que una elaborada teoría.

Si algo surge a mediados de mes que haga necesario un cambio en el presupuesto, llame a una reunión de emergencia del comité de presupuesto. Usted puede cambiar el presupuesto (y lo que hará con el dinero) solo si hace dos cosas. Primera: ambos cónyuges deben convenir en el cambio. Segunda: usted debe aún balancear su presupuesto. Si aumenta 50 dólares a lo que gasta en reparaciones de automóvil, debe reducir en 50 dólares lo que gasta en otra cosa, de modo que sus ingresos menos sus egresos sean igual a cero. Este proceso de ajuste a mediados de mes no tiene que ser una operación complicada, pero ambas directrices deben cumplirse. Su presupuesto sigue con base cero y usted no se sale de él. Además, tiene la aprobación de su cónyuge; así que no ha roto el juramento o compromiso inicial.

¡Adriaaaana!

Antes de dar el primer paso de bebé, tendrá que hacer otra cosa: ponerse al día con sus acreedores. Si está atrasado, lo primero es ponerse al corriente. Si está muy atrasado, cubra primero necesidades como los alimentos básicos, vivienda, electricidad, teléfono, ropa y transporte. Solo cuando esté al corriente con las necesidades podrá ponerse al día con las tarjetas de crédito y los préstamos estudiantiles. Si necesita más ayuda con este nivel de crisis, revise en nuestra página web (ramseysolutions.com) cómo establecer contacto con uno de nuestros asesores financieros de Ramsey Preferred.

Enfocarse intensamente es un requisito para triunfar. No puedo recalcar lo suficiente que las personas que han tenido una transformación total de su

DAVE DECLARA...

La primera causa de divorcio en Estados Unidos son las discusiones y los problemas financieros. Las parejas casadas no saben conversar sobre dinero. Esto sucede porque generalmente el esposo y la esposa tienen opiniones distintas sobre las cosas, incluyendo las finanzas.

En cada matrimonio están el cerebrito y el espíritu libre. El cerebrito disfruta administrar; cree que esto le da control y que está cuidando a sus seres amados.

Sin embargo, el espíritu libre no se siente cuidado, ¡sino controlado! Esta persona no quiere saber de números y suele «olvidar» que hay un presupuesto.

¿Adivine qué? Ni el cerebrito ni el espíritu libre están en lo «correcto» o lo «incorrecto». ¡Son un equipo! Usted necesita un plan, pero también debe divertirse. Usted debe ahorrar, pero también debe gastar un poco. El secreto está en determinar cómo sus diferencias se complementan entre sí y luego podrán trabajar juntos.

Esto solo puede suceder si ambos elaboran un plan juntos. El cerebrito puede redactar el primer borrador del presupuesto, pero el espíritu libre debe sentarse y revisarlo. ¡Yo incluso haría que el espíritu libre *cambiara* algo del presupuesto! Esto asusta a los cerebritos, pero se supone que es «nuestro» plan, ¿verdad? Esto significa que ambos cónyuges deben colaborar con madurez y tener metas en común.

Larry Burkett solía decir que, si dos personas iguales se casan, una de ellas es innecesaria. Usted y su cónyuge son diferentes, entonces, ¡celebren las diferencias y aprendan a trabajar juntos en sus finanzas!

dinero, los citados en este libro y otros por todo Estados Unidos, se enojaron. Se dijeron: «¡Basta ya!» y se lanzaron como un cohete a cambiar sus vidas. No hay ejercicio intelectual con que se pueda conquistar académicamente la riqueza, usted tiene que ponerse en marcha. Ponga la música de *Rocky* de fondo y escuche el grito de Rocky: «¡Adriaaaana!». ¡Arriba, campeón! No hay energía en la lógica; esto es modificación de la conducta y de la motivación, ¡y da resultado!

Después de ponerse al corriente, de tener un plan escrito y convenido, de haber dejado atrás los obstáculos y de enfocarse con intensidad, estará listo para seguir las prioridades correctas. ¡Allá vamos!

Primer paso de bebé: Ahorre 1.000 dólares en efectivo para su fondo inicial de emergencia

Va a llover. Necesita un fondo para el día lluvioso. Necesita un paraguas. La revista *Money* afirma que 78 % de nosotros tendrá un gran suceso negativo en un período dado de diez años. El trabajo queda limitado, hay recortes, hay reorganización, o sencillamente hay cesantía. Hay un embarazo inesperado: «No íbamos a tener hijos. Sin embargo, viene otro más». El automóvil explota. La transmisión se rompe. Entierra a un ser amado. Los hijos crecidos se mudan al hogar nuevamente. Cosas de la vida; esté listo. Esto no es una sorpresa. Necesita un fondo de emergencia, un fondo para el día lluvioso al estilo pasado de moda de la abuela. A veces la gente me dice que debo ser más positivo. Bueno, *soy* positivo, *va* a llover, de modo que necesita un fondo para el día lluvioso. Evidentemente, 1.000 dólares no cubren todas las cosas importantes, pero cubrirán las cosas pequeñas hasta que el fondo de emergencia tenga la cantidad necesaria.

Nosotros no tenemos y no tendremos tarjetas de crédito nunca más. «¿Por qué?», pregunta usted (al menos muchos familiares y amigos nuestros lo hicieron). Porque hemos encontrado seguridad y confianza en Dios, quien suplirá nuestras necesidades. Además, hemos adquirido la fuerza para iniciar un fondo de emergencia que pueda cubrir gastos inesperados. La mayoría de las personas utilizan la excusa de que usted debería tener al menos una tarjeta de crédito para las emergencias. Nosotros hemos descubierto una estrategia superior: planifique con antelación y construya un fondo de emergencia que pueda cubrir (en efectivo) toda situación que surja.

Nosotros hemos aprendido que controlar la actitud es el primer factor para tener éxito en las finanzas. Hoy somos nosotros quienes dirigimos nuestro dinero en lugar de este llevarnos por su cuenta de un lugar a otro para hacernos esclavos de alguien más (por ejemplo, préstamos estudiantiles y compañías de tarjetas de crédito). Al adquirir un respeto y una comprensión renovadas por lo que se nos ha dado, hemos entendido y tomado responsabilidad por el dinero con que Dios nos ha bendecido. Nosotros tuvimos que enfrentar nuestra deuda y nuestros deseos para convertirnos en mejores administradores de nuestras posesiones e ingresos monetarios. Antes no comprendíamos que cada dólar cuenta. La decisión que debimos tomar fue si queríamos que esos dólares fueran a nuestra cuenta de ahorros o a nuestros pagos de tarjetas de crédito.

Ahorrar esos primeros 1.000 dólares es crucial para el resto de la transformación total de su dinero. Eso le enseñará a prepararse para el futuro desconocido y a confiar en que, cuando surja una situación inesperada, usted podrá manejarla. Fue mucho más sencillo para nosotros saldar nuestra deuda y deshacernos de las tarjetas de crédito porque sabíamos que teníamos dinero en el banco que nos cubriría si surgían dificultades. Ya no necesitamos ese falso sentido de seguridad basado en las tarjetas de crédito. Hemos sido buenos administradores y hoy tenemos una seguridad real basada en nuestros hábitos y en nuestra perseverancia. El sacrificio ha sido necesario en nuestro presupuesto de necesidades y deseos, pero ha valido la pena. Nosotros sabemos que aplazar una compra no significa que no tendremos el producto. Confiar en Dios, actuar en el momento adecuado, tener paciencia y prepararse son aspectos imprescindibles para adquirir tranquilidad financiera.

Stacie y André Bledsoe
(35 y 36 años respectivamente)
Analista de datos; técnico de producción

Este fondo no es para comprar cosas ni para vacaciones; es para emergencias únicamente. No hagamos trampa. ¿Sabe usted quién es Murphy? Murphy es aquel hombre con leyes como «si esto puede salir mal, saldrá mal». Por años he trabajado con personas que sintieron que Murphy era miembro de su familia. Han pasado tanto tiempo en problemas que piensan que los problemas son un pariente cercano. Cosa interesante, cuando ocurre una transformación total de su dinero, Murphy desaparece. Una transformación total de su dinero no es garantía de una vida libre de problemas, pero he observado que el problema, Murphy, no es bienvenido en los hogares que tienen un fondo de emergencia. ¡Ahorrar dinero para emergencias repele a Murphy! Estar en quiebra todo el tiempo parece atraer a Murphy para que asiente allí su residencia.

La mayoría de los estadounidenses usan tarjetas de crédito para cubrir todas las «emergencias» de la vida. Algunas de esas llamadas emergencias son acontecimientos como la Navidad. La Navidad no es una emergencia, ni surge por sorpresa. Siempre es en diciembre, no se mueve de ahí y, por lo tanto, no es una emergencia. Su automóvil necesitará reparación y sus hijos nuevas ropas. Estas no son emergencias, sino gastos que están incluidos en el presupuesto. Si usted no hace un presupuesto para ellos, lucirán como emergencias. Los estadounidenses usan las tarjetas de crédito para cubrir verdaderas emergencias también. Las cosas que antes discutimos, como las cesantías, son verdaderas emergencias y justifican un fondo propio. Una venta con rebaja de un sofá de cuero no es una emergencia.

Sea la emergencia real o solo una mala planificación, el ciclo de dependencia de la tarjeta de crédito tiene que romperse. Un bien planificado presupuesto para cosas anticipadas y un fondo de emergencia para lo verdaderamente inesperado pueden poner fin a la dependencia de las tarjetas de crédito.

El primer paso de bebé importante para la transformación total de su dinero es iniciar un fondo de emergencia. ¡Un pequeño comienzo es ahorrar 1.000 dólares en efectivo RÁPIDO! Si tiene un ingreso de menos de 20.000 dólares por año, use 500 dólares para su fondo inicial. ¡Aquellos que ganan más de 20.000 dólares deberían reunir pronto 1.000 dólares! Detenga todo lo demás y concéntrese.

Como odio tanto las deudas, la gente a menudo me pregunta por qué no comienzo con la deuda. Solía hacerlo cuando empecé a enseñar y a asesorar, pero descubrí que la gente paraba completamente la transformación total de su dinero a causa de las emergencias: se sentían culpables de tener que suspender la reducción de las deudas para sobrevivir. Es como suspender todo su programa de entrenamiento físico porque se lastima las rodillas en una caída mientras corre: cualquier excusa sirve. El alternador del automóvil se rompe y los 300 dólares de reparaciones arruinan todo el plan porque la compra tenía que hacerse con tarjeta de crédito, ya que no había fondos de emergencia. Si se endeuda después de prometer no hacerlo, pierde el impulso para seguir adelante. Es como comer siete libras de helado un viernes luego de perder dos libras esa semana. Se siente enfermo, fracasado.

Así que comience con un pequeño fondo para cubrir las emergencias pequeñas antes de comenzar a pagar la deuda. Es como beber un ligero batido de proteínas para fortalecer su cuerpo a fin de poder ejercitarse, lo cual le permite perder peso. El fondo inicial impedirá que los pequeños Murphy se conviertan en deudas nuevas mientras limpia las viejas. Si ocurre una verdadera emergencia, tiene que tratarla con su fondo de emergencia. ¡No más préstamos! Usted tiene que romper el ciclo.

Tuerza y exprima el presupuesto. Trabaje horas extras, venda algo, pero obtenga rápidamente sus 1.000 dólares. La mayoría logra ese paso en menos de un mes. Si le parece que va a tomar más tiempo, haga algo radical. Entregue pizzas a domicilio, trabaje a medio tiempo o venda algo. Actívese rápido. Está demasiado cerca de caer en un gran despeñadero financiero. Recuerde que si los vecinos (todos los que están en quiebra) creen que usted está bien, es que está mal encaminado; pero si creen que usted está loco, probablemente esté en el buen camino.

Escóndalos

Cuando tenga los 1.000 dólares, escóndalos. Usted no puede tener el dinero a la mano, porque lo gastará. Si sus 1.000 dólares del primer paso de bebé están en una gaveta de ropa interior, el hombre de la pizza los tomará. No, el hombre de la pizza no está en la gaveta de su ropa interior, pero usted comprará por impulso cualquier cosa si el dinero está a la mano. Puede depositarlo en una cuenta de ahorros en el banco, pero no debe utilizarlo como protección para sobregiros. No combine la cuenta de ahorros con su cuenta corriente para protegerse del sobregiro, porque gastará su fondo de emergencia por impulso. He tenido que aprender a protegerme de mí mismo. No ponemos el dinero en el banco para ganar dinero, sino más bien para dificultar nuestro acceso a él. Puesto que 1.000 dólares al 4 % ganan solo 40 dólares al año, usted no se va a hacer rico aquí, solo encontrará un sitio seguro donde ubicar el dinero.

Sea creativo. María, que asistió a una de nuestras clases, fue al Walmart de su barrio y compró un marco barato de 24 cm por 30 cm, enmarcó en él diez billetes de 100 dólares y en el espacio dentro del marco escribió: «En caso de emergencia, rompa el cristal». Luego colgó el fondo de emergencia en la pared detrás de los abrigos en el ropero. Ella sabía que el ladrón promedio no buscaría allí y que sería mucho problema para ella sacarlo del ropero y del marco, de modo que no lo usaría a menos que hubiera una emergencia. Ya sea en una sencilla cuenta de ahorros o en un marco en su ropero, ahorre sus 1.000 dólares rápido.

Manténgalo en activo líquido

Este es un paso pequeño, ¡así que complételo rápido! No deje que este paso se extienda durante meses. ¿Qué tal si ya tiene más de 1.000 dólares? Ah, eso fue fácil, ¿verdad? Si ya tiene más de 1.000 dólares en algo que no sea planes de jubilación, retírelo. Si están en un certificado de depósito sujeto a multa, pague la multa por retiro del depósito anticipadamente y saque el dinero. Si está en fondos mutuos, retírelo. Si está en bonos de ahorro, retírelo. Si está en cuenta corriente, retírelo. Si está en acciones o bonos, retírelo. Su fondo de emergencia, limitado a 1.000 dólares en activo líquido, efectivo disponible, es lo único aceptable. Si ha complicado mucho el fondo de emergencia, es probable que pida prestado para evitar sacarlo (esa inversión genial) en efectivo. Los detalles vendrán más tarde en *La transformación total de su dinero* sobre qué hacer con su fondo de emergencia completo.

Todo el dinero que tenga más allá de los 1.000 dólares en algo excepto en planes de retiro o jubilación será usado en el próximo paso, así que esté listo. Usted no tendrá ese dinero para usarlo si el alternador de su auto se rompe.

¿Qué sucede si está en el segundo paso de bebé (pague todas sus deudas [excepto la casa] con el «Plan bola de nieve») en el próximo capítulo y utiliza 300 dólares de su fondo de emergencia para arreglar el alternador? Si esto ocurre, suspenda el segundo paso y regrese al primero hasta volver a abastecer el fondo de 1.000 dólares. Una vez que el fondo de emergencia esté abastecido, usted puede regresar al segundo paso. De otra suerte, irá gastando gradualmente este pequeño amortiguador y volverá a los viejos hábitos de pedir prestado para cubrir verdaderas emergencias.

Sé que algunos piensan que este paso es muy simplista. Para algunos es un paso instantáneo y para otros es la primera vez que han tenido suficiente control sobre su dinero como para ahorrarlo. Para algunos lectores, este es un paso fácil. Para otros, este es el paso que será la base espiritual y emocional para la transformación total de su dinero.

Tal fue el caso de Lilly, una madre soltera con dos hijos que había estado divorciada por ocho años; la lucha había sido su estilo de vida por algún tiempo. Lilly había contraído deudas para sobrevivir, no deudas de persona malcriada. La habían engañado con un préstamo de altísimo interés para un automóvil, dinero por adelantado en base al sueldo y muchas deudas por tarjetas de crédito. Recibía un salario neto de solo 1.200 dólares mensuales con dos bebitos que alimentar y numerosos prestamistas codiciosos. Ahorrar le parecía un cuento de hadas, ya que había perdido hacía tiempo la esperanza de algún día poder hacerlo. Cuando la conocí, ya había comenzado la transformación total de su dinero. Después de oírme enseñar los pasos de bebé en una presentación en vivo, me fue a ver semanas después durante una sesión de firma de libros para entregarme un informe no solicitado.

Mientras ella hacía fila entre los que iban a comprar el libro, levanté mi vista y vi una ancha sonrisa. Me preguntó si podía darme un gran abrazo para agradecerme. ¿Cómo podía yo rechazar aquello? Al observarla, noté que corrían lágrimas por sus mejillas mientras me hablaba jubilosa sobre su lucha con el presupuesto, el primero que había hecho en su vida. También me habló de sus años de lucha. Entonces se rio y todos en la fila (ya atentos al suceso) vitorearon cuando dijo que ahora tenía 500 dólares en efectivo ahorrados. Estos eran los primeros 500 dólares en su vida adulta destinados para su fondo de emergencia. Esta era la primera vez que tenía dinero entre ella y Murphy. Su amiga Amy, que estaba allí ese día, me dijo que Lilly era una persona diferente y agregó: «Aun su rostro ha cambiado ahora que tiene paz». No se confunda, no fueron los 500 dólares los que hicieron eso. Lo que causó la liberación de Lilly fue su recién encontrada esperanza. Ella tenía la esperanza que nunca antes tuvo. Tenía esperanza porque sentía que tenía poder y el control sobre el dinero. El dinero fue un enemigo durante toda su vida, y ahora que ella lo había domesticado, sería su nuevo compañero por toda la vida.

¿Y qué con usted? Ahora es el momento de decidir. ¿Es esto teoría o realidad? ¿Soy un bobalicón excéntrico o he descubierto algo que surte efecto? Siga leyendo y decidiremos juntos.

7

El «Plan bola de nieve»: Pierda peso rápidamente, de verdad

La transformación total de su dinero depende del uso de sus más poderosos instrumentos. Creo con todo mi ser que su más poderoso instrumento para crear riqueza es su ingreso. Las ideas, las estrategias, las metas, la visión, el enfoque y aun el pensamiento creativo son muy importantes, pero hasta que usted tenga dominio y pleno uso de sus ingresos para crear riqueza, no la creará ni la mantendrá. Es posible que algunos hereden dinero o ganen el premio mayor, pero eso es suerte loca, no un plan probado para una buena situación financiera. Para crear riqueza, USTED tendrá que reconquistar el control de su ingreso.

Identifique al enemigo

La realidad es que es fácil llegar a ser rico cuando uno no tiene pagos que hacer. Usted estará harto de oír esto, pero la clave para ganar cualquier batalla es identificar al enemigo. Soy tan apasionado por la idea de que se libere de deudas porque he visto a muchas personas conquistar enormes logros para llegar a ser millonarios en un corto plazo después de liberarse de sus pagos. Si no tiene que hacer pagos por un automóvil, por un préstamo estudiantil, por tarjetas de crédito hasta la coronilla, por deudas médicas o aun por una hipoteca, podría llegar a ser rico muy rápidamente. Comprendo que eso puede parecer un punto lejano para algunos. Usted puede sentirse como alguien de 150 kilos que mira a Míster Universo y sacude la cabeza pensando que nunca podrá ser como él. Permítame asegurarle que he caminado con muchos hombres de 150 kilos hacia una buena situación financiera, de modo que siga conmigo.

Las estadísticas son reveladoras. El hogar estadounidense promedio con un ingreso anual de 75.000 dólares tendrá normalmente un pago de 1.970 dólares por su casa y un pago de automóvil de 560 dólares. Además, tiene un pago de 250 dólares por un préstamo estudiantil y un promedio de deudas de 11.000 dólares por tarjetas de crédito, que suman cerca de 275 dólares en pagos mensuales. También, esta familia típica tendrá otras deudas misceláneas por cosas como muebles, aparatos electrónicos o préstamos personales por los cuales paga unos 120 dólares adicionales. Todos esos pagos suman 3.175 dólares por mes. Si esta familia invirtiera eso en lugar de remitirlo a los acreedores, ¡sería millonaria en fondos mutuos en solo trece años! (Después de trece años, la cosa es realmente emocionante. Tendrán 2 millones de dólares en cinco años más, 3 millones en tres años más, 4 millones en dos años y medio más y 5,6 millones en dos años más. De modo que tendrán 5,6 millones de dólares después de veintiocho años). Tenga presente que esto es con un ingreso promedio; ¡eso quiere decir que muchos de ustedes ganan más que eso! Si piensa que no tiene tantos pagos y que por eso estos cálculos no funcionarán, entonces no entendió el punto. Si usted gana 75.000 dólares y tiene menos pagos que cubrir, entonces tiene ventaja, puesto que ya tiene más control de sus ingresos que la mayoría de la gente.

Con un ingreso neto de 5.000 dólares, ¿podría usted invertir 3.175 si no tuviera pagos mensuales? Todo lo que tiene que pagar es electricidad, teléfono, alimentos, ropa, seguros y otros gastos misceláneos. Eso sería apretado, pero se puede hacer. Si hace eso por solo trece años, tendrá una experiencia increíble. Lo explicaré más tarde.

Muchos de los que leen esto están convencidos de que podrían llegar a ser ricos si pudieran salirse de las deudas. El problema ahora es que usted se está sintiendo más y más atrapado por las deudas. ¡Le tengo grandes noticias! Tengo un método infalible, pero muy difícil, para salir de deudas. La mayoría de la gente no lo haría porque son del promedio, pero no usted. Usted ya ha comprendido que, si vive como nadie, después podrá vivir como nadie más.

Está harto de estar harto, de modo que está dispuesto a pagar el precio de la grandeza. Este es el más difícil de los pasos de bebé para la transformación total de su dinero. Es muy difícil, pero vale la pena. Este paso exige el mayor esfuerzo, el mayor sacrificio y es donde todos sus amigos y familiares en quiebra harán mofa de usted (o se le unirán). Este paso exige que se afeite la cabeza y tome Kool-Aid. Estoy bromeando, pero no mucho. La intensidad de su enfoque tiene que salir de la escala. Recuerde que Albert Einstein afirmó: «Los grandes espíritus siempre han encontrado la violenta oposición de las mentes mediocres».

Si realmente piensa que crear riqueza ya no será un sueño, sino una realidad cuando no tenga pagos que hacer, debe estar dispuesto a actuar con valentía y sacrificar cosas para no tener pagos. ¡Es hora de liquidar DEUDAS!

Segundo paso de bebé: Pague todas sus deudas (excepto la casa) con el «Plan bola de nieve»

La manera en que saldamos la deuda se llama «Plan bola de nieve». Los formularios de este plan, así como los formularios del presupuesto, están al final de este libro y también disponibles en nuestro sitio web: ramseysolutions.com/budgeting/useful-forms. Además tenemos una práctica calculadora de este plan en ramseysolutions.com/debt/debt-calculator. El proceso del plan es fácil de entender, pero exige toneladas de esfuerzo. Recuerdo lo que decía mi pastor: «No es complicado, pero es difícil». Hemos establecido que las finanzas personales son ochenta por ciento conducta y veinte por ciento conocimiento. El plan está concebido en esta forma porque estamos más interesados en la modificación del comportamiento que en corregir las matemáticas. (Verá en breve lo que quiero decir). Como auténtico cerebrito, yo acostumbraba a comenzar cuadrando los cálculos. He aprendido que los cálculos deben funcionar bien, pero algunas veces la motivación es más importante que las matemáticas. Esta es una de esas veces.

El método del Plan bola de nieve exige que usted haga una lista de sus deudas desde la más pequeña hasta la más grande. Enumere todas sus deudas salvo la de la casa; de eso trataremos en otro paso. Enumere *todas* sus deudas, inclusive préstamos de mamá y papá o deudas médicas que tienen cero intereses. No importa si hay interés o no. No importa si algunas tienen 24 % de interés y otras 4 %. ¡Enumere las deudas desde la más pequeña hasta la más grande! Si usted fuera tan fabuloso con las matemáticas, no tendría deudas, de modo que pruebe esta fórmula mía. La única vez que se liquida una deuda grande primero que una pequeña es cuando surja una emergencia como una deuda de impuestos por la cual ya hayan venido en busca suya, o una situación donde haya un juicio hipotecario si usted no paga. De otra suerte, no discuta; limítese a enumerar las deudas desde la más pequeña hasta la más grande.

La razón por la que enumeramos las deudas desde la más pequeña hasta la más grande es para obtener alguna victoria rápida. Esta es la parte de «modificación del comportamiento por encima de las matemáticas» a la que me refería. Admítalo, si usted se pone a dieta y pierde peso la primera semana, seguirá en la dieta. Si está a dieta y gana peso o pasa seis semanas sin progreso visible, suspenderá la dieta. Cuando adiestro a los vendedores, trato de que hagan una o dos ventas rápidas, porque esto los emociona. Cuando usted comienza el Plan bola de nieve y en los primeros días liquida un par de deudas pequeñas, créame, esto le aviva el fuego. No importa si tiene una maestría en psicología: necesita victorias rápidas para estimularse; esto es crucial.

Es curioso que al principio yo no creía que tuviéramos un problema. No obstante, cuando comencé a escuchar a Dave en la radio y leí *La transformación total de su dinero*, me asusté. Comprendimos que estábamos a un accidente o a una cesantía de perder todo lo que teníamos. Ganábamos demasiado dinero como para tener deudas de seis cifras, sin incluir nuestra casa.

Todo comenzó cuando nos graduamos con una deuda de 60.000 dólares en préstamos estudiantiles e hicimos lo que era normal. Compramos una casa, dos autos nuevos y acumulamos 35.000 dólares en deudas de tarjetas de crédito. No teníamos control. No es que tratábamos de estar a la altura de los demás ni que deseábamos comprar un montón de artículos variados; simplemente no nos importaba.

Tener un presupuesto nos permitió comunicarnos de maneras que no eran posibles antes. Cuando descubrimos que podíamos saldar una gran cantidad de deudas en un tiempo relativamente corto, en vez de los diez o veinte años que originalmente creímos que nos tomaría, Amanda se liberó de un gran estrés.

Los treinta y cinco meses que le dedicamos al Plan bola de nieve fue la parte más difícil, pero no titubeamos. Sí, Murphy nos visitó. Tuvimos un bebé, Amanda tuvo cirugía de espalda y surgieron otras emergencias. Sin embargo, ¡lo logramos!; ¡pudimos alcanzar nuestra meta de llegar a estar LIBRES DE DEUDAS!

Vendimos nuestro nuevo jeep Liberty (Amanda amaba ese jeep) y compramos un modelo usado de 1991 en buen estado. Amanda tomó un turno extra en el trabajo y yo realicé tareas extra en la casa para compensar. Sin duda redujimos nuestro estilo de vida considerablemente y algunas personas se burlaron de nosotros, lo cual nos confirmó que íbamos en el camino correcto. Sabíamos que no íbamos a liberarnos de la deuda del mismo modo en que la adoptamos.

Nuestro paradigma cambio. Durante los seis años que habíamos estado casados, siempre habíamos tenido deudas. Desde que comenzamos este plan, no hemos discutido en grande sobre finanzas ni una sola vez. Sabemos que podemos hacer lo que queramos en muy poco tiempo. Literalmente cambiamos nuestro árbol familiar, porque nos importó lo suficiente nuestra situación como para cambiarla.

Steven y Amanda Farrar
(32 y 31años respectivamente)
Dueño de tienda eBay; farmacéutica

Una dama llevó su formulario del Plan bola de nieve a una tienda local de fotocopias y lo hizo ampliar a gran tamaño. Entonces puso su enorme Plan bola de nieve sobre el refrigerador. Cada vez que pagaba una deuda, trazaba una gran línea roja sobre la deuda cancelada para siempre. Me dijo que cada vez que caminaba por la cocina y miraba el refrigerador, gritaba: «¡Ahora sí que estamos saliendo de deudas!». Si esto le suena raro, todavía no lo entiende. Esta dama tiene un doctorado en filosofía. Ella no es tonta; es tan sofisticada e inteligente que lo captó. Comprendió que la transformación total de su dinero era sobre un cambio en su comportamiento y que el cambio de comportamiento se destaca mejor cuando se obtiene cualquier victoria rápida, aunque sea pequeña.

Cuando usted termina de pagar una molesta cuenta médica de 52 dólares o una cuenta de 122 dólares del teléfono celular de hace ocho meses, su vida no ha cambiado mucho matemáticamente todavía. Sin embargo, ha comenzado un proceso que da resultado (y lo ha podido comprobar) y seguirá haciendo esto porque se sentirá emocionado al saber que funciona.

Después de enumerar las deudas de menor a mayor, haga el pago mínimo para mantenerse al corriente de todas las deudas salvo la más pequeña. Cada dólar extra que pueda encontrar en su presupuesto debe ir a la deuda más pequeña hasta que se pague. Una vez que la más pequeña está pagada, el pago de esa deuda, más cualquier otro dinero extra «encontrado», se agrega a la siguiente deuda más pequeña. (Confíe en mí: una vez que usted se ponga en marcha, encontrará dinero). Entonces, cuando la deuda número dos esté pagada, tome el dinero que usaba para pagar la número uno y la número dos, además de cualquier otro dinero disponible, para la número tres. Cuando la tres esté pagada, ataque la cuatro, y así sucesivamente. Manténgase pagando el mínimo en todas las demás deudas salvo la más pequeña hasta que la pague. Cada vez que usted liquida una, la suma con que usted paga la próxima aumenta. Todo el dinero de las viejas deudas y todo el dinero que usted pueda encontrar en cualquier parte van dirigidos a la deuda más pequeña hasta pagarla. ¡Ataque! Cada vez que la bola de nieve rueda, recoge más nieve y se hace mayor, hasta que llega al fondo y tiene una avalancha.

La mayoría de las personas llegan al final de la lista y encuentran que entonces pueden pagar más de 1.000 dólares mensuales por un préstamo para un automóvil o un crédito estudiantil. Desde ese momento, no demorará mucho en salir del problema y quedar libre de deudas, salvo la de la casa. Este es el segundo paso de bebé: pague todas sus deudas (excepto la casa) utilizando el «Plan bola de nieve» para quedar libre de deudas, excepto la de la casa.

Mi esposa y yo teníamos menos de 25 años, pero ya teníamos más de 169.000 dólares en deudas. ¡Estábamos hartos! Nuestra deuda había crecido poco a poco. Amy compraba cosas pequeñas (ropa y utensilios para el hogar) que parecían arrasar con nuestro dinero de poco en poco. Por otro lado, yo gastaba dinero en una escala mayor. Por ejemplo, compré un BMW (para Amy, claro) y la llevé de vacaciones sorpresa a la ciudad de Nueva York. No teníamos todavía la disciplina necesaria para decirle al niño dentro de nosotros que hiciera silencio para que pudiéramos pensar antes de hacer una compra.

No sentimos la urgencia de saldar nuestra gran deuda hasta que un evento en particular nos hizo recapacitar. Hace muchos años, cambié de empleo. Esto requería un período de entrenamiento, lo cual redujo mis ingresos mensuales por 4.000 dólares. Teníamos algunos ahorros, pero pronto se acabaron. Para comenzar la transformación total de nuestro dinero, decidimos que teníamos que reducir nuestros gastos generales, vender todo, excepto los niños (quizás), y cambiar nuestros hábitos de gasto.

Empezamos con fuerza y vendimos nuestra propiedad de arrendamiento y pagamos el BMW, la tarjeta de la tienda por departamentos, las cuentas médicas y el préstamo estudiantil. Nos invitaban a divertirnos en actividades que costaban dinero, pero nos negábamos. Hicimos una venta de garaje que acabó luciendo como una venta de bienes; nos alimentábamos de comidas «creativas»; y luego cometí el que muchos considerarían el pecado máximo: vendí el BMW de mi esposa. Sabíamos que, si nuestra familia de cuatro miembros podía vivir durante seis meses con solo 1.700 dólares mensuales, finalmente podríamos cambiar nuestro árbol familiar. ¡Así lo hicimos! Saldamos nuestras deudas, excepto la de nuestra casa, ¡y nos nombraron finalistas de la transformación total de su dinero!

Lo más importante de este proceso fue aprender a retrasar el placer. Es como Dave suele decir: «¡Vive como nadie para que después puedas vivir como nadie más!».

Josh y Amy Hopkins (26 y 25 años respectivamente)
Oficial de préstamos hipotecarios; ama de casa

Elementos para hacerlo funcionar

Cuando comencé por primera vez a enseñar esto hace más de treinta años, no comprendía cuáles eran los elementos del éxito ni todas las aclaraciones que eran necesarias. Los principales elementos para hacer que funcione el Plan bola de nieve son usar un presupuesto, ponerse al corriente antes de empezar, pagar de lo más pequeño a lo más grande (sin trampas), sacrificio y concentración. Una total, absoluta y enfocada intensidad es posiblemente lo más importante. Esto significa decirse a usted mismo con seguridad: *¡Excluyendo casi todo lo demás, saldré de deudas!* Si toma una lupa de las antiguas y la pone cerca de unos periódicos arrugados, nada ocurrirá. Si usted hace penetrar los rayos del sol a través de la lupa, pero la mueve sin control, nada ocurrirá. Si la mantiene firme y enfoca los rayos del sol totalmente sobre los periódicos arrugados, comenzarán a ocurrir cosas. El enfoque intenso hará que usted huela algo quemado y pronto verá el fuego.

Si cree que esto del Plan bola de nieve es un tanto interesante y que quizás lo probará, no va a resultar. Para triunfar se exige una total, absoluta y enfocada intensidad. Dirigirse al objetivo y nada más es la única manera de triunfar. Tiene que saber adónde va y, por definición, saber adónde no va, o nunca llegará allí. Yo viajo mucho en avión y nunca tomo uno y me pregunto: *¿Hacia dónde irá este avión?* Sé a dónde quiero ir; si me dirijo a Nueva York, no me subo al avión que va a Detroit. Cuando bajo del avión, no tomo el primer taxi que veo y digo: «Demos unas vueltas por ahí, porque no tengo un plan». No, le digo al taxista el hotel y la calle adonde quiero ir. Luego le pregunto qué tiempo demorará en llegar y cuánto será el pasaje. Mi punto es que no damos vueltas sin objetivos en ningún otro aspecto de nuestra vida, pero parece que pensamos que con el dinero sí da resultado. Usted no puede estar listo, disparar y *entonces* apuntar con el dinero, y no puede tratar de hacer seis cosas al mismo tiempo. Está tratando de salir de deudas. Punto. Tendrá que concentrarse con gran intensidad para hacerlo.

Proverbios 6.1, 5 afirma: «Hijo mío, si salieres fiador por tu amigo [*ser fiador* es como tener una deuda]... escápate como gacela de la mano del cazador, y como ave de la mano del que arma lazos» (RVR1960). Recuerdo que leí un día ese versículo en mi estudio diario de la Biblia y pensé que aquella era una hermosa metáfora sobre animales para salir de una deuda. Más tarde esa semana, mientras buscaba qué ver en la televisión, encontré el Discovery Channel y observé que estaban filmando gacelas. Las gacelas estaban paseando por ahí. Por supuesto, usted sabe que Discovery Channel no solo estaba filmando gacelas. La siguiente imagen era del señor Guepardo que rondaba a hurtadillas por los matorrales en busca de comida en el sitio indicado. De pronto, una de las gacelas percibió el olorcillo del señor Guepardo y se percató de su plan. Las otras gacelas advirtieron la alarma y pronto se pusieron tensas. No podían ver aún a la bestia que las acechaba, y ante el temor de correr hacia ella, se paralizaron hasta que esta pusiera en marcha su plan de acción.

Al comprender que había sido descubierto, el señor Guepardo decidió hacer lo mejor que podía y saltó de los matorrales. Todas las gacelas gritaron: «¡Guepardo!». Bueno, en realidad no, pero corrieron como locas en catorce diferentes direcciones. Discovery Channel aquel día les recordó a los espectadores que el guepardo es el mamífero más rápido en terreno seco y que puede acelerar de cero a 45 millas por hora (70 kilómetros por hora) en cuatro saltos. El programa también demostró que, debido a que la gacela supera al guepardo en maniobras, aunque no en velocidad, el guepardo se cansa rápidamente. De hecho, el guepardo solo consigue carne de gacela para el almuerzo en una de diecinueve veces que las persigue. El principal cazador de la gacela es el mamífero más veloz sobre terreno seco; pero la gacela sale victoriosa casi siempre. Igualmente, la manera de salirse de las deudas es superar en maniobras al enemigo y *huye que te agarra*.

En nuestra oficina, los consejeros pueden predecir quién saldrá de deudas basado en la «intensidad de gacela» que tengan. Si están mirando la raya roja en el refrigerador y gritando, van por buen camino; pero si están buscando una fórmula para hacerse rico rápidamente o alguna teoría intelectual en lugar de sacrificio, trabajo duro y concentración total, le damos una calificación de gacela realmente baja y una minúscula posibilidad de llegar a estar libre de deudas.

Descubrí a Dave a través de su programa radial *The Ramsey Show*. Me encantó desde el inicio. Estaba emocionada por leer *La transformación total de su dinero* y también me ofrecí como moderadora para el programa Universidad para la Tranquilidad Financiera en mi iglesia. Sus ideas tienen sentido; son sencillas y muy relevantes para todos nosotros. Yo necesitaba despertar y prestar más atención a mis hábitos de gasto. Todo dependía de mí.

Inmediatamente luego de comenzar su plan y de elaborar un presupuesto, descubrí lo tonta que había sido. ¡Pasé mucho tiempo de mi vida desperdiciando tanto dinero! Me sentí más en control con un plan para mis ingresos. Ahora podía decirle a mi dinero adónde ir en lugar de preguntarme adónde iba. Fue una experiencia liberadora.

Cuando decidí modificar mi pensamiento y comenzar a vivir responsablemente, estuve lista para seguir los siete pasos de bebé. Mi primer instinto fue ahorrar dinero antes que nada, invertir en mi retiro y después pagar mi deuda. Esto fue un error. Si hubiera seguido mis instintos, seguiría en problemas financieros y seguiría siendo una esclava de mis acreedores.

Comenzar el Plan bola de nieve me emocionó. Fue increíble ver que mi deuda disminuía gradualmente mientras que mi bola de nieve financiera crecía. Me sentí orgullosa de mi progreso, que se hacía más evidente con el pasar de los meses. Poder tener pequeños logros marcó una gran diferencia; esto me dio esperanzas durante el proceso. Si bien no ganaba mucho ni tenía mucho dinero para saldar mis deudas, creo que esto hizo más increíble mi progreso. Yo sabía que debía lograrlo de algún modo. Saldar las deudas no depende de un ingreso en particular, ¡sino de modificar nuestro comportamiento y de ser intensos en nuestros esfuerzos de pagar esa terrible deuda!

Algunos años atrás, yo era ignorante sobre el tema de las deudas. Mi familia no conversaba sobre temas como estos. Yo creía que todos tenían deudas. ¡Gracias a Dios que aprendí y que hoy puedo vivir la vida que merezco!

DeLisa Dangerfield (42 años)
Enfermera registrada

Un paso evidente para aplicar el Plan bola de nieve es dejar de endeudarse. De otra suerte, solo estará cambiando los nombres de los acreedores en su lista de deudas. Así, pues, debe trazar una línea en la arena y afirmar: «Nunca más me endeudaré». Tan pronto como haga esta declaración, vendrá una prueba. Créame. La transmisión de su automóvil se dañará. Su hijo necesitará ortodoncia. Es como si Dios quisiera ver si usted realmente tiene intensidad de gacela. En este momento, está listo para una «plasticotomía», cirugía plástica para eliminar sus tarjetas de crédito. Con frecuencia me preguntan:

«Dave, ¿corto mis tarjetas ahora o cuando las pague?». Hágalo AHORA. Un cambio permanente en su concepto de las deudas es su única oportunidad. No importa lo que pase, tiene que buscar la oportunidad o resolver el problema sin deudas. Tiene que hacerlo. Si usted cree que puede eliminar las deudas sin una firme resolución para dejar de endeudarse, está equivocado. Usted no puede salir del hoyo excavando más.

Cómo hacer rodar la bola de nieve

A veces su Plan bola de nieve no rodará. Cuando algunas personas hacen su presupuesto, apenas hay suficiente para hacer el mínimo de los pagos y nada extra para pagar las deudas más pequeñas. No hay impulso para hacer rodar la bola de nieve. Permítame ofrecerle otra ilustración para ayudarle a entender mejor este problema y su solución. Mi tatarabuelo tenía un negocio de madera en las montañas de Kentucky y Virginia Occidental. En aquellos tiempos de antaño, después de cortar los árboles, ponían los troncos en el río para que flotaran hasta el aserradero. Los troncos se acumulaban en un recodo del río y ocurría un atasco de maderas. Eso continuaba en tanto que el área atascada detuviera el progreso de otros troncos. Algunas veces los madereros podían romper el atasco empujando los troncos. Otras veces tenían que ponerse firmes antes de que ocurriera un verdadero problema.

Cuando la cosa iba mal, rompían el atasco de maderas lanzando dinamita en medio de los troncos que estaban bloqueando la marcha. Como es de imaginar, esto creaba un efecto dramático. Cuando estallaba la dinamita, los troncos y los pedazos de ellos volaban por el aire. Luego del duro trabajo de cortarlos, algunos de los troncos se perdían totalmente; tenían que perderse algunos para que el resto llegara al mercado. Ese es el sacrificio que exigía la situación. Algunas veces eso es lo que usted tiene que hacer con el estancamiento del presupuesto: tiene que dinamitarlo, tiene que ponerse radical para que el dinero fluya nuevamente.

Una manera de hacer esto es vender algo. Puede vender muchas cosas pequeñas en una venta de garaje o vender por internet un objeto poco usado. Adopte una intensidad de gacela y venda tantas cosas que los niños lleguen a creer que los venderá a ellos también. Venda cosas que haga que sus amigos en quiebra piensen que usted ha perdido el juicio. Si su presupuesto se estanca y su Plan bola de nieve no rueda, tendrá que ponerse radical.

Observando cómo los héroes en todo el país salen de deudas con la intensidad de una gacela, créame, los he visto vender cosas. Una dama vendió 350 peces de colores de su estanque a dólar por pececito. Hay hombres que han vendido sus motocicletas Harley, sus botes, su colección de cuchillos o sus tarjetas de béisbol. He visto mujeres vender cosas valiosas como reliquias no familiares (guarde los bienes heredados, porque esos no los puede recuperar) o un automóvil que pensaban que era necesario para vivir sobre el planeta. No recomiendo que venda su casa a menos que tenga pagos por encima del 45 % de su entrada neta mensual. Usualmente, la casa no es el problema. Yo recomiendo a la mayoría de las personas que vendan el automóvil sobre el que deben más. Una buena regla práctica en productos (excepto la casa) es esta: si no puede estar libre de deudas (sin contar la casa) en dieciocho o veinte meses, véndalo. Si tiene un auto o un bote que no puede pagar en dieciocho o veinte meses, véndalo. Es solo un automóvil; ¡dinamite el enredo! Yo también amaba mi automóvil, pero descubrí que mantener una gran deuda mientras se procura salir de ellas era como echar una carrera con plomadas en los tobillos. Haga la transformación total de su dinero, de modo que más adelante pueda manejar cualquier automóvil que quiera y pagarlo en efectivo. Cuando se trata de liberarse de deudas, tendrá que tomar la decisión de vivir como nadie más; pero recuerde que más tarde podrá vivir, o manejar, como nadie más.

Mi esposa y yo considerábamos a las tarjetas de crédito una forma de vida. Nos parecía «normal» utilizarlas para comprar productos comunes. Con esos trozos de plástico pagábamos alquileres en vacaciones, gasolina, ropa, alimentos y mucho más. Sin embargo, esas deudas comenzaron a acumularse de manera gradual y continua. La deuda crecía y crecía. Era como una bola de nieve que nos perseguía en lugar de nosotros empujarla. Yo siempre había dejado que mi esposa manejara las finanzas sin yo prestarle mucha atención al asunto, lo cual fue injusto para ella. Cuando nos dimos cuenta, teníamos

30.000 dólares en deudas y requeríamos una transformación total de nuestro dinero.

Nosotros teníamos cuatro tarjetas de crédito con diferentes saldos que sumaban un total de 25.000 dólares. Los otros 5.000 dólares se lo debíamos al SRI. Era una situación atemorizante. Como es lógico, atacamos con intensidad la deuda del SRI primero y la saldamos en solo tres meses. Una vez que estuvimos al día en nuestros pagos, comenzamos a atacar la deuda de las tarjetas de crédito. A este propósito dirigimos todo el dinero extra que teníamos. Ya no somos deudores, excepto en la casa, y estamos construyendo nuestro fondo de emergencia para tres a seis meses.

Fue difícil aprender a decirnos «NO» a nosotros mismos. Por primera vez como pareja sabíamos que debíamos elaborar un presupuesto y respetarlo. No fue tan fácil como suena, pero la recompensa ha sido inconmensurable. Cuando nos acostumbramos a este estilo de vida, todo nos pareció menos estresante. Así hallamos contentamiento y felicidad como nunca antes.

Hoy reconozco que nuestra deuda fue tanto culpa mía como de mi esposa. Solo porque decidimos que ella estaría a cargo del presupuesto no me eximía de culpa. Ahora sé que estuvo mal dejar que ella asumiera toda la responsabilidad por nuestras finanzas. Si su cónyuge guarda secretos financieros, es mejor revelarlos; esa es la única manera en que se resuelven estos problemas. Al principio, pueden surgir sentimientos de traición o ira. No obstante, un matrimonio solo avanza con una comunicación absoluta. La clave está en permanecer juntos y disfrutar salir del desastre que AMBOS crearon.

Jeff y Teresa Eller
(Ambos tienen 41 años)
Dueño de una compañía de volquetas; gerente médica

El número de personas con quienes converso sobre esto que no dinamitan su atasco para hacer que el dinero fluya es algo que me entristece. Ellos pueden ver que los troncos nunca llegarán al mercado y que nunca tendrán riqueza, pero no conciben que haciendo volar unos cuantos de ellos el resto seguirá el curso del río. Traducción: «Yo amo mi cochino automóvil más que la idea de llegar a ser lo suficientemente rico como para regalar autos». No cometa ese error.

Hay otro método de romper ese estanco que los leñadores no tenían. Más agua también habría empujado los troncos por esa esquina si ellos hubieran podido inundar el río. Tal vez esté lanzando demasiado esta metáfora, pero tener mayores ingresos también despejaría el estancamiento e impulsaría la bola de nieve. Si su presupuesto es tan estricto que impide rodar la bola de nieve, tiene que hacer algo para aumentar sus ingresos. Vender objetos que aún se deben reduce el gasto y vender otros objetos aumenta temporalmente nuestro ingreso. Igualmente, trabajar horas extra puede incrementar el ingreso a fin de acelerar el pago de las deudas.

No me gusta la idea de trabajar cien horas por semana, pero algunas veces las situaciones extremas exigen soluciones extremas. Temporalmente, solo por un período de tiempo razonable, el trabajo extra o sobretiempo puede ser su solución. Conocí a Randy mientras firmaba libros en una ciudad importante. A Randy le faltaban dos meses para estar libre de deudas. Él tenía 26 años y había pagado 78.000 dólares en deudas en veintiún meses. Randy había vendido un automóvil y trabajaba diez horas diarias, siete días a la semana. Él no era médico ni abogado, sino plomero. Algunos abogados podrán argüir que los plomeros ganan más que ellos, y en algunos casos puede que tengan razón. La compañía unipersonal de Randy había prosperado. Ya había trabajado esa mañana antes de venir con su esposa y su pequeña niña a la librería. Su esposa sonrió al mirar a su esposo con profundo respeto y me dijo que no lo había visto mucho ese último año, pero que pronto valdría la pena. ¿Puede imaginarse la presión que ese joven matrimonio sufrió con una deuda de 78.000 dólares? Ahora estaban casi libres.

Randy se puso radical y utilizó el ingreso para romper el estancamiento de los troncos. Además, me prometió que iba a tomarlo con calma tan pronto la deuda estuviera pagada, de modo que pudiera pasar más tiempo con su esposa y su hijita. Ahora podrán viajar como familia y hacer cosas que su deuda nunca les permitió.

Compré una pizza una noche y cuando el empleado que estaba detrás del mostrador comenzó a caminar hacia su automóvil con un montón de pizzas para despachar a domicilio, me vio y se detuvo. Sonriendo, me dijo:

«Hola, Dave, estoy aquí gracias a usted. ¡Solo tres meses más y estaré libre de deudas!». Este no era un adolescente de 17 años; era un padre, un hombre de 35 años que deseaba ser libre.

DAVE DECLARA...

Mala idea: Cuentas corrientes por separado

Pensemos un momento. Cuando usted se casa, se convierte en parte de un equipo. El pastor que presidió en su boda no bromeaba cuando afirmó: «Ahora son uno». A esto se le llama unidad. Un antiguo voto de matrimonio afirma: «A ti te entrego todos mis bienes materiales». Es decir: «Me comprometo totalmente», así que unamos las cuentas corrientes.

Es difícil tener unidad si separan sus cuentas corrientes. Cuando el dinero *de él* está por aquí y el dinero *de ella* está por allá, es fácil vivir en sus propios pequeños mundos financieros en lugar de trabajar en equipo.

Cuando gastan el dinero juntos, están gastando el dinero *de ambos*. *Nosotros* tenemos ingresos, *nosotros* tenemos gastos y *nosotros* tenemos metas. Así que cuando están de acuerdo sobre dónde va su dinero, han tomado un gran paso hacia estar del mismo lado en su matrimonio; así podrán acceder a increíbles niveles de comunicación.

Todo se reduce a la confianza. ¿Confía en su cónyuge o no? Sé de personas que tienen cuentas corrientes separadas *por si acaso* su cónyuge las abandona. Bueno, pero ¿por qué razón se casaría con alguien en quien no confía? No obstante, si este fuera el caso, ¡lo que usted necesita es consejería matrimonial y no cuentas bancarias por separado!

Su cónyuge no es su compañero de cuarto ni esto es un emprendimiento de negocios. ¡Esto es un matrimonio! Usted no maneja su hogar y su vida por separado. El trabajo de ambos cónyuges es amarse entre sí, lo cual incluye tener metas financieras en común. Esto último es complejo cuando tienen cuentas por separado.

Hay un joven soltero que trabaja en mi equipo. Él tiene intensidad de gacela en su propósito de liberarse de deudas. Este joven trabaja aquí hasta las 5:30 p. m. cada día y sonríe cuando sale para trabajar en UPS por otras cuatro o cinco horas cada noche.

¿Por qué todas estas personas sonríen? Trabajan duro durante increíbles horas extras, así que, ¿por qué sonríen? Sonríen porque han captado la visión, la visión de vivir como nadie para después poder vivir como nadie más.

¿Y qué de ahorrar para el retiro mientras la bola de nieve rueda?

Matt me preguntó en el programa de radio sobre otro tema con el cual las personas tienen problemas en el segundo paso de bebé. Él quería saber si debía suspender sus contribuciones al 401(k) para hacer que su Plan bola de nieve se moviera. No quería dejar de contribuir, especialmente el primer 3 %, debido a que su compañía iguala ese aporte 100 %. Yo soy un apasionado por las matemáticas y sé que ese 100 % con que igualan su contribución es agradable, pero he visto algo mucho mejor: concentrarse intensamente. Si usted va a adoptar una intensidad de gacela y va a hacer todo lo que está en su poder para estar libre de deudas rápidamente, suspenda su contribución al plan de retiro, aun si su compañía la iguala. El poder de concentración y las rápidas victorias son más importantes a la larga para la transformación total de su dinero que el dinero que le va a poner la empresa. Esto lo digo solo para las personas que han probado todas las posibilidades y están listas para «lo que sea» a fin de llegar a estar libres de deudas rápidamente.

Si usted adopta una radical intensidad de gacela, la velocidad de su liberación de la deuda lo capacitará para regresar al 401(k) con el aporte de la otra parte en solo cuestión de meses. Imagínese cuánto podrá contribuir sin tener que hacer otros pagos mensuales. La persona promedio que lanza la dinamita y adopta la intensidad de gacela estará libre de deudas, salvo por su casa, en dieciocho meses. Unos necesitan más tiempo y otros menos; esto depende de la deuda, los ingresos y los ahorros en el momento que empiezan la transformación total de su dinero. Si por alguna razón está estancado en un hoyo muy profundo, puede continuar haciendo algunos ahorros para el retiro. Un hoyo extremadamente profundo NO se define por su poca voluntad para ponerse en acción.

Un hoyo extremadamente profundo no es la situación de Phil. Él gana 120.000 dólares por año y tiene una deuda de 70.000 dólares, de la cual 32.000 son por su automóvil. ¡Vende el auto, Phil, y cambia radicalmente el estilo de vida! Phil estará libre de deudas en nueve meses, sin excusas ni rezagos. Un hoyo extremadamente profundo es la situación de Tammy, que tiene 74.000 dólares en préstamos estudiantiles, con otros 15.000 dólares en deudas por tarjetas de crédito. Ella es madre soltera con tres hijos y tiene un ingreso de 50.000 dólares por año. A Tammy va a tomarle unos cuantos años trabajar con su Plan bola de nieve. Quizás se las arregle para salir del paso, pero su situación es una de las muy raras excepciones en que debería seguir contribuyendo al 401(k) con el aporte de la otra parte.

Cuando tenga que usar su fondo de emergencia

El equipo de aire acondicionado de Penny dejó de funcionar en pleno verano. Las reparaciones costaron 650 dólares, que ella sacó del fondo de emergencia. «Afortunadamente, tenía disponibles esos 1.000 dólares», dijo con un suspiro. ¿Qué debe hacer ahora Penny? ¿Continuar con el Plan bola de nieve o regresar al primer paso de bebé (ahorre 1.000 dólares)? Penny necesita suspender temporalmente el Plan bola de nieve. Ella continuará haciendo pagos mínimos y regresará al primer paso hasta que recobre los 1.000 dólares en su fondo de emergencia. Si no lo hace pronto, no tendrá nada en los ahorros, y cuando el alternador del automóvil se rompa, reabrirá alguna cuenta con las tarjetas de crédito. Lo mismo es útil para usted. Si usa el fondo de emergencia, regrese al primer paso de bebé hasta que haya rehabilitado su fondo inicial de emergencia; después, reanude su Plan bola de nieve, que es el segundo paso de bebé.

Segundas hipotecas, deuda de negocio e hipotecas de propiedad para alquilar

Debido a los préstamos para la consolidación de la deuda y otros errores, muchas personas han tomado un préstamo sobre el valor neto de la casa o una segunda hipoteca grande. ¿Qué debe hacerse con el préstamo? ¿Se pone en el Plan bola de nieve o simplemente se le llama hipoteca y no se menciona en este paso? Esta se pagará; es solo cuestión de en cuál paso. Por regla general, si su segunda hipoteca es mayor que 50 % de su ingreso anual bruto, usted no debe ponerla en el Plan bola de nieve. Trataremos sobre esto más adelante. Si usted gana 40.000 dólares al año y tiene una segunda hipoteca de 15.000

dólares, debe ponerla en el Plan bola de nieve. Vamos a tratar eso ahora. No obstante, si tiene una segunda hipoteca de 35.000 dólares y gana 40.000 dólares al año, la colocará en otro paso. A propósito, usted debería considerar el refinanciamiento de su primera y segunda hipotecas juntas si puede bajar en ambas las tasas de interés. Entonces, ponga el total en una hipoteca a quince años, o a los restantes años de su actual primera hipoteca, cualquiera que sea menor (por ejemplo, si a usted le quedan doce años en su primera hipoteca a 9 %, vuelva a financiar la primera y la segunda juntas en una nueva primera hipoteca a 6 % por doce años o menos).

Muchos dueños de pequeños negocios tienen deudas y desean saber cómo manejarlas en el Plan bola de nieve. La mayoría de las deudas de pequeños negocios están garantizadas personalmente, lo que significa que son realmente deudas personales. Si usted tiene un préstamo de 15.000 dólares para un pequeño negocio en el banco, o si ha pedido prestado con sus tarjetas de crédito para un negocio, esa es una deuda personal. Trate la deuda de un pequeño negocio como cualquier otra clase de deuda. Enumérelas con todas sus otras deudas, de la más pequeña a la más grande, en el Plan bola de nieve. Si la deuda de su negocio es mayor que la mitad de su ingreso anual bruto o la mitad de la hipoteca de su casa, posponga su liquidación hasta más tarde. Las deudas pequeñas y medianas son las que queremos pagar en este paso.

La única otra gran deuda para posponer son las hipotecas sobre propiedades para alquilar. Deje de comprar más propiedades para alquilar, pero mantenga esa deuda hasta más tarde. Después de que haya pagado su hipoteca de la casa en un paso de bebé posterior, usted debería aplicar el Plan bola de nieve a sus hipotecas de propiedades para alquilar. Enumere las deudas de propiedades para alquilar de menor a mayor y concentre todo su enfoque en la más pequeña hasta pagarla. Luego trabaje con el resto. Si usted posee varias propiedades para alquilar, o incluso solo una, debería considerar la venta de algunas o todas para obtener el dinero con qué pagar las que retiene, o pagar otras deudas enumeradas en el Plan bola de nieve. Tener una deuda de 40.000 dólares en tarjetas de crédito y una propiedad rentable con 40.000 dólares de capital neto no tiene sentido. Usted no pediría prestado 40.000 dólares con tarjetas de crédito para comprar una propiedad para alquilar, o eso espero. Entonces, ¿por qué mantendría la situación descrita aquí, que tiene el mismo efecto?

La hipoteca sobre la casa, segundas hipotecas mayores, préstamos para negocios e hipotecas sobre propiedades para alquilar son las únicas cosas que no se liquidan en el segundo paso de bebé (pague todas sus deudas [excepto la casa] con el «Plan bola de nieve»). Con intensidad de gacela, gran concentración, sacrificio extremo, venta de cosas y trabajos extra liquidamos todas las deudas. Lo recalco, si usted está determinado a luchar, normalmente esto ocurrirá en un tiempo de dieciocho a veinte meses. Algunos saldrán de las deudas más pronto y otros se demorarán un poco más. Si su Plan bola de nieve está programado para un período mayor, no tema, es posible que no le tome tanto tiempo como los cálculos parecen indicar. Muchas personas hallan un modo de acortar el plazo con verdadera intensidad, y Dios tiende a derramar bendiciones sobre la gente que va en la dirección que Él desea que vayan. Es como si caminara o corriera a un paso rápido y de repente apareciera debajo de usted una acera móvil que lo llevara más rápido de lo que sus esfuerzos podrían.

El Plan bola de nieve es posiblemente el paso más importante en la transformación total de su dinero por dos razones. Primera razón: usted libera su más poderoso instrumento para crear riqueza, sus ingresos, durante este paso. Segunda razón: usted enfrenta a la cultura estadounidense al declararle la guerra a la deuda. Al liquidar sus deudas, usted hace una declaración sobre su postura en cuanto a ellas. Al liquidar su deuda, demuestra que la transformación total de su dinero ha ocurrido ya en su corazón, con lo que ha preparado el camino para una transformación total de su dinero en sus finanzas.

8

Complete el fondo de emergencia: Eche a Murphy a puntapiés

Cierre los ojos y piense en lo que será cuando alcance este paso de bebé. La mayoría de los que participan como gacelas intensas en una transformación total de su dinero llegarán a los comienzos del tercer paso de bebé (ahorre entre tres y seis meses de gastos en un fondo de emergencia totalmente abastecido) en cerca de dieciocho o veinte meses. Cuando alcance este paso, tendrá 1.000 dólares en efectivo y ninguna deuda, excepto la hipoteca de su casa. Ha trabajado con tal intensidad de concentración que la bola está ahora rodando y usted tiene el impulso a su favor. Repito, cierre los ojos y respire profundo. Piense en cómo se sentirá cuando se vea libre de deudas, salvo la hipoteca de la casa, y con 1.000 dólares en efectivo. ¿Lo vi sonreír?

Usted está comenzando a ver el poder de hallarse en control de su mayor instrumento creador de riqueza: su ingreso. Ahora que no tiene que hacer pagos mensuales, salvo el de su casa, el tercer paso de bebé fluirá rápidamente.

Tercer paso de bebé: Ahorre entre tres y seis meses de gastos en un fondo de emergencia totalmente abastecido

Un fondo de emergencia totalmente abastecido cubre de tres a seis meses de gastos. ¿Qué le costaría vivir de tres a seis meses si perdiera su fuente de

124

ingresos? Los planificadores y los consejeros financieros como yo han usado este método práctico por años y les ha servido bien a mis participantes en la transformación total de su dinero. Usted comienza el fondo con 1.000 dólares, pero un fondo plenamente abastecido usualmente oscilará entre 10.000 y 25.000 dólares. La familia típica que puede arreglárselas con 3.000 dólares por mes podría tener un fondo de emergencia de 10.000 dólares como mínimo. ¿Cómo se sentiría no tener que hacer pagos, salvo el de la casa, y poseer 10.000 dólares en ahorros para cuando llueva?

¿Recuerda lo que dijimos sobre las emergencias un par de capítulos atrás? *Sin duda* lloverá; necesita un paraguas. Recuerde, la revista *Money* dice que 78 % de nosotros tendrá un importante acontecimiento inesperado durante los próximos diez años. Cuando ese evento ocurra, como una cesantía o la explosión del motor del automóvil, usted no puede depender de las tarjetas de crédito. Si usa las deudas para cubrir emergencias, ha retrocedido. Una bien concebida transformación total de su dinero lo librará de deudas para siempre. Un fuerte cimiento en su casa financiera incluye una gran cuenta de ahorros que será usada solo en emergencias.

Luego de mi divorcio, quedé sin casa, embarazada y con la responsabilidad de criar sola a mi hijo de dieciocho meses. Además, ¡recayó sobre mí toda la deuda de mi matrimonio fallido! Fui de tener dos ingresos y un hijo a tener un ingreso y dos hijos. Comencé a vivir de tarjetas de crédito y acumulé muchas deudas. Me mudé a una vivienda de propiedad pública y viví allí dos años, donde procuré cuidar bien a mis hijos y pagar mis cuentas.

Fue difícil sentir que no podía proveer para mi familia; yo deseaba una mejor vida para mis hijos. Ellos no han tenido fiestas de cumpleaños y otros detalles importantes para niños de su edad. Ellos no han tenido un hogar propio y esa es mi mayor motivación para salir de deudas.

Yo sé por experiencia propia la importancia de un fondo de emergencia. Por primera vez en mi vida, tenía dinero en el banco cuando se averió mi automóvil. No tuve que endeudarme ni se afectó mi ingreso; solo le pagué al mecánico y volví a abastecer mi fondo de emergencia cuando pude. Después me concentré en pagar mis deudas nuevamente. Tomó mucho tiempo y fue tedioso, pero valió la pena el fondo de emergencia por la seguridad que nos dio.

No obstante, no ha sido fácil. Cada vez que estaba cerca de volver a abastecer mi fondo de emergencia, algo sucedía y tenía que utilizarlo de nuevo. Sin embargo, ya es un hábito rellenar mi fondo de emergencia cada vez que lo uso. Esto ha salvado a mi familia de muchas dificultades y de volver a endeudarnos.

Rebecca González (28 años)
Asistente de recursos humanos

Voy a recalcar esto porque es vital para que su transformación sea permanente. El peor momento para endeudarse es cuando los tiempos son malos. Si hay una recesión y pierde su empleo (léase «no ingresos») usted no quiere tener un montón de deudas. En un reciente estudio hecho por la Reserva Federal, 36 % de los estadounidenses interrogados dijeron que se endeudarían con una tarjeta de crédito si llega el día de lluvia y que esto no sería difícil. Estoy de acuerdo en que no sería difícil, porque las tarjetas de crédito se emiten para los perros y las personas muertas cada año, pero eso no quiere decir que sería sabio. Lo que sería difícil es hacer los pagos y aun saldar la deuda si usted no encuentra otro empleo. Nuestras propias investigaciones indican que el 48 % de los estadounidenses no dispone de un fondo de emergencia que pueda cubrir tres meses de gastos. Un tercio no tiene ningún ahorro. La mitad de esta cultura casi no tiene amortiguador entre ellos y la vida. ¡Aquí viene Murphy! ¿Recuerda que dijimos que los problemas parecían ser (y creo que realmente son) menos frecuentes cuando tiene abastecido plenamente su fondo de emergencia? Recuerde que el fondo de emergencia realmente actúa como un repelente de Murphy.

¿En qué consiste una emergencia? Una emergencia es algo que usted no tiene manera de saber que va a ocurrir, algo que tiene un gran impacto en usted y su familia si no la puede cubrir. Una emergencia es el pago de un deducible en el seguro médico, en la casa o en el automóvil después de un accidente, la pérdida de un empleo o el recorte de sueldo, cuentas médicas que resultan de un accidente o de un problema médico imprevisto, o la rotura de la transmisión o el motor de un automóvil que necesita para el trabajo. Todas esas son emergencias. Algo que está en venta que usted «necesita» no es una emergencia. Arreglar el bote, a menos que viva en él, no es una emergencia. «Deseo comenzar un negocio» no es una emergencia. «Deseo comprar un automóvil, o un sofá de cuero, o ir a Cancún» no es una emergencia. Los vestidos para el baile de fin de curso y la matrícula universitaria no son emergencias. Tenga cuidado de no racionalizar el uso de su fondo de emergencia para comprar algo para lo que usted debería ahorrar y luego comprar. Por otra parte, no haga pagos de cuentas médicas después de un accidente si su fondo de emergencia no está bien abastecido. Si se ha tomado el trabajo de crear un fondo de emergencia, asegúrese de estar bien consciente de qué es y qué no es una emergencia.

Antes de usar el fondo de emergencia, tome distancia y tranquilícese. Sharon y yo nunca usaríamos el fondo de emergencia sin primero discutirlo y llegar a un acuerdo. Tampoco lo usaríamos sin haberlo pensado la noche antes y haber orado sobre el asunto. Nuestro acuerdo, nuestra oración y nuestro período de calma nos ayudan a determinar si la decisión es una racionalización, una reacción o una verdadera emergencia.

Se debe tener fácil acceso al fondo de emergencia

Guarde su fondo de emergencia de forma *líquida*; este es un término monetario que significa fácil de obtener sin penalidades. Si tiene dudas para usar el fondo a causa de las penalidades que incurrirá en tomarlo, lo tiene en un sitio equivocado. Yo utilizo fondos mutuos para inversiones a largo plazo, pero nunca pondría allí mi fondo de emergencia. Si el motor de mi automóvil se rompiera, estaría tentado a endeudarme para arreglarlo en vez de usar efectivo de mi fondo mutuo, porque el mercado ha bajado (siempre deseamos esperar que suba). Esto quiere decir que tengo el fondo de emergencia en un lugar errado. Los fondos mutuos son buenas inversiones a largo plazo, pero debido a las fluctuaciones del mercado probablemente tenga una emergencia cuando el mercado está cayendo, otra invitación a Murphy. ¡Así que mantenga su fondo de emergencia líquido!

Por la misma razón, no use certificados de depósito (CD) para su fondo de emergencia, porque lo más probable es que le apliquen una penalidad por extraer fondos prematuramente. La excepción a esto es si puede obtener alguna clase de CD de fácil extracción que permita sacar fondos durante el período convenido sin penalidades. Esa rápida extracción pone el dinero a la disposición de usted sin penalidad y haría de ese CD un buen fondo de emergencia. Entienda que no es cuestión de «invertir» el fondo de emergencia, sino de tenerlo en algún lugar seguro y de fácil acceso.

Si ya tiene el dinero del fondo de emergencia en algún lugar donde no debe estar, use su cabeza si alguna verdadera emergencia le toca. Christine, una abuela de 69 años, me dijo que se endeudó para arreglar su transmisión porque no deseaba pagar una penalidad por sacar dinero del CD. El préstamo era la «sabia» sugerencia del banquero, y Christine confiaba en él. El único problema es que, aun con penalidad, Christine habría salido mejor parada si hacía efectivo su CD. El costo de la reparación del auto era de 3.000 dólares. Su CD ganaba 5 % y la penalidad por hacerlo efectivo antes de tiempo era la mitad del interés. Así, pues, su banquero le prestó 3.000 dólares a 9 % de interés de modo que ella no perdiera 2,5 % en penalidades. Esto no me parece muy sabio. Honestamente, no me parece muy ético tampoco. Las palabras son poderosas; nadie quiere que lo «penalicen». Cuando las emociones la sobrecogieron, Christine confió en lugar de pensar y tomó una mala decisión.

Le sugiero una cuenta del mercado monetario sin penalidades y una tarjeta de débito o privilegios para emitir cheques para su fondo de emergencia. Nosotros tenemos un gran fondo de emergencia para nuestra casa en una compañía de fondos mutuos en una cuenta del mercado monetario. Dondequiera que usted establezca sus fondos mutuos, busque en la página web hasta encontrar las cuentas del mercado monetario que pagan igual interés que un año de CD. No he comprobado que las cuentas bancarias del mercado monetario sean competitivas. El FDIC no asegura las cuentas de fondos mutuos del mercado monetario, pero mantengo las mías allí de todos modos porque nunca he visto fallar a ninguna. Recuerde que el interés que se gana no es lo principal. Lo principal es que el dinero esté disponible para cubrir emergencias. Su riqueza no va a crearse en esta cuenta; eso ocurrirá después, en otros lugares. Esta cuenta es más un seguro contra los días lluviosos que una inversión.

Algunas veces, aun después de explicar todo esto, las personas preguntan por bonos de ahorro, bonos u otras inversiones de «bajo riesgo». Están confundidos. Repito, este fondo de emergencia no es para crear riqueza. Usted recibirá otra clase de ganancia por inversiones de esta cuenta, pero el propósito de este dinero no es hacerlo a usted rico. La misión del fondo de emergencia es protegerlo contra las tormentas, darle paz y evitar que el próximo problema se convierta en una deuda.

¿Qué cantidad?

¿Cuánto dinero debe haber en su fondo de emergencia? Dijimos ya que debe ser suficiente para cubrir de tres a seis meses de gastos, pero ¿debería conformarse con tres o seis meses? Si piensa en cuál es el propósito de este fondo, podrá determinar qué le conviene más. El propósito del fondo es absorber el riesgo, de modo que mientras más riesgosa sea su situación, mayor será el fondo de emergencia que usted debe tener. Por ejemplo, si gana comisiones regularmente o trabaja por cuenta propia, debe usar la regla de seis meses. Si es soltero o casado con un solo ingreso, debe usar la regla de seis meses, porque una pérdida de empleo en su situación es una disminución de 100 % de su ingreso. Si la situación de su empleo es inestable o existen problemas médicos crónicos en la familia, también debe inclinarse hacia la regla de seis meses.

Yo crecí en viviendas con apoyo gubernamental (los proyectos de vivienda) y durante mucho tiempo creí que así se suponía que sería el resto de mi vida. Sin embargo, cuando tenía 24 años, el Señor me permitió tener un trabajo que me estimuló intelectualmente y me desafió a pensar más allá de mis límites. Comencé a seguir las noticias y las discusiones políticas en la radio, y un día conocí a un gracioso hombre blanco llamado Dave.

Tras escuchar a Dave, nos tomó a mi esposa y a mí varios años antes de adoptar su método. Cuando decidimos tener una transformación total de nuestro dinero, lo más difícil fue adoptar la intensidad necesaria para saldar toda nuestra deuda de una vez. Seguimos comprando con tarjetas de crédito y constantemente regresábamos al paso uno. Sin embargo, la realidad nos golpeó fuerte cuando me despidieron del trabajo. Ya no teníamos suficiente dinero y me sentí como un fracaso, porque si hubiera seguido el plan y los consejos de Dave, habríamos estado en una mejor situación.

Tras la cesantía, tuvimos dificultades durante un tiempo hasta que encontré un nuevo trabajo. No obstante, hoy no tenemos deudas porque trabajamos juntos y nos apoyamos para asegurar nuestro éxito financiero del presente y del futuro. ¡Se requiere un tremendo nivel de responsabilidad! Al principio discutíamos mucho, pero al avanzar en este proceso, nuestra comunicación se ha hecho clara y precisa. ¡Hemos sido pacientes y diligentes con nuestro presupuesto y ahora estamos cosechando los beneficios!

Aun hoy nuestra familia está descubriendo el impacto de no tener deudas. El mes que saldamos nuestra deuda, me despidieron nuevamente. No obstante, esta vez fue diferente a la anterior. No teníamos preocupaciones ni estrés financiero. Hoy tenemos una paz que sobrepasa todo entendimiento, y hasta que usted la experimente por sí mismo no podrá siquiera imaginar su increíble poder.

James y Tabitha Atwood
(32 y 31 años respectivamente)
Conductor de trenes; coordinadora de
mercadotecnia

Si tiene un empleo «fijo y seguro» donde ha estado con esa compañía o agencia del gobierno por quince años y todos están saludables, podría inclinarse hacia la norma de tres meses. Un agente de bienes raíces debería tener un fondo de emergencia para seis meses y una profesora saludable y con nombramiento en su trabajo que planee permanecer en su empleo por años podría mantener un fondo para tres meses. Adapte su fondo de emergencia a su situación y a cómo su cónyuge lidia con la idea del riesgo. Muchas veces los hombres y las mujeres bregan con este asunto de modo diferente. Este fondo es para la protección y la tranquilidad mental, de modo que el cónyuge que desea que este fondo sea mayor triunfa.

Nosotros usamos de tres a seis meses de gastos en lugar de tres a seis meses de ingreso, porque el fondo es para cubrir gastos, no para reemplazar ingresos. Si usted se enferma o pierde el empleo, necesita mantener las luces encendidas y el alimento en la mesa hasta que las cosas cambien, pero podría dejar de invertir y definitivamente suspenderá el gasto de «dinero extra» presupuestado hasta que la lluvia cese. Por supuesto, cuando usted acaba de empezar la transformación total de su dinero, sus gastos podrían igualar a sus ingresos. Más tarde, cuando esté libre de deudas, tenga los seguros adecuados y tenga grandes inversiones, podrá sobrevivir con mucho menos que sus ingresos.

Use todo el efectivo disponible

En el segundo paso de bebé le instruí que usara todos los ahorros e inversiones ajenas al retiro para pagar su deuda. Limpie todo y libérese de deudas, salvo la casa. Utilice todos los ahorros e inversiones que no tienen recargos por sacarlos, como los planes de jubilación. Si utilizó los ahorros que tenía en el segundo paso de bebé (pague todas sus deudas [excepto la casa] con el «Plan bola de nieve»), usted liquidó aun el fondo de emergencia del primer paso de bebé (ahorre 1.000 dólares para su fondo de emergencia inicial). Este es el momento de reconstruir su fondo de emergencia reponiendo el dinero que pueda haber tomado de él para pagar la deuda. Muchas veces me he encontrado con alguien que, por ejemplo, tiene 6.000 dólares en ahorros en un banco ganando 2 % de interés y una deuda de 11.000 dólares en tarjetas de crédito. La mera idea de usar 5.000 dólares de aquel ahorro para pagar parcialmente las tarjetas de crédito es muy difícil. Esos 6.000 dólares de su fondo de emergencia son su manto de seguridad, y crece el temor cuando alguien como yo menciona que debe usar ese dinero para el Plan bola de nieve. Es correcto que sienta temor y se pregunte si debe gastar los 5.000 dólares en pagar la deuda. Debe usar ese dinero ÚNICAMENTE si usted y su familia atraviesan una transformación total de su dinero. La intensidad de gacela, el presupuesto, la venta de autos que son un lastre y el compromiso total con el plan son la única manera de que tenga sentido usar esos ahorros.

Usted necesita que todas las partes estén a bordo del plan

Sherry llamó a nuestro programa radial para decirnos que su esposo deseaba usar 9.000 de sus 10.000 dólares del fondo de emergencia en el segundo paso de bebé, pero que quería mantener su deuda de 21.000 dólares del camión (con una entrada neta de 43.000 dólares). Sherry estaba enojada conmigo por sugerirle algo tan absurdo. Por supuesto, yo no hice esa sugerencia. Creo que sería un paso mal dado si ellos utilizaran 9.000 dólares en esa situación. La razón por la que estoy en contra del uso de los ahorros como se sugiere es que el esposo no está a bordo. Él quiere seguir el plan parcialmente y conservar el cochino camión. Hay dos razones para no usar el fondo de emergencia en el caso de Sherry. Primera, el esposo no ha tenido una transformación total de su dinero en su corazón y nunca saldrán de deudas, sin importar la estrategia que usen, mientras él no la tenga. Segunda, saque la cuenta. Sobre un ingreso de 43.000 dólares estarán en deuda y tendrán solo un súper pequeño fondo de emergencia por años si conservan el camión. Eso sería como si mi esposa me dijera que pierda peso y a la vez horneara galletitas de chocolate todas las noches. Estaría diciendo una cosa y haciendo otra.

No sugiero que usted liquide sus ahorros si cada uno no está dentro de la transformación total de su dinero ni si está planeando estar en el segundo paso de bebé (pague todas sus deudas [excepto la casa] con el «Plan bola de nieve») por cinco años. Desde luego, pocos de ustedes estarán en el segundo paso mucho tiempo si actúan como gacela intensa y siguen este plan al pie de la letra. Si su familia queda expuesta y con solo 1.000 dólares de defensa entre usted y la vida por dieciocho o veinte meses, no hay problema. En tal caso, debería usar sus ahorros para quedar libre de deudas o acelerar la bola de nieve.

Sé que aun si cada uno está a bordo, actúan con intensidad de gacela y existe un plan, mi sugerencia todavía asusta a algunos. Bien. ¿No cree que una de las cosas que produce la intensidad de la gacela sea el miedo? Por un breve lapso, mientras trabaja en su Plan bola de nieve y reconstruye su fondo de emergencia en el tercer paso, utilice ese temor como una motivación para mantenerse concentrado y mantener a todos en movimiento.

Las buenas noticias en la historia de Sherry son que su esposo la oyó por la radio conmigo y surgió una chispa en su mente. Él vendió «su» camión, ella usó «sus» ahorros y en catorce meses estaban libres de deudas; en dieciocho meses estaban libres de deudas con un fondo de emergencia repleto. Sherry me envió un correo electrónico sobre una parte divertida de su odisea. Me decía que después de estar libre de deudas y en plena reconstrucción de su precioso fondo de emergencia con la misma intensidad de gacela que utilizaron para pagar la deuda, uno de sus hijos adolescentes les pidió que le compraran una computadora. Antes de que Sherry pudiera decirle que no, su esposo agarró amorosamente al muchacho en una llave de cabeza y comenzó a gritarle, en broma,

> ### DAVE DECLARA...
>
> La razón por la que sientes miedo de invertir es porque no sabes a lo que te estás metiendo. Investiga y aprende sobre inversiones.

que no podía haber compras en la casa mientras no se completara el fondo de emergencia. Eso hizo a Sherry sonreír porque le decía que no solo alistarían nuevamente el fondo de emergencia en poco tiempo, sino también que su esposo había recibido el mensaje de cuán importante era ese fondo para ella. Ella estaba dispuesta a tener una transformación total de su dinero solo si era total y para ambos.

El género y las emergencias

Las personas de ambos sexos ven el fondo de emergencia en forma diferente. En general, los hombres son más inclinados a completar tareas y las mujeres a obtener seguridad. A los hombres les gusta saber qué «hace» usted, así que algunos no entendemos la idea del dinero inmovilizado para tener seguridad. La mayoría de las mujeres que conozco se sonríen cuando comenzamos a hablar de tener 10.000 dólares entre ellas y la lluvia. Muchas dicen que el fondo de emergencia y el seguro de vida son las mejores partes de la transformación total del dinero de su familia.

Señores, vamos a conversar. En esto Dios dotó a las mujeres mejor que a nosotros. Su naturaleza las mueve a gravitar hacia el fondo de emergencia. En algún lugar dentro de la mujer típica existe una «glándula de seguridad», y cuando el estrés financiero entra en escena, la glándula se contrae. Esta glándula espasmódica afectará a su esposa en formas que usted no siempre puede predecir. Una glándula espasmódica de seguridad puede afectar sus emociones, su concentración y aun su vida amorosa. Aparentemente, la glándula de seguridad está adherida a su rostro. ¿Puede ver el estrés financiero en su rostro? Créanme, señores, una de las mejores inversiones que ustedes harán será en un fondo de emergencia. Un fondo de emergencia debidamente abastecido y un esposo en el medio de una transformación total de su dinero relajarán la glándula de seguridad de la mujer y hará su vida mucho mejor. Mi amigo Jeff Allen es comediante y tiene una rutina completa sobre la temática: «Mujer feliz, vida feliz». Entienda esto: incluso si no «entiende» el punto de un fondo de emergencia, cree uno.

Ya le comenté que Sharon y yo lo perdimos todo, estuvimos en quiebra, arruinados y en el fondo, de modo que puede imaginarse que este tema es un poco delicado en mi casa. Nuestra quiebra financiera fue totalmente mi culpa. Mi enredado negocio de bienes raíces fue lo que Sharon observó antes de tomar el camino conmigo. Una de las heridas en nuestra relación es el asunto de la seguridad. Sus emociones pueden reavivar el temor de mirar a un bebé recién nacido y a un niño pequeño y no saber cómo íbamos a pagar la calefacción. Ese es un lugar delicado en su psiquis, y con razón. Nosotros ni siquiera usamos el fondo de emergencia para emergencias. Parte del ungüento en esa herida es que nuestro fondo de emergencia tiene otro fondo de emergencia. Si camino cerca de la gaveta donde guardo la chequera del mercado monetario del fondo de emergencia, la glándula de seguridad de Sharon se contrae.

Siendo el magnate en inversiones bien entrenado que soy, sin duda podría encontrar lugares para depositar ese dinero y ganar más. ¿Verdad? Recuerde que las finanzas personales son personales. He llegado a comprender que la paz que le trajo a Sharon el fondo de emergencia exagerado tiene una gran rentabilidad de inversión. Señores, este puede ser un maravilloso regalo para su esposa.

El fondo de emergencia puede convertir las crisis en inconveniencias

A medida que haga presupuestos a través de los años y la transformación total de su dinero cambie completamente sus hábitos monetarios, usted usará su fondo de emergencia menos y menos. Nosotros no hemos tocado el nuestro por más de veinte años. Cuando comenzamos, todo representaba una emergencia, pero a medida que uno va saliendo del fondo y la transformación total de su dinero comienza a tener efecto, hay pocas cosas que no pueda cubrir en su presupuesto mensual. Sin embargo, al principio sucederá como con nosotros: todo será una emergencia. Para mostrarle lo que quiero decir, examine estas dos diferentes historias de personas en dos distintas posiciones en los pasos de bebé.

Kim tenía 23 años, era soltera, independiente y tenía un empleo de 27.000 dólares al año. Ella había comenzado la transformación total de su dinero hacía poco. Estaba atrasada en sus tarjetas de crédito, sin presupuesto y a duras penas podía pagar su alquiler porque sus gastos estaban fuera de control. Dejó que le cancelaran el seguro del automóvil porque «no podía pagarlo». Luego hizo su primer presupuesto y dos días después sufrió un accidente de automóvil. Como este no fue grave, el daño al otro automóvil fue solo de 550 dólares. Kim me miraba a través de lágrimas llenas de pánico, porque esos 550 dólares podrían igualmente haber sido 55.000 dólares. Ella no había comenzado aún el primer paso de bebé. Kim trataba de ponerse al corriente y ahora tenía un obstáculo más que despejar antes de empezar. Esta era una gran emergencia.

Hace siete años, George y Sally estaban en la misma situación. Se hallaban en quiebra con bebés recién nacidos y la carrera de George estaba pasando por serias dificultades. George y Sally lucharon y escarbaron a través de una transformación total de su dinero. Hoy están libres de deudas, inclusive su casa. Ellos tienen un fondo de emergencia de 12.000 dólares, un retiro en Roth IRA y aun la universidad de los hijos está financiada. George ha crecido personalmente, su carrera ha florecido y ahora gana 75.000 dólares al año, mientras Sally está en casa con los niños. Una vez, un trozo de basura cayó de la camioneta de George y le pegó a un automóvil detrás de él en una carretera interestatal. El daño fue de unos 550 dólares.

Creo que usted podría concluir que George y Sally probablemente ajustaron el presupuesto de un mes y pagaron las reparaciones, mientras que Kim lidió con su accidente por meses. El asunto es que a medida que usted mejore, será más difícil afectarlo. Cuando el accidente ocurrió, el ritmo del corazón de George no se alteró, pero Kim necesitó un emparedado de Valium para calmarse.

Esas historias verdaderas ilustran que a medida que usted progresa en la transformación total de su dinero, cambia la definición de una emergencia que merece cubrirse con el fondo de emergencia. A medida que tenga mejor seguro médico, mejor seguro por incapacidad, más espacio en su presupuesto y mejores autos, tendrá menos cosas que califiquen como emergencias con cargo al fondo de emergencias.

Lo que solía ser un gran acontecimiento que alteraba el ritmo de su vida se convertirá en una inconveniencia. Cuando esté libre de deudas e invierta audazmente en llegar a ser rico, tomar unos cuantos meses sin invertir podrá darle para ponerle un motor nuevo a su automóvil. Cuando digo que el fondo de emergencia es un repelente contra Murphy, esto es solo parcialmente correcto. La realidad es que Murphy no visita mucho, pero cuando lo hace, apenas notamos su presencia. Cuando Sharon y yo estábamos en quiebra, nuestro sistema de aire acondicionado se rompió y la reparación costó 580 dólares. Fue una situación complicadísima. Hace poco instalé un nuevo calentador de agua de 1.300 dólares porque el viejo comenzaba a filtrarse; apenas noté el gasto. Me pregunto si el alivio al estrés que proporciona la transformación total de su dinero nos permitirá vivir más.

Permítame ser bien explícito

Hay algunas aclaraciones respecto al tercer paso de bebé. Joe me preguntaba recientemente si debía suspender su bola de nieve (el segundo paso) para terminar su fondo de emergencia. Joe y su esposa tendrán gemelos dentro de seis meses. La planta donde trabaja Brad cerrará dentro de cuatro meses y él perderá su empleo. Mike recibió una indemnización de 25.000 dólares la semana pasada cuando su compañía lo despidió. ¿Deberían estas personas seguir pagando la deuda o completar el fondo de emergencia? Los tres deberían suspender temporalmente el Plan bola de nieve y concentrarse en el fondo de emergencia, porque podemos ver a lo lejos nubes de tormenta muy reales. Una vez que pase la tormenta, pueden reanudar los planes como antes.

Reanudar el plan para Joe significa que una vez que los bebés hayan nacido saludablemente, estén en casa y que todo esté bien, él volverá a poner los 1.000 dólares en su fondo de emergencia y usará el resto del ahorro para sostener el Plan bola de nieve. Reanudar el plan para Brad significa que cuando encuentre su nuevo empleo, hará lo mismo. Mike debe mantener su fondo de emergencia de 25.000 dólares hasta volver a tener empleo. Mientras más pronto pueda obtener trabajo, más pronto su despido lucirá como un bono y tendrá un profundo impacto sobre el Plan bola de nieve.

Algunas veces la gente piensa que no necesita un fondo de emergencia porque sus ingresos están garantizados. Richard era un militar retirado y recibía alrededor de 4.500 dólares por mes, con lo que podía vivir si perdía su empleo. Él no creía que necesitaba un fondo de emergencia porque pensaba que todas las emergencias estaban relacionadas con el empleo. No obstante, sufrió un accidente de automóvil el mismo mes que quedó desempleado. Sus 4.500 dólares siguieron llegando, pero ahora encaraba una deuda por el automóvil. Aun cuando su ingreso esté garantizado, podría necesitar ayudar a un familiar enfermo, reemplazar su sistema de calefacción en medio del invierno u obtener una nueva transmisión. Las grandes emergencias fuera de presupuesto que no están relacionadas con el empleo surgen y requieren del fondo de emergencia.

Si usted no es dueño de su propia casa

Sigo diciendo que usted está libre de deudas, salvo por la casa, en este momento y que está ahorrando para terminar el fondo de emergencia. ¿Qué tal si aún no tiene casa propia? ¿Cuándo ahorrará usted para el pago de entrada? Voy a tratar de convencer a tantos como me sea posible sobre el plan de 100 % de entrada, pero sé que algunos tomarán la hipoteca de quince años con tasa de interés fija que dije anteriormente que es buena.

A mí me encantan los bienes raíces, pero no compre una casa hasta que termine este paso. Una casa es una bendición, pero si pasa a ser propietario con deudas y sin fondo de emergencia, Murphy establecerá residencia en el cuarto de invitados. Creo en las ventajas financieras y emocionales de la propiedad de una casa, pero he conocido muchas parejas jóvenes agobiadas porque corrieron a comprar algo sin estar listos.

Ahorrar para un pago de entrada o compra al contado de una casa debería ocurrir una vez liberado de la deuda en el segundo paso y luego de finalizar el fondo de emergencia en el tercer paso. Eso hace de ahorrar para un pago de entrada el tercer paso de bebé (b). Usted debe ahorrar para la casa si está desesperado por hacerlo antes de pasar al siguiente paso. Muchas personas se preocupan por tener una casa propia, pero, por favor, que eso sea una bendición y no una maldición. Será una maldición si compra algo mientras está en quiebra. Hay toda clase de gente que está ansiosa de «colaborar con usted» para que lo logre mucho más pronto, pero la definición de «financiación creativa» es «estoy demasiado arruinado como para comprar una casa».

Próximo paso: Creación de riqueza en serio

Bueno, usted lo ha logrado. Ahora está libre de deudas, salvo la hipoteca de la casa, y tiene ahorros para cubrir gastos de tres a seis meses. Llegar al final de este paso le toma de veinticuatro a treinta meses a una familia común si tienen intensidad de gacela. De dos a dos años y medio después de comenzar la transformación total de su dinero, se puede sentar en la mesa de la cocina sin pagos, salvo el de la casa, y con unos 10.000 dólares en una cuenta del mercado monetario. Cierre los ojos una vez más y deje que sus emociones y su espíritu visiten ese lugar. Caramba, lo veo sonriendo ahora.

¡Soy madre soltera con dos hijas, soy dueña de mi propia compañía y no tengo deudas, excepto la de mi casa! Sin embargo, no siempre fue así.

Cuando tenía veinte años, me embaracé de mi primera hija y creí que mi vida había acabado. Hasta entonces, yo había completado dos años de universidad, pero no sabía cómo podría terminar mi carrera y criar a una bebé. Entonces, dejé mis estudios. El siguiente año, atravesé un divorcio terrible; ¡no sabía qué hacer con mi vida!

En ese tiempo vivía con 400 dólares al mes y pagaba con tarjetas de crédito todo lo demás. Regresé a la universidad y me esforcé muchísimo para graduarme un año y medio después. Aunque tenía un título en publicidad, no lograba conseguir un trabajo que me pareciera emocionante. Entonces, a los veintitrés años de edad, decidí comenzar mi propio negocio de limpieza.

Se corrió la palabra y el negocio creció. En mi punto más bajo, tuve 100.000 dólares en deudas. Sin embargo, ¡los últimos seis años he trabajado constantemente para liberarme de deudas! Trabajé duro durante muchas horas para saldar la deuda y valió la pena.

Ya no tengo pagos mensuales del automóvil y tengo más de 2 millones de dólares en el seguro de vida y el seguro por incapacidad. Soy feliz, no tengo deudas, mis hijas van a una escuela privada y mi plan de retiro está listo.

Cada mes, ahorro 3.000 dólares para la educación de mis hijas, mi fondo de emergencia y mis inversiones. Estoy vendiendo mi casa porque quiero arrendar por un tiempo y ahorrar para un anticipo grande sobre mi próxima casa. Mi meta es no tener deudas, la casa incluida, ¡para cuando cumpla treinta y cinco años!

Autumn Key (29 años)
Dueña de Southern Comfort Cleaning

Soy muy exigente y apasionado en seguir estos principios y pasos precisamente porque he visto a personas como las que aparecen en estas páginas triunfar con la aplicación de la transformación total de su dinero. He escuchado muchas excusas, muchas razones y lamentos y muchas racionalizaciones de personas que dicen que son diferentes y poseen una fórmula mejor, pero créame, no es así. Lo mejor que tienen los principios es que hacen la vida fácil. He oído decir que cuando alguien basa su vida en principios, 99 % de las decisiones ya están tomadas.

Una vez que hayamos cubierto estos pasos básicos y que hayamos echado los cimientos, habrá llegado el momento de crear riquezas. Recuerde, por eso comenzamos la transformación total de su dinero. Deseábamos no solo estar libres de deudas, sino también llegar a tener riqueza suficiente para contribuir, retirarnos con dignidad, dejar una herencia y gozar de alguna diversión costosa. Manténgase sintonizado para que disfrute de una gran diversión.

9

Maximice sus inversiones para la jubilación: Esté en buena salud financiera de por vida

Tengo un amigo de cuarenta y tantos años que tiene una figura escultural. Es delgado con buena musculatura, pero no es un fanático excesivo de la salud. Vigila lo que come y se ejercita un par de veces por semana. Tengo otro amigo de treinta y tantos años que hace dieta con fanatismo, corre cada día, levanta pesas tres veces por semana, pero tiene un sobrepeso de 40 libras (casi 20 kilos). El segundo amigo comenzó su jornada salutífera hace dos años y está perdiendo peso y mejorando su físico. El primero, hombre musculoso, mantiene lo que logró tras duro ejercicio años atrás, pero no ha seguido haciéndolo con tanto vigor hoy.

La transformación total de su dinero es igual. La intensidad de gacela es necesaria para dar los pasos hacia la riqueza, pero un mantenimiento sencillo conservará sus músculos monetarios. Recuerde: mi amigo musculoso nunca come tres platos de alimento de una sentada. Él es consciente de que puede perder su esbeltez, pero puede lucir y sentirse bien con mucho menos esfuerzo, dando por sentado que recuerda los principios que le facilitaron desarrollar su magnífico cuerpo.

La intensidad de gacela le ha permitido perder 100 libras (45 kilos) de deuda y tener listo su «cardiofondo» de emergencia. Esta base le permitirá llegar a estar bien financieramente al entrenar sus músculos. Usted ha atacado su deuda y esta ha desaparecido. Con el dinero extra después de eliminar su deuda, atacó su fondo de emergencia y quedó abastecido. Se encuentra ahora en un momento crucial. ¿Qué hace usted con el dinero extra que volcó en el fondo de emergencia y en pagos de deuda? ¡No es momento de darse un aumento! Usted tiene un plan y está triunfando. ¡Siga así! Ha recorrido dos cuartos en un juego de cuatro cuartos. ¡Es hora de comenzar con el fin en mente! Es tiempo de invertir.

Lo que *no es* la jubilación

Invertir para el retiro o jubilación en el contexto de una transformación total de su dinero no se hace necesariamente para poder renunciar a su empleo. Si aborrece el rumbo de su carrera, cámbielo. Usted debe hacer algo con su vida que encienda su fuego interior y le permita usar sus dones. El retiro en Estados Unidos ha llegado a significar lo siguiente: «Ahorrar lo suficiente de modo que pueda dejar el empleo que odio». Este es un mal plan de vida.

Harold Fisher tenía 100 años y trabajaba cinco días a la semana en la firma de arquitectos que fundó. El señor Fisher no trabajaba porque necesitara dinero, muy lejos de ello. Él trabajaba porque encontraba deleite en lo que hacía. Además, era diseñador de templos. Su dicho favorito era: «La gente que se jubila temprano muere temprano». «Si me retiro, ¿qué haré?», se preguntaba. Harold Fisher estaba financieramente seguro y capacitado para hacer lo que quisiera; eso define el *retiro* según la transformación total de su dinero.

Cuando hablo de retiro, pienso en seguridad. Seguridad significa tener opciones. (Por eso pienso que retiro significa que el trabajo es una opción). Usted puede escoger escribir un libro, diseñar templos o pasar tiempo con sus nietos. Necesita llegar al punto en que su dinero trabaje con más rigor que usted. Un plan de retiro según la transformación total de su dinero significa invertir con la seguridad como objetivo. Usted posee ya la capacidad de renunciar a su empleo, y si no le gusta el trabajo, debe considerar hacerlo. Si no lo hace hoy, desarrolle un plan quinquenal para hacer la transición y llegar a ser aquello para lo cual Dios lo diseñó. Sin embargo, no espere hasta que llegue a los 65 años de edad para hacer lo que ama.

Sin embargo, la parte del dinero es importante. Usted quiere alcanzar sus años dorados con dignidad financiera. Esto solo ocurrirá con un plan. De acuerdo a un estudio del Instituto de Investigación de Beneficios para Empleados (EBRI por sus siglas en inglés), solo el 18 % de los trabajadores estadounidenses afirman estar muy seguros de tener suficientes ahorros de retiro, y la mitad de los trabajadores ni siquiera han intentado calcular cuánto dinero deben ahorrar para retirarse con dignidad. No solo no hemos hecho nada en aras de retirarnos con dignidad, sino que también hemos perdido la esperanza de que sea posible. En nuestro Estudio Nacional de Millonarios descubrimos que la mayoría de los que no son millonarios creen que hay que proceder de una familia rica, recibir una gran herencia, tener un salario de seis cifras o simplemente tener mucha suerte para disponer de un millón de dólares para la jubilación. ¡Caray! ¡Estas personas necesitan una transformación total de su dinero en grande! Si usted desea otro vistazo de la torcida visión de la realidad que tenemos, considere que el EBRI también descubrió que el 83 % de los jubilados confían en que tendrán suficiente dinero para sus necesidades básicas durante el retiro. Todo eso suena bien, pero también considere que el jubilado promedio de 65 años o más solo tiene ahorrados 280.000 dólares. Eso solo les dará un poco más de 20.000 dólares anuales para vivir en sus años dorados, y con lo costosa que es la vida hoy en día (y más costosa a medida que uno envejece), ¡esos jubilados «confiados» claramente viven una fantasía!

Yo crecí pobre, así que conozco el valor del dinero. Me crio mi abuela y pude ver su lucha diaria para proveer las condiciones necesarias para nosotros. Ella me enseñó desde temprano la importancia de ahorrar para los días de tormenta.

Mi primer trabajo consistía en recoger algodón. Después obtuve un empleo en un gasoducto de gas natural; allí trabajé por 35 años. Nunca gané más de 60.000 dólares anuales, pero siempre ahorré 10 % de mis ingresos en un plan de compra de acciones, que era el equivalente en ese entonces al 401(k) de hoy. Al principio, no creía que fuera conveniente dirigir tanto dinero hacia mi plan de retiro. Sin embargo, después concluí que, a la larga, no podía dejar de hacerlo.

Luego de 35 años de trabajo, ¡me retiré a los 58 años de edad (siete años antes) con alrededor de 1 millón de dólares en mis cuentas de retiro! Desde mi retiro, construí un taller y dediqué en él mucho tiempo a la experimentación y al disfrute. Mi esposa y yo incluso nos tomamos unas vacaciones de un mes en la región oeste del país; ¡esto era algo que siempre quisimos hacer y ahora teníamos el dinero suficiente para costearlo!

Ya que cada mes ahorrábamos dinero, en lugar de competir con los vecinos, ¡hoy tenemos la libertad de hacer lo que queramos por el resto de nuestras vidas!

Jim y Kay Robinson
(64 y 60 años respectivamente)
Ambos están retirados. Extécnico especialista;
exenfermera y ama de casa

La realidad es mucho más fría. Nuestros estudios demuestran que una de cada tres personas mayores de 60 años no tienen ni siquiera 1.000 dólares ahorrados. El 45 % de las personas mayores de 60 años tienen ingresos familiares por debajo de lo necesario para cubrir las necesidades básicas en su área. Asimismo, la Red de Investigación en Ciencias Sociales (SSRN por sus siglas en inglés) descubrió que en los últimos 20 años hay cinco veces más personas de 65 años o más en el sistema de quiebras de Estados Unidos. ¡Viejos nos vamos a poner! Usted debe invertir ahora si quiere pasar sus años dorados con dignidad. Invertir a largo plazo con la meta de la seguridad no es una teoría para considerarla cada cierto número de años, sino una necesidad respecto de la cual debe actuar ya. Debe llenar los papeles para su plan 401(k). En realidad debe elegir sus fondos mutuos y colocar dinero en ellos. Según las estadísticas, el nivel de negación que la persona promedio tiene sobre este tema es alarmante.

Cuarto paso de bebé: Invierta 15 % de sus ingresos en el retiro

Los que de ustedes hayan estado preocupados por el retiro ahora se sentirán aliviados porque finalmente llegamos a ese paso. Los que han estado viviendo en negación se preguntarán cuál es la razón de tanto alboroto. El cuarto paso de bebé es ocasión para pensar seriamente en forjar riqueza. Recuerde que cuando llega a este paso, ya no tiene que hacer ningún pago, salvo el de su casa, y tiene asegurado de tres a seis meses de gastos en su cuenta de ahorros, que suma miles de dólares. Con solo un pago debería ser fácil hacer inversiones fuertes. Aun con ingresos por debajo del promedio, puede asegurar que sus años dorados los pasará con dignidad. Previo a este paso, usted ha dejado de invertir o nunca ha comenzado a hacerlo, y ahora realmente tiene que echarle carbón al fuego.

La intensidad de gacela en los pasos previos le ha permitido concentrarse en incrementar sus ahorros. Las decenas de miles de personas que hemos conocido me han ayudado a desarrollar la regla del 15 %. Es sencillo: invertir anualmente 15 % del ingreso bruto, antes de la deducción de impuestos, con miras al retiro. ¿Por qué no más? Usted necesita dejar algo de sus ingresos para dar los dos pasos siguientes: ahorros para gastos universitarios y pagar pronto su casa. ¿Por qué no menos? Algunas personas desean invertir menos o nada, de modo que puedan pagar los estudios de un hijo o terminar de pagar la casa con gran rapidez. No le recomiendo eso, porque los grados universitarios de esos hijos no lo alimentarán en su retiro. No recomiendo que se pague la casa primero porque he asesorado a muchas personas de 75 años con una casa pagada y sin dinero. Esas personas terminan vendiendo la casa de la familia o hipotecándola para poder comer. Mal plan. Usted necesita hacer alguna inversión para el retiro en esta etapa antes de ahorrar para gastos de universidad y liquidar la hipoteca. Además, comenzando ahora, la magia del crecimiento compuesto trabajará para usted.

Cuando calcule su 15 %, no incluya el aporte igualitario de la compañía en su plan. Invierta 15 % de su ingreso bruto. Si su compañía iguala con algo o con parte de su contribución, considérelo algo extra. Recuerde, esto es una directriz general; si reduce el monto a 12 %, o lo aumenta a 17 %, no es un grave problema, pero comprenda los peligros de desviarse mucho de 15 %. Si no invierte lo suficiente, un día estará comprando aquel clásico libro de cocina: *72 Ways to Prepare Alpo and Love It* [Setenta y dos maneras de preparar comida para perros y amarla]. Si invierte más de lo indicado, mantendrá la hipoteca de su casa por demasiado tiempo, lo cual retendrá el poder de crear riqueza de la transformación total de su dinero.

De igual manera, no use sus beneficios potenciales del seguro social en sus cálculos. Yo no cuento con un gobierno inepto en cuanto a mi dignidad en mi retiro y usted no debe hacerlo tampoco. Una reciente encuesta señala que personas con menos de 30 años de edad creen más en discos voladores que en que recibirán dinero de la inseguridad social. Me inclino a creerlo. No estoy tomando una posición política (aunque no estoy exento de ello), pero las matemáticas de ese sistema auguran desastre. No soy el pollito del cuento que pronostica que el cielo va a caerse; libros enteros se han escrito sobre el embrollo de la seguridad social. Entienda, es su responsabilidad cuidar de usted y de los suyos, de modo que parte de la transformación total de su dinero es invertir ahora para que pueda hacerlo. Si el seguro social no existe cuando usted se retire, estará feliz de haber seguido mi consejo. Si por algún milagro el seguro social está vigente cuando se retire, eso querrá decir que me equivoqué. En ese caso, tendrá algún dinero extra de qué disponer. Estoy seguro de que me perdonará por eso.

Su instrumento son los fondos mutuos

Ahora que ha alcanzado este paso, necesita aprender sobre los fondos mutuos. El mercado de valores ha alcanzado un promedio de casi 12 % en retorno por inversiones a través de su historia. Los fondos mutuos que recomiendo para inversiones a largo plazo en Estados Unidos son los llamados fondos de crecimiento. Las inversiones en estos fondos son pobres a corto plazo porque suben y bajan en valor, pero son excelentes a largo plazo cuando se deja el dinero más de cinco años. Se conoce que 100 % de los períodos de quince años en la historia del mercado de valores han ganado dinero. Este libro, *La transformación total de su dinero*, no es un libro de texto sobre inversiones; si necesita más información detallada, revise nuestra clase, Universidad para la Tranquilidad Financiera, o mi primer libro, *Tranquilidad financiera*. Los fondos de mi retiro personal están invertidos de la manera que enseño en *La transformación total de su dinero*. Lo mismo ocurría cuando ahorrábamos para la universidad de nuestros hijos.

Aquí está la versión sencilla de mi enfoque. Yo escojo fondos mutuos que hayan tenido un buen historial de ganancias por más de cinco años, preferiblemente por más de diez. No miro su historial de uno o tres años, porque pienso a largo plazo. Yo repartí mis inversiones para el retiro a partes iguales en cuatro tipos de fondos. Los fondos de crecimiento e ingresos reciben 25 % de mis inversiones. (A veces se los llama fondos de gran capitalización o de primera clase (Blue Chip) [apodo dado a las acciones pertenecientes a una empresa establecida que tiene valor fijo alto que da ganancias]). Los fondos de crecimiento tienen 25 % de mis inversiones. (A veces se los llama fondos de capitalización media o de capital; un fondo índice S&P también califica). Los fondos internacionales reciben 25 % de mis inversiones. (A veces se los llama fondos en el extranjero o en el exterior). Los fondos de crecimiento agresivo reciben el último 25 % de mis inversiones. (A veces se los llama fondos de pequeña capitalización o de mercado emergente). Para una amplia discusión sobre lo que son los fondos mutuos y por qué uso esta mezcla, vaya a nuestro sitio web en ramseysolutions.com y busque en nuestra colección de artículos útiles que le darán toda la información que necesita.

El 15 % que invierta de su ingreso deberá aprovechar todas las igualas y ventajas de impuestos a su disposición. Repito, nuestro propósito aquí no es enseñar las diferencias detalladas de cada plan de retiro (vea mis otros materiales para eso). No obstante, permítame ofrecerle algunas directrices sobre dónde invertir primero. Siempre comience donde usted tenga una iguala. Cuando su compañía le dé dinero gratis, tómelo. Si su 401(k) iguala el primer 3 %, el 3 % que usted invierta será el primer 3 % de su 15 % invertido. Si usted no tiene iguala, o aun después de haber invertido por medio de la contraparte, debe a continuación abastecer sus cuentas Roth IRA.

La cuenta Roth IRA le permite invertir hasta 7.000 dólares al año por persona (8.000 dólares si tiene 50 años o más). Hay algunas limitaciones en cuanto a ingreso y situación, pero la mayoría de las personas pueden invertir en una cuenta Roth IRA. Esta cuenta crece LIBRE de impuestos. Si invierte solo 3.000 dólares por año desde la edad de 35 a 65 años y sus fondos mutuos promedian 12 %, usted tendrá 873.000 dólares LIBRES de impuestos a los 65 años de edad. Habrá invertido solamente 90.000 dólares (30 años × 3.000 dólares); el resto será crecimiento y usted no pagará impuestos.

La cuenta Roth IRA es un instrumento crucial en la transformación total del dinero de virtualmente todos nosotros.

Comience con cualquier equivalente a su aporte que le ofrezca la compañía para la cual trabaja, y entonces abastezca las cuentas Roth IRA. Asegúrese de que el total que está depositando en esas cuentas sea 15 % del ingreso bruto de su familia. Si no, vuelva al 401(k), 403(b), 457 o SEPP (para el que trabaja por cuenta propia) e invierta suficiente para que el total invertido sea 15 % de su ingreso bruto anual.

Ejemplo	
Ingreso familiar	**100.000 dólares**
Esposo	**50.000 dólares**
Esposa	**50.000 dólares**
El **401(K)** del esposo iguala el **primer 3 %**; el de la esposa no lo iguala.	
El **3 %** de los **50.000** dólares **(1.500 DÓLARES)** va al **401(K).**	
Dos cuentas Roth IRA le siguen, con un total de **13.500** dólares.	
La meta es **15 %** de **100.000** dólares, que son **15.000** dólares.	

¿Qué necesita para retirarse?

¿Cuánto necesita usted para retirarse con dignidad y seguridad? ¿Cuánto demorará para llegar allá? La calculadora de inversiones de nuestro sitio web (ramseysolutions.com/retirement/investment-calculator) puede ayudarle a hacer los cálculos adecuados. Usted estará seguro y dejará una apreciable herencia cuando pueda vivir con 8 % de sus ahorros al año. Si usted gana 12 % sobre su dinero en promedio y la inflación le roba 4 %, 8 % sigue siendo un número ideal. Si gana 12 % y solo extrae 8 %, usted incrementa sus ahorros en 4 % al año. Ese 4 % mantiene sus ahorros, y como consecuencia su ingreso, por sobre la inflación hasta que llegue la muerte. Usted obtiene un aumento por el costo de vida de sus ahorros cada año. Si puede vivir con dignidad con 60.000 dólares, necesita ahorros de solo 750.000 dólares. Yo le recomendaría que tenga el mayor ahorro posible, porque hay realmente algunas cosas agradables y no ambiciosas que hacer con esto más tarde, como donarlo.

Si al hacer el borrador de sus cálculos teme que no logre su meta al ahorrar el 15 %, tenga en cuenta que este es solamente el cuarto paso de bebé. Los pasos siguientes le permitirán acelerar su inversión mientras disfruta su vida.

¿Soñaría usted conmigo por un momento? Sueñe que una pareja de 27 años de edad con un ingreso promedio o inferior se compromete a tener una transformación total de su dinero. Ellos actúan como gacela intensa y en tres años, a la edad de 30, están en el cuarto paso. Ellos invierten 15 % de sus ingresos en cuatro tipos de fondos mutuos de crecimiento con cinco a diez años de historial reconocido. El promedio de ingreso neto en hogares de Estados Unidos es de 75.000 dólares por año según el Instituto Nacional de Estadística y Censos. Joe y Suzy invertirían 11.250 dólares (15 %) al año o 937.50 dólares por mes. Si usted gana 75.000 dólares al año, no tiene pagos excepto el de la hipoteca de la casa y vive con un presupuesto, ¿puede invertir 937 dólares por mes? Quédese conmigo. Si Joe y Suzy invierten 937 dólares por mes, sin una contraparte (lo que aportarían en su trabajo) en cuentas Roth IRA, desde la edad de 30 a la edad de 70 años, ¡tendrán 11 millones de dólares LIBRES de impuestos! ¿Qué tal si estoy equivocado a medias? ¿Qué tal si usted termina con solo 5,5 millones de dólares? ¡De seguro supera a ser una de las tres personas mayores de 60 años que no pueden ahorrar mil dólares!

Yo diría que Joe y Suzy están bien por debajo del promedio. ¿Por qué? En nuestro ejemplo ellos comenzaron con el ingreso neto promedio en Estados Unidos y en cuarenta años de trabajo nunca recibieron un aumento. Ellos ahorraron 15 % del ingreso y nunca lo incrementaron ni por un dólar. No hay excusa para retirarse sin dignidad financiera en Estados Unidos hoy. La mayoría de ustedes habrán pasado por sus manos más de 3 millones de dólares en sus años de trabajo, así que haga algo para retener un poco de ese dinero.

Gayle me preguntó un día si era demasiado tarde para comenzar a ahorrar. Ella no tenía 27 años como Joe y Suzy, sino 57, pero con su actitud usted habría pensado que esta dama tenía 107 años de edad. Harold Fisher tenía una mejor perspectiva a la edad de 100 años que Gayle a la de 57. La vida la había golpeado y le había destrozado su esperanza. Una transformación total de su dinero no es un espectáculo de magia. Usted comienza donde está y da los pasos. Estos pasos dan buenos resultados tenga 27 años o 57; ellos no cambian. Gayle podría comenzar a los 60 años el paso de la inversión para el retiro que Joe y Suzy comienzan a los 30 años. Gayle no fue sabia al llegar a la edad de 60 años sin un fondo de emergencia y con deudas por tarjetas de crédito y pagos de automóvil. Ella, como todos nosotros, no pudo ahorrar cuando tenía deudas y no tenía paraguas para cuando lloviera. ¿Habría sido mejor para Gayle comenzar cuando tenía 27 o aun 47 años? Evidentemente. Sin embargo, una vez que dejó de tenerse lástima, igual debía comenzar con el primer paso de bebé y seguir la transformación total de su dinero paso a paso para colocarse en la mejor posición posible.

Nunca es demasiado tarde para empezar. George Burns ganó su primer Óscar a los 80 años. Golda Meir fue primera ministra de Israel a los 71 años. Miguel Ángel pintó el techo interior de la Capilla Sixtina a los 66 años. El coronel Sanders nunca frio un pollo por dinero hasta que tuvo 65 años, y KFC (Kentucky Fried Chicken) es una marca mundial. Albert Schweitzer estaba practicando cirugía en África a los 89 años. Nunca es demasiado tarde para empezar. El pasado ha pasado. Comience donde está, porque esa es su única opción. Sin embargo, una nota para todos ustedes menores de 40 años: todos los que somos mayores de 40 estamos dándoles un grito colectivo: «¡INVIERTA AHORA!».

El cuarto paso de bebé no es: «Hágase rico rápidamente». La inversión que usted hace sistemática y constantemente lo hará rico con el tiempo. Si juega con esto saltando de aquí para allá, siempre hallando algo más importante que invertir, está condenado a ser una de las 27 de cada 100 personas de entre 65 y 74 años que todavía trabajan porque deben hacerlo. Sistemáticamente, la inversión constante es la tortuga que vence a la liebre en la carrera. Cuando usted se mantiene en ello, la inversión se multiplica y explota. Lo siguiente, escrito por Timothy Gallwey, siempre me recuerda este concepto:

Cuando plantamos una semilla de rosa en la tierra, advertimos que es pequeña, pero no la criticamos como algo «sin raíces y sin tronco».

La tratamos como una semilla y le damos el agua y la nutrición que necesita una semilla.

Cuando brota de la tierra por primera vez, no la condenamos por inmadura y subdesarrollada; no criticamos los capullos por no estar abiertos cuando aparecen. Nos quedamos maravillados ante el proceso que ocurre y damos a la planta el cuidado que necesita en cada etapa de su desarrollo.

La rosa es rosa desde el momento en que es una semilla hasta el momento en que muere. Dentro de ella, en todo momento, está su potencial completo. Parece estar constantemente en el proceso de cambio. Sin embargo, en cada estado, en cada momento, está perfectamente bien como es.

Una flor no es mejor cuando está florecida que cuando no es más que un capullo; en cada etapa es la misma cosa… una flor en el proceso de alcanzar su potencial.

La historia de la rosa versa sobre el potencial humano y sobre no definirnos por lo que hacemos, sino por quienes somos. La transformación total de su dinero y el estado de sus inversiones son similares. Impulse con intensidad de gacela hacia el florecimiento, pero sepa que siempre que siga los pasos progresivos, *está ganando*. Es cierto, no se nos define por la riqueza. Sin embargo, la transformación total de su dinero afectará su riqueza, así como sus emociones, sus relaciones y su condición espiritual. Este es un proceso «total».

Comencé a escuchar a Dave hace poco más de dos años. ¡Desde entonces, nos hemos liberado de deudas, excepto por la casa! También tenemos un fondo de emergencia completamente abastecido y dos automóviles buenos pagados. Además, puesto que pagamos doble la cuenta mensual de la hipoteca, habremos acabado de pagar la casa en unos cinco años. ¡Lo increíble es que no tenemos ni 25 años!

Yo me endeudé por primera vez antes de casarme. Yo creía que debía pagar a cuotas los autos y eso fue lo que hice. No se puede tener un automóvil sin pagar cuotas, ¿verdad? Hubo un punto en que tenía tres trabajos con el propósito de pagar nuestra deuda. Seguramente el banco quedó impactado cuando comencé a pagar el auto mensualmente con el triple del monto requerido.

Cuando pagamos las deudas y abastecimos el fondo de emergencia, comenzamos a invertir. Nosotros adoptamos los consejos de Dave en *La transformación total de su dinero* para invertir. Tenemos nuestros fondos mutuos diseminados en los cuatro tipos de fondo que Dave sugiere: fondos de crecimiento e ingreso, fondos de crecimiento, fondos internacionales y fondos de crecimiento agresivo. Gracias a Dave nuestro futuro es brillante. Si no ganamos o invertimos más que ahora anualmente por el resto de nuestras vidas, ¡aun así tendremos 12 millones de dólares a los 65 años!

Se siente increíble ser tan jóvenes y poseer tal libertad financiera, además de la capacidad de bendecir a otros financieramente. Gracias, Dave, por tus enseñanzas monetarias y, aún más importante, por seguir dando esperanzas a cientos de miles de personas.

Adam y Kristi Ivey
(24 y 22 años respectivamente)
Pastor de adoración; enfermera de parto

Después de completar este paso, usted no tendrá deudas, salvo por la casa, tendrá alrededor de 10.000 dólares en efectivo para emergencias y estará dando pasos para asegurar un retiro digno. Creo ver una ancha sonrisa en su rostro. Sé que cuando Sharon y yo alcanzamos este paso, las cosas comenzaron a avanzar en nuestra vida. Empezamos a reconquistar la confianza que había desaparecido de nosotros al perderlo todo. Usted va a triunfar. ¿Puede verlo y sentirlo? Si no, vuelva atrás y lea otra vez la oración. Mejor aún, escríbala donde la vea cada día: «Voy a triunfar». ¡Su vida está cambiando! ¡Esto es divertido! Ahora, demos otro paso.

10

Fondos para estudios: Asegúrese de que también estén incluidos los hijos

Es el momento de hacer algo sobre el siempre famoso fondo universitario. Muchos de ustedes han estado frotándose las manos mientras caminábamos a través de cuatro pasos de bebé y no han ahorrado ni un centavo para sus pequeños querubines. Algunas personas en nuestra cultura han perdido la cabeza respecto a la educación universitaria. La universidad es importante, tanto que les he explicado a mis hijos que si no van a ella contrataré personas que les hagan cosas desagradables hasta que vayan. Es en serio; una educación sólida para comenzar la vida de adulto y la carrera acrecentará la calidad de ambas. Yo también asistí y me gradué en una universidad; imagínese.

Entienda el propósito de una educación universitaria antes de establecer un fondo para ella

He impartido consejería a padres que me temía que necesitarían años de terapia si no proporcionaban a sus hijos la escuela más costosa, sin más. Estoy seguro de que, al comenzar este paso de bebé, necesitaremos examinar nuestro sistema de valores culturales sobre el tema de la universidad. Hemos vendido tan fuertemente y por tanto tiempo a nuestros jóvenes la idea de la universidad que hemos empezado a aceptar algunos mitos sobre los grados universitarios. Los grados universitarios no aseguran empleos. Los grados universitarios ciertamente no aseguran el éxito ni la riqueza; solo demuestran que alguien ha pasado con éxito una serie de exámenes. Todos conocemos personas educadas en universidades que están en quiebra y desempleados. Están muy desilusionadas porque creían que habían comprado un boleto y, aun así, se les negó un asiento en el tren del éxito.

Si usted va a enviar a sus hijos a la universidad porque desea que tengan garantizados un empleo, el éxito o la riqueza, se desilusionará dramáticamente. En algunos casos, la desilusión no espera mucho tiempo, porque tan pronto como se gradúan, regresan a vivir con usted. Oiga esto: la universidad es magnífica, pero no espere demasiado de ese título. ¿Qué tal si fuéramos a reconocer que, en la mayoría de los casos, la universidad puede solo impartir conocimiento? Si lo reconocemos, veremos que el fracaso y el dolor de cabeza están garantizados si esperamos que un grado universitario, por sí mismo, nos entregue los tesoros de la vida. Los grados universitarios solo producirán algo para usted si mezcla conocimientos con actitud, carácter, perseverancia, visión, diligencia y niveles extremados de trabajo. Le hemos atribuido una peligrosa responsabilidad a un pequeño papel; le hemos pedido que haga cosas que no puede hacer.

Debido a que hemos convertido un título universitario en cierta clase de fórmula de «genio en la botella» que ayuda mágicamente a triunfar en la vida, llegamos a extremos sumamente estúpidos para adquirir uno. He sido dos veces millonario partiendo de cero antes de tener 40 años y le atribuyo 15 % de eso al conocimiento universitario y 0 % al diploma. El libro *Inteligencia emocional* reporta un descubrimiento similar. En un estudio de personas triunfadoras, el autor descubrió que 15 % del éxito podía atribuirse al adiestramiento y a la educación, mientras que 85 % se atribuyó a la actitud, a la perseverancia, a la diligencia y a la visión. Si admitimos en alta voz que la educación es para obtener conocimiento, que solo es parte de la fórmula del éxito, no tenemos que volvernos locos en perseguir un título como si fuera el Cáliz Sagrado.

¿Qué de esas amistades de toda la vida que sus hijos harán en la universidad y que pudieran «ayudarlos» cuando se gradúen? Permítame preguntarle algo: ¿ha ganado usted algún dinero extra debido a las amistades que hizo en la universidad? No estoy diciendo que las amistades no importen, o que esos amigos de la universidad no lo ayudarán nunca a usted en su carrera. Sin embargo, si el precio por esa clase de amistades es una deuda enorme, es un precio demasiado alto. Además, usted puede crear amistades valiosas para el futuro sin que importe a qué escuela asistió.

Necesitamos esta base de por qué queremos la universidad para nuestros hijos a fin de establecer metas para los estudios. En otras palabras, si usted no espera tanto del diploma, tal vez no rompa todas las ramas de su árbol familiar enviando a los hijos a una universidad que francamente no puede costear. Repito, la universidad es importante, muy importante, pero no es la respuesta a todos los problemas de sus hijos. Sería muy atrevido si digo que la universidad no es siquiera una necesidad, es algo que se desea. No es una necesidad, es un lujo. Este lujo es uno de los primeros en mi lista, pero no antes del retiro, no antes del fondo de emergencia y ciertamente no como una razón para endeudarse.

DAVE DECLARA...

Un mito sobre el título universitario

Jamás he entrado en la oficina de un médico y he afirmado: «¿Sabe qué, doctor? Antes de que me tome la presión, dígame dónde estudió medicina». Tampoco he ido a interrogar a mi contador sobre dónde obtuvo su diploma.

Sin embargo, cuando elegimos una universidad para nosotros o nuestros hijos, actuamos como si una universidad en específico fuera un polvo mágico que nos hace exitosos automáticamente. No obstante, no es así. ¡Vaya sorpresa!

El conocimiento, la perseverancia, la integridad y el carácter lo llevarán más lejos que un trozo de papel con un logo de una universidad. Cuando yo contrato personas en mi compañía, casi nunca compruebo dónde estudiaron. Me interesa más lo que han hecho desde que se graduaron.

Bueno, no estoy en contra de una educación de élite o privada. Sin embargo, sí estoy en contra de la deuda que se adquiere para obtener un título y de la falta de razonamiento con que solemos abordar la situación.

Mucha gente llama a mi programa de radio con préstamos estudiantiles de 100.000 dólares, pero con ingresos anuales de solo 58.000 dólares. Esos cálculos están torcidos; la gente no puede vivir así, sobre todo con un cónyuge e hijos en camino; y la situación sigue empeorando, pues la deuda total de préstamos estudiantiles en Estados Unidos asciende a 1,7 billones de dólares.

En resumen: lo más inútil de su *título* es su *prestigio*. Para triunfar en las finanzas, debe dejar de interesarle la opinión de otros sobre usted. Si puede *entender* eso antes de ir a la universidad, está dando zancadas en la dirección correcta.

Reglas de Dave para la universidad

Haga una investigación sobre el costo de asistir a la universidad. Averigüe cuánto cuesta hoy su antigua universidad. Averigüe cuánto cuesta la más grande universidad estatal de su área y también la más pequeña. Averigüe cuánto cuesta la universidad privada más pequeña, más íntima. Compárelas. En algunas áreas de estudio y en muy pocas carreras importará dónde se gradúa, pero en la mayoría no. El prestigio significa menos y menos hoy en nuestra cultura laboral. ¿Cómo puede justificar incurrir en una deuda de 75.000 dólares para un diploma cuando pudo haber ido a una escuela estatal y pagar de su bolsillo libre de deuda? No puede. Si tiene los 75.000 dólares en efectivo extra o una beca y desea ir a esa escuela privada libre de deudas, por supuesto, hágalo. De otra suerte, reconsidérelo.

La primera regla de la universidad (sea para usted o para sus hijos) es: pague en efectivo. La segunda regla es: si tiene el efectivo o la beca, vaya a esa universidad. Hace un par de años me encontré con el decano de la escuela de ciencias comerciales de la universidad donde me gradué. En aquel entonces, el promedio de estudiantes se graduaba con una deuda de aproximadamente 30.000 dólares en préstamo estudiantil, después de pasar tres o cuatro años en un apartamento, no en el dormitorio, y de comer fuera del recinto, no como parte del plan de alimentos. El estudiante promedio pagaba 6.500 dólares *más por año* para vivir y comer fuera del recinto que para vivir en el dormitorio y comer la comida de la cafetería. El préstamo estudiantil que ellos «debían tener» o no podrían ir a la universidad, no era para la universidad en absoluto. La mayor parte de los préstamos estudiantiles, como promedio, cubrían el nivel de vida fuera del recinto y casi ninguna deuda sirvió para pagar por la obtención del título, solo para lucir bien mientras lo obtenían.

Los préstamos estudiantiles son un cáncer. Una vez que ha caído en ellos, no puede librarse. Son como un familiar indeseable que viene a pasarse «unos días» y se queda en el cuarto de huéspedes por diez años. Hemos divulgado el mito de que usted no puede ser estudiante sin un préstamo. ¡No es cierto! *USA Today* afirma que 2 de cada 3 estudiantes universitarios sacan préstamos estudiantiles. Estos préstamos han llegado a ser cosa normal, y lo normal es estar en quiebra. De hecho, la actual generación de estudiantes ha sido apodada «generación deudora» porque se están graduando tras cuatro años de estudio con un promedio de 37.000 dólares en deudas de estudio. Apártese de los préstamos; haga planes para evitarlos.

Si ha planeado sus metas de ahorro y no tiene mucho espacio en el presupuesto para la universidad, no caiga en el pánico. El conocimiento es solo parte de la fórmula del éxito. Con lo que usted puede ahorrar, esos preciosos niños pueden seguramente obtener un buen título si se adaptan a los ajustes de la vida y obtienen un empleo mientras estudian. El trabajo es bueno para ellos. En las pasadas generaciones, los estudiantes vivían con sus familiares, dormían en dormitorios, comían la comida de la cafetería y soportaban otras privaciones para obtener un título. Incluso iban a las escuelas sin demasiado prestigio para obtener conocimientos, que es lo que buscaban. Tampoco se hacían ilusiones de que el título les iba a garantizar empleos o el éxito.

Bien, luego de muchas páginas hablando sobre la mentalidad, podemos establecer algunas metas razonables y asequibles para ahorrar con miras a la universidad.

Quinto paso de bebé: Ahorre para la universidad de sus hijos

Casi todo el mundo piensa que ahorrar para la universidad es importante. Sin embargo, pocos ahorran dinero para la educación universitaria de sus hijos. BestColleges.com descubrió que 44 % de los estadounidenses con hijos no ahorran un centavo para la universidad. Según un estudio de Sallie Mae de 2022, solo 33 % de las familias utilizan fondos de ahorros universitarios como las cuentas de ahorro educativo (ESA por sus siglas en inglés) y los planes 529. ¿Por qué estamos actuando tan mal? Porque estamos en deuda, no tenemos ahorros de emergencia, no hay presupuesto, etc. Tenemos que andar con pasos de bebé en la transformación total de su dinero antes de tener el dinero que vamos a ahorrar para la universidad. Si ahorra para la universidad y no tiene un fondo de emergencia, sacará del fondo para la universidad a fin de salvar su casa de un juicio hipotecario cuando se quede sin empleo. Si trata de ahorrar para la universidad mientras hace pagos para todo lo que existe bajo el sol, no tendrá dinero alguno para ahorrar. Por otra parte, para cuando llegue a este punto mediante los pasos de bebé, tendrá una base sólida y dinero para ahorrar. Si no tiene hijos o sus hijos son grandes y se han ido, sencillamente pase por alto este paso. Para todos los demás, el fondo universitario es una necesidad. Si usted hace lo que le digo, cuando comience un fondo para la universidad, no terminará saqueándolo.

Cuando comenzamos a buscar una universidad para nuestra hija, nos preocupamos mucho. Siempre habíamos vivido dentro de nuestras posibilidades, pero jamás habíamos ahorrado para el futuro. Habíamos escuchado de estudiantes que acumulan decenas de miles de dólares en deudas universitarias. No obstante, nosotros no deseábamos que nuestra hija tuviera esa carga al graduarse.

Nosotros no creíamos que fuera posible pagar la universidad en efectivo. Al inicio, supusimos que tendríamos que ayudarla tanto como pudiéramos con nuestros recursos y luego nos endeudaríamos para hacer los pagos restantes.

Investigamos un poco y descubrimos que nuestra hija podía estudiar la mayoría de sus clases en una universidad comunitaria por muchísimo menos dinero. Ella manejó 20 millas (32 kilómetros) diarios durante dos años y siguió viviendo en nuestro hogar. ¡Lo mejor de todo es que se ganó tres diferentes becas, que pagaron por la mitad de su matrícula!

Tras dos años, ella se graduó con un título asociado en artes y se transfirió a una universidad con estudios de cuatro años. Allí se esforzó mucho y se ganó aún más becas, lo cual redujo incluso más su matrícula. Nosotros la ayudamos pagando el apartamento y la matrícula; ella trabajó a medio tiempo para pagar sus libros, alimentos y otros costos de vivienda. Este fue un esfuerzo de equipo; todos teníamos una misma meta: que nuestra hija se graduara sin deudas.

Descubrimos que con un poco de creatividad y mucho trabajo duro, podíamos pagar en efectivo por la educación de nuestra hija. ¡Sin duda funcionó! ¡Nuestra hija se graduará en unos meses sin préstamos estudiantiles!

Craig y Karen Seymour (55 y 52 años)
Oculista; supervisora del registro en el departamento de policía

Cuentas ESA y 529

La matrícula de la universidad sube más rápido que la inflación normal. La inflación de bienes y servicios arroja un promedio de 4 % al año, mientras que la inflación de la matrícula se eleva a cerca de 8 % al año. Cuando usted ahorra para la universidad, tiene que añadir por lo menos 8 % anual para mantenerse al nivel de los aumentos. El seguro de vida para bebés, como Gerber u otro seguro de vida total para bebés que ahorran para la universidad, es un chiste; por lo general se requiere alrededor de 15 años para que el valor en efectivo de esos planes iguale la cantidad pagada en primas. Eso es ridículo. Los bonos de ahorro no funcionan tampoco (¡lo siento, abuela!) porque arrojan un promedio de entre 2 % y 5 %. La mayoría de los estados ahora ofrecen matrícula de universidad pagada por adelantado. Discutimos eso en el capítulo 4 sobre los mitos del dinero, pero recuerde que cuando paga algo por adelantado, usted sencillamente iguala la inflación en ese caso. Si la matrícula sube 8 % al año y paga por adelantado, usted gana 8 % en su dinero. Esto no está mal, pero recuerde que un fondo mutuo de crecimiento decente ganará como promedio más de 12 % cuando se invierte a largo plazo. Por supuesto, hay cosas peores que la matrícula pagada por adelantado. BestColleges.com informa que 22 % de los pocos que en realidad ahorran para la universidad lo hacen en una simple cuenta de ahorros que rinde menos de 1 %. Eso no lo va a lograr. Sé que algo es mejor que nada, pero me gusta otro adagio mejor en este caso: si algo merece hacerse, vale la pena hacerlo bien. Vamos a dar el quinto paso de bebé como es correcto.

Sugiero establecer un fondo para la universidad, o por lo menos el primer paso de la universidad, con una cuenta ESA abastecida en un fondo mutuo de crecimiento. La cuenta de ahorro educacional, llamada con el apodo de educación IRA (IRA son las siglas en inglés de «cuenta de jubilación individual»), crece libre de impuestos cuando se utiliza para la educación superior. Si usted invierte 2.000 dólares anuales desde el nacimiento hasta la edad de 18 años en matrícula pagada por adelantado, eso compraría cerca de 72.000 dólares en matrícula, pero mediante una ESA en fondos mutuos que arrojen un promedio de 12 %, usted tendrá 126.000 dólares libres de impuestos. La ESA actualmente le permite invertir 2.000 dólares anuales por hijo si su entrada neta es inferior a 190.000 dólares por año. El límite de inversión disminuye gradualmente con el aumento de los ingresos; todo el que gane más de 220.000 dólares no es elegible. Si empieza a invertir temprano, su hijo puede ir prácticamente a cualquier universidad por cuatro años si ahorra 166,67 dólares por mes (2.000 dólares por año). Para la mayoría de ustedes, el quinto paso de bebé es manejable si empiezan una ESA totalmente abastecida cuando su hijo tenga cinco años o menos.

Si sus hijos son mayores, o usted aspira a universidades caras, escuelas de posgrados o programas para doctorados que usted pagará, tendrá que ahorrar más de lo que permite una ESA. Yo aun empezaría con una ESA si los límites del ingreso no lo dejan fuera. Comience con la ESA porque usted puede invertir dondequiera, en cualquier fondo o cualquier combinación de fondos, y cambiar cuando le parezca. Es la más flexible y usted tiene mayor control.

Si desea hacer más que una ESA, o su ingreso no se lo permite, tal vez puede considerar el plan 529. Estos son planes del estado, pero la mayoría le permite usar el dinero en cualquier institución de altos estudios, lo que significa que puede ahorrar en un plan 529 de Nuevo Hampshire e ir a la universidad en Kansas. Hay varios tipos de planes 529 y usted debe apartarse de la mayoría de ellos. El primer tipo que llegó a ser popular fue el plan «fase de vida». Este tipo de plan le permite al administrador controlar su dinero y trasladarlo a inversiones más conservadoras a medida que el niño crece. Estos rinden poco (cerca de 8 %) porque son muy conservadores. El siguiente tipo es un plan «prepagado», que permite pagar por adelantado los gastos futuros de la universidad al precio actual de la matrícula. Ya hemos hablado de los problemas de todo lo prepagado, pero estos planes prepagados tienen aún más. Los planes prepagados 529 tienen estrictos requisitos de elegibilidad y ponen muchas restricciones sobre cómo se pueden utilizar los fondos.

Uno de los problemas con un plan 529 es que debe renunciar a un porcentaje de control. Los mejores planes 529 disponibles, y mi segunda opción tras una ESA, es un plan «flexible». Este tipo de plan le permite cambiar su inversión de lugar periódicamente dentro de una determinada familia de fondos (que es un nombre de marca de fondos mutuos). Usted puede escoger prácticamente de cualquier fondo mutuo en el American Funds Group, Vanguard o Fidelity. Usted está atado a una marca, pero puede seleccionar el tipo de fondo, la cantidad en cada uno de ellos y cambiar si usted lo desea. Este es el único tipo de 529 que recomiendo.

No importa cómo ahorre para la universidad, pero hágalo. Ahorrar para ese fin le asegura que un legado de deuda no se transmitirá a su descendencia en el árbol familiar. Lamentablemente, la mayoría de las personas que se gradúan de la universidad tienen muchas deudas antes de empezar sus carreras. Si empieza temprano o ahorra audazmente, sus hijos no serán parte de ese grupo.

Frustrada y cansada de acumular deudas durante años, me sentí lista para liberarme y comenzar a planificar un mejor futuro. Jared, quien entonces todavía no era mi esposo, me dio ánimo. Sin embargo, todo cambió cuando mi hermana me habló sobre Dave. Jared y yo leímos *La transformación total de su dinero*, asistimos a uno de los eventos en vivo y decidimos que era tiempo de saldar nuestra deuda con intensidad de gacela antes de casarnos.

Cada uno de nosotros pagó por completo su automóvil, Jared finalmente saldó su deuda del préstamo estudiantil de 36.000 dólares y juntos ahorramos 9.000 dólares para nuestra boda. Se sintió bien ser recién casados y tener un presupuesto y un plan financiero. Como ya no teníamos tarjetas de crédito que nos tentaran hacia comprar tonterías, mantenernos dentro del presupuesto y ahorrar dinero fue sencillo. Además, determinamos una cierta cantidad de dinero para que cada uno lo usara como quisiera. Ambos decidimos ahorrar la mayoría de ese dinero también, lo que nos alejó aún más de las compras impulsivas. Puesto que ganábamos 42.000 dólares anuales, debíamos ser inteligentes con nuestras compras. Entonces, decidimos comprar muebles usados y cambié mi todoterreno por un auto más económico.

No vivir de sueldo en sueldo es increíble. Jared y yo tenemos las mismas metas financieras y nos emociona nuestro futuro. Se siente bien planificar el futuro en vez de pagar el pasado. Actualmente, estamos abasteciendo nuestro fondo de emergencia y ahorrando para un pago de entrada de una casa. Cuando decidamos dónde vivir, ¡será magnífico poseer el dinero suficiente para ello!

Vaneesa y Jared Smith
(30 y 28 años respectivamente)
Camarera; chef

Sea creativo cuando no disponga de mucho tiempo

¿Qué tal si usted dispone solo de dos años y no puede ahorrar mucho porque comenzó un poco más tarde la transformación total de su dinero? Primero, vuelva a leer los conceptos al comienzo de este capítulo. Haga planes para que su hijo asista a una universidad que sea más barata, que viva en el recinto y que coma en la cafetería. Usted está buscando conocimiento, no alcurnia. Los préstamos estudiantiles no son una opción. Debe ser creativo e ingenioso. Haga que sus hijos investiguen sobre empresas que pudieran estar buscando a alguien con el título que sus hijos desean. Haga que ellos pidan a la empresa que les pague los estudios mientras trabajan para ella. Muchas compañías pagan la matrícula a sus empleados «adultos»; simplemente hágalo en sentido inverso. ¿Dirán que sí todos ellos? Absolutamente no; en realidad, la mayoría dirá que no, pero esto solo toma un sí, así que pregunte con frecuencia.

Busque compañías que tengan programas de trabajo y estudio a la vez. Muchas compañías ofrecen pagar los estudios y han concertado acuerdos sobre matrículas con universidades locales para atraer una fuerza de trabajo. Disney, por ejemplo, tiene un programa que permite pagar la matrícula por adelantado y obtener el reembolso por los libros después de noventa días de contratación, y eso incluye tanto los trabajos a tiempo completo como los de medio tiempo. Este es solo un ejemplo entre muchos. Este tipo de programa es para alguien que desea conocimientos, no ir a la universidad solo para adquirir la «experiencia universitaria», que se traduce en querer estar de fiesta. Si quiere endeudarse para enseñar a sus hijos a tomar cerveza o para que adquieran abolengo, necesita algo más que una simple transformación total de su dinero.

Averigüe lo que el ejército ofrece. El ejército no es para todo el mundo, pero un joven que trabajaba para mí obtuvo una educación universitaria gratis sirviendo cuatro años en el ejército. Sinceramente, él odiaba el ejército, pero ese fue su pasaporte hacia la escuela. Él creció en un hogar subvencionado y se le dijo toda la vida que la universidad no estaba en su futuro, pero él se negó a aceptarlo.

Yo estaba en las últimas; le robaba a Pedro para pagarle a Pablo. Había agotado el saldo de dos tarjetas de crédito y no tenía de dónde sacar. Sabía que no podía continuar así.

¡Yo tenía 35.000 dólares en deudas con un ingreso anual de 35.000 dólares! Cuando mi auto se averió y el mecánico me dijo que costaría 1.500 dólares, ¡algo debía cambiar!

Primero, averigüé y encontré un buen mecánico que hizo el trabajo por 300 dólares. Segundo, busqué un segundo empleo para pagarlo.

Poco después, decidí pagar mi deuda de una vez por todas. Yo quería saldarla rápidamente, así que busqué más empleos. Los sábados y los domingos los pasaba limpiando habitaciones en un centro turístico de lujo. ¡Recuerdo que cuando salía de mi segundo trabajo lloraba mientras manejaba porque ya no quería limpiar baños y tender camas! No obstante, yo sabía que valdría la pena.

Fue difícil, ¡pero logré pagar los 35.000 dólares en deudas! También me deshice de mis tarjetas de crédito y dejé de comprar tonterías. Además, tengo un fondo de emergencia y un fondo para un auto nuevo. ¡Tener un plan financiero cambió mi vida! La gente se reía de mí cuando tenía dos o tres empleos, ¡pero ahora no tengo deudas y tengo ventaja en las finanzas!

Shelley Hogenhout (31 años)
Analista del mejoramiento de
procesos de negocio

Si el servicio militar de tiempo completo no es para usted, investigue en la Guardia Nacional. Ellos le pagarán para ir a un campamento de entrenamiento un verano entre la secundaria y la universidad y después le pagarán lo suficiente para matrícula y libros el resto del tiempo. Por supuesto, usted también servirá a su país en la Guardia Nacional.

Acepte un muy rechazado pero bien pagado empleo de vendedor en el verano. Hay incontables historias de jóvenes que venden libros o participan en programas similares para pagar sus estudios. Algunos de esos jóvenes vendedores son como guerrilleros que reciben más educación en las trincheras de verano que en las clases de mercadeo. Un amigo mío ganó 40.000 dólares vendiendo en un verano. Al regreso a clase en el otoño, su profesor de mercadeo le dio una C por la presentación de ventas que hizo en la clase. Mi amigo, un tanto inmaduro, le preguntó al profesor cuánto ganaba al año. Luego de cierta insistencia, el profesor admitió que ganaba 35.000 dólares por año. Mi amigo salió y, lamentablemente, abandonó la universidad. Mi amigo está bien; su ingreso el año pasado fue de más de 1.200.000 dólares. No cuento la historia para decir que sea bueno ser inmaduro y abandonar la escuela, porque hasta él le diría que le pesa no haber terminado. Le cuento esta historia verdadera porque ilustra que mi amigo aprendió muy valiosas lecciones sobre mercadeo mientras trataba de pagar sus estudios. Hay otros beneficios más allá del dinero que aguardan al joven que trabaja para pagar todo o parte de sus estudios.

Si usted tiene ya los préstamos estudiantiles o no quiere aceptar uno, averigüe sobre los programas de «áreas de escasos recursos». El gobierno acuerda pagar sus préstamos estudiantiles si va a trabajar en un área rural o de escasos recursos. Estos programas se ofrecen principalmente a los estudiantes graduados de derecho, medicina, enfermería o enseñanza. No obstante, debe asegurarse de no ser parte de un programa de condonación de préstamos para el servicio público donde se supone que el gobierno perdona la deuda por el préstamo estudiantil a personas que trabajan para ciertos empleadores durante un determinado tiempo. Ese programa ha sido una enorme decepción, pues solo ha condonado la deuda a una ínfima parte de las personas que lo han solicitado.

Probablemente mi método favorito de pagar los estudios, además de ahorrar para ello, son las becas. Hay discrepancias sobre la cantidad de becas no reclamadas en el país cada año. Mucha gente en internet hablará con emoción sobre este asunto. Sin embargo, legítimamente hay cientos de millones de dólares en becas disponibles cada año. Estas no son solamente becas académicas ni atléticas. Consisten de pequeñas a medianas sumas de dinero aportadas por organizaciones o clubes de la comunidad. El Rotary Club, el Lions Club, o los Jaycees muchas veces donan 250 o 500 dólares por año como premio a algún joven de mérito. Algunas de estas becas se basan en la raza, el sexo, o la religión. Por ejemplo, podrían ser concebidas para ayudar a la educación de alguien cuya procedencia sea de los indígenas americanos.

Las listas de becas se pueden encontrar a través de herramientas y bases de datos gratuitas en línea y de la Solicitud Gratuita de Ayuda Federal para Estudiantes (FAFSA por sus siglas en inglés). Denise, una oyente de mi programa radial, oyó mi consejo, llenó el formulario de la FAFSA y buscó las becas en línea. Los resultados de su búsqueda cubrieron más de 300.000 becas disponibles. Ella los filtró según su situación, intereses y educación y obtuvo una lista de 1.000 becas a las que podía aplicar. Pasó todo el verano llenando las solicitudes y escribiendo ensayos. Literalmente aplicó a 1.000 becas y 970 de ellas rechazaron su solicitud, pero la aceptaron 30 becas que le pagaron 38.000 dólares. Con los 8.000 dólares adicionales en becas que recibió de su escuela al rellenar la FAFSA, acabó teniendo más que suficiente para cubrir su matrícula durante los cuatro años, mientras que su vecina de al lado se sentaba y lloriqueaba porque no disponía de dinero para la escuela y al final consiguió un préstamo estudiantil.

Si sigue los pasos de bebé, puede enviar a sus hijos a la universidad sin deudas. Aun si comienza tarde, la perseverancia y la habilidad pueden lograr que completen sus estudios. Si desea ir a la universidad, puede. La buena noticia es que aquellos de ustedes que tienen una transformación total de su dinero probablemente no solo pagarán por la educación de sus hijos, sino que también, al enseñar a sus hijos a manejar el dinero y al llegar a ser ricos, sus nietos podrán asistir a la escuela libres de deudas.

11

Pague la hipoteca de su casa: Siéntase en excelentes condiciones

Tengo un buen amigo que corre maratones. Me siento y escucho asombrado las historias de los que ha corrido. Es increíble la dedicación, el adiestramiento y el dolor que experimentan los corredores. Yo corrí un maratón completo una vez y me gusta completar la mitad de varios maratones al año, pero los que corren múltiples maratones completos cada año son algunas de las personas más saludables del planeta. Al llegar al sexto paso de bebé (pague su casa antes de tiempo), usted alcanza la condición de corredor de maratón en el mundo de la creación de riqueza. Usted ha corrido la buena carrera, pero no ha terminado.

Bruce, mi amigo maratoniano, me comentó (y yo también lo he experimentado) que cerca de las 18 millas (casi 30 kilómetros), de las 26,2 millas (41,8 kilómetros) que hay que completar, los corredores comienzan a trancarse. Empiezan a sentir algunas cosas realmente desagradables en los músculos y en la mente en ese momento. Casi es el final de la carrera y el cuerpo no responde. Su cuerpo, que ha sido entrenado y acondicionado, empieza a decir: «Basta». Grandes nubes negras de duda entran en aquella mente fuerte y adiestrada para la competencia. El corredor comienza a pensar cosas como: *Correr 30 kilómetros es bastante bueno; muy pocos podrían lograrlo.* Si se descuida, lo «bastante bueno» puede convertirse en el enemigo de «lo mejor». Lo «malo» es rara vez el enemigo de «lo mejor», pero la mediocridad con una dosis de duda puede mantenerlo fuera de la excelencia. Terminar bien puede ser más importante que comenzar bien.

Alcance el anillo de oro

En este punto de la transformación total de su dinero, usted está libre de deudas, excepto la de la casa, y tiene ahorrado entre tres y seis meses de gastos para emergencias (15.000 dólares, más o menos). Además, está depositando 15 % de sus ingresos en los ahorros para el retiro e invirtiendo para la educación universitaria de sus hijos con firmes objetivos en mente para ambas cosas. Usted es ahora uno del tope 5 % a 10 % de los estadounidenses porque tiene alguna riqueza, tiene un plan y todo está bajo control. ¡En este punto de la transformación total de su dinero usted está en grave peligro! Está en peligro de conformarse con «lo bastante bueno». Está en la marca de las 18 millas (30 kilómetros) del maratón, y ahora que es el momento de alcanzar el verdadero anillo de oro, los dos pasos de bebé finales podrían parecerle fuera de su alcance. Permítame asegurarle que muchos han llegado a este punto. Algunos se han detenido y lo han lamentado; otros se han mantenido como gacela intensa el tiempo suficiente para terminar la carrera. Estos últimos se han dado cuenta de que solo queda un importante obstáculo por vencer, después del cual pueden caminar con orgullo entre los que están en óptimas condiciones y que se consideran campeones financieros. Ellos pueden contarse a sí mismos entre la élite que ha terminado la transformación total de su dinero.

Nosotros comenzamos el plan de Dave para una transformación total de nuestro dinero en el 2002. Teníamos más de 3.000 dólares en una segunda hipoteca, teníamos pagos de tarjetas de crédito, una hipoteca de 30.000 dólares y no contábamos con un fondo de emergencia o de ahorros. Vivíamos con ingresos anuales de 45.000 dólares y nos sentíamos fuera de control. Cuando descubrimos el proceso de los pasos de bebé, supimos que era nuestra ruta de escape. Completamos los pasos de bebé tan rápido como pudimos y nuestra vida comenzó a cambiar inmediatamente.

Sabíamos que primero debíamos elaborar un presupuesto y comenzar el Plan bola de nieve. Para comenzar todo esto, hicimos una venta de garaje. ¡Fue increíble! Ganamos más de 500 dólares y pagamos varias deudas de inmediato. Luego seguimos trabajando y ahorrando y trabajando aún más. Estábamos resueltos a salir de deudas y a avanzar en la vida. Logramos pagar nuestras deudas por consumo, abastecimos por completo nuestro fondo de emergencia y comenzamos a invertir. Nos impresionó cuán enfocados estábamos en saldar nuestras deudas.

No obstante, ese no fue el fin; el mayor reto era pagar la casa. Esta fue de las cosas más difíciles que haya hecho en mi vida. Tomé un segundo empleo a medio tiempo de limpiar oficinas 30 horas a la semana, además de mi trabajo a tiempo completo. Joe trabajaba horas extra siete días a la semana. Durante cinco meses extenuantes, trabajamos más que nunca en nuestras vidas, pero sabíamos que valía la pena. Finalmente, en septiembre del 2005, logramos nuestro cometido: ¡pagamos nuestra casa y quedamos LIBRES DE DEUDAS!

Es sorprendente la sensación de libertad que se obtiene cuando el peso de los pagos mensuales no cuelga amenazante sobre nosotros. ¡Ahora podemos concentrarnos en ahorrar para nuestra jubilación y comenzar a vivir de veras! Incluso renuncié a mi trabajo y comencé mi propio negocio para no estar esclavizada a un T-R-A-B-A-J-O a diario; ahora puedo trabajar en lo que amo. Es cierto que les suceden cosas buenas a quienes esperan.

Sin duda, Dios nos ha bendecido a través de esta experiencia. Por primera vez en la vida, nuestros planes futuros no son solo un sueño, sino una posibilidad real. ¡Si nosotros pudimos lograrlo, entonces todos pueden hacerlo!

Carla y Joe Schubeck
(38 y 43 años respectivamente)
Diseñadora / ministra; operador de prensa

Sexto paso de bebé: Pague su casa antes de tiempo

El obstáculo final antes de doblar la esquina hacia los últimos kilómetros es llegar a estar completamente libre de deudas, sin pagos. ¿Cómo se sentiría sin tener que hacer pagos? Ya he dicho esto antes y lo repetiré hasta que usted me oiga: si usted invirtiera sus pagos mensuales, sería un millonario libre de deudas en poco tiempo. Su principal instrumento para crear riqueza es su ingreso; usted ha leído eso una y otra vez. Ahora tiene que ver las posibilidades que se abren. Usted se ha adiestrado, se ha condicionado y se ha alimentado bien para correr este maratón, ¡así que no abandone la carrera en el kilómetro treinta! Cada dólar en su presupuesto que pueda hallar por sobre los gastos de vida, el retiro y la universidad debe usarse para hacer pagos extra de su casa. Ataque la hipoteca de la casa con intensidad de gacela.

Mi familia tuvo una mascota fabulosa, una dogo faldera china, como Frank en la película *Hombres de negro*. Su nombre era Heaven, y cuando le hablábamos giraba su cabecita de lado como si se preguntara si hemos perdido la cabeza. Si oyera la manera en que le hablábamos a Heaven, podría pensar que de veras estamos locos. Todos hemos visto esa mirada de lado que nos echan cuando decimos algo extraño, algo contrario a la cultura a la cual estamos acostumbrados. Cuando digo: «Liquide su hipoteca», algunos de ustedes mirarán este libro como si les hubiera dicho que confeccionen alas y vuelen a la luna.

Siempre que hablo de liquidar las hipotecas, la gente me mira de esa forma; piensan que estoy loco por dos razones. Primera: la mayoría de las personas han perdido la esperanza y no creen que haya alguna oportunidad para ellos. Segunda: la mayoría de las personas creen en todos los mitos que se han divulgado sobre las hipotecas. Sí, debemos acabar con unos cuantos mitos más. Hay dos «razones» verdaderamente grandes que mantienen a ciertas personas que parecen inteligentes (como yo durante años) sin liquidar las hipotecas, de modo que empezaremos con esas.

Recuerde: Cuidado con los mitos

Primera gran razón:

MITO: Es conveniente mantener la hipoteca de la casa por la deducción de impuestos.

REALIDAD: La deducción de impuestos no es ninguna ganga.

Discutimos la matemática de la deducción de impuestos cuando explicamos el engaño con los autos. Vamos a repasar el tema. Si usted tiene una casa con un pago de alrededor de 1.500 dólares y la porción de interés es de 900 dólares por mes, entonces ha pagado cerca de 10.000 dólares en intereses ese año, lo cual crea una deducción del impuesto. Si en lugar de ello, usted tiene una casa libre de deuda, en realidad pierde la deducción del impuesto, por eso el mito dice que mantenga su hipoteca debido a las ventajas tributarias.

Esta situación es una nueva oportunidad para descubrir si su contador sabe sumar. Si usted no tiene una deducción de impuesto de 10.000 dólares y se encuentra dentro de la categoría de 22 %, tendrá que pagar 2.200 dólares en impuestos sobre esos 10.000 dólares. Según el mito, deberíamos depositar 10.000 dólares en intereses al banco de modo que no tengamos que enviar 2.200 dólares en impuestos al SRI. Personalmente, prefiero vivir libre de deudas y no hacer un intercambio

> **DAVE DECLARA...**
>
> Si usted obtiene una buena deducción de impuestos, simplemente le ha permitido al gobierno utilizar su dinero sin intereses durante un año.

de 10.000 dólares por 2.200. Sin embargo, quien de ustedes desee pagar 2.200 dólares en impuestos, simplemente avíseme por correo electrónico y yo personalmente le pagaré 2.200 dólares de sus impuestos tan pronto como su cheque por 10.000 dólares se deposite en mi cuenta bancaria. Yo sé sumar.

Segunda gran razón:

MITO: Es conveniente endeudarme todo lo que pueda por mi casa (o continuamente refinanciar para recibir dinero) debido a que el tipo de interés es inferior al rendimiento que puedo obtener si invierto el dinero.

REALIDAD: No le queda ganancia alguna cuando el humo desaparece.

Esta idea es un poco complicada, pero si me presta atención, habrá captado intelectualmente por qué tantas personas han caído en un hoyo financiero. El mito que se me enseñó en la academia (no estoy en contra de la educación superior, dicho sea de paso, en tanto estemos aprendiendo la verdad) es usar la deuda de más bajo interés para invertir en inversiones de alta rentabilidad. Lamentablemente, algunos «planificadores financieros» nos han dicho que hagamos prestamos sobre nuestras casas con un interés de alrededor de 8 % para invertir en fondos mutuos de crecimiento con un promedio de 12 % porque usted hará un fácil 4 %.

Los fondos mutuos son inversiones excelentes y, como he dicho, tengo mucho dinero invertido en buenos fondos mutuos de crecimiento. Además, el mercado de valores ha mantenido un promedio de 12 % desde el principio. Algunos años son excelentes y otros son malos, y nosotros hemos tenido ambos en los últimos diez años, pero el promedio a largo plazo es alrededor de 12 %. Por eso compro y recomiendo los fondos mutuos.

El problema con este mito es que las suposiciones empleadas para obtener ese 4 % de ganancia en la inversión son equivocadas. Los que sostienen el mito, y yo he sido uno de ellos, son muy ingenuos en la manera de enfocar la inversión.

Examinemos un préstamo de 100.000 dólares sobre su casa con fines de inversión. Si usted hace el préstamo a 8 %, pagará 8.000 dólares de interés; si invierte los 100.000 dólares que pidió sobre su casa y saca 12 %, obtendrá 12.000 dólares en dividendo y le quedará neto 4.000 dólares, ¿verdad? Donde yo vivo, si gana 12.000 dólares en una inversión tiene que pagar impuesto. Si usted está dentro de un grupo de 22 %, pagará 2.600 dólares en impuestos a la tasa ordinaria de ingreso o 1.500 dólares si invierte a la tasa de ganancia de capital. De modo que no ganará 4.000 dólares neto, sino de 1.400 a 2.500 dólares. No obstante, no hemos terminado aún.

Si soy dueño de la casa contigua a la suya y no tengo deudas y usted (debido a su consejero de inversiones) pidió prestado 100.000 dólares sobre su casa, ¿quién ha incurrido en más riesgos? Cuando la economía baja, cuando hay guerra o rumores de guerra, cuando se enferma, cuando tiene un accidente de automóvil o lo dejan sin trabajo, tendrá un gran problema con una hipoteca de 100.000 dólares, pero yo jamás lo tendré. Así, pues, la deuda hace que el riesgo aumente.

Puedo demostrarle que el riesgo aumenta. Con la caída de los valores de bienes raíces y la lentitud del mercado en la recesión del 2008-2009, muchas personas perdieron sus hogares por juicio hipotecario. He investigado el tema a profundidad y con detalle, y he descubierto que 100 % de los hogares ejecutados tenían una hipoteca. ¡Vaya! Tristemente, algunas de las personas que perdieron sus hogares tenían a un planificador financiero ingenuo que no tomó en cuenta el riesgo y sugirió que «cosecharan» su patrimonio neto. Como dijo Warren Buffet: «Cuando baja la marea, podemos ver quién nadaba desnudo».

Puesto que la deuda aumenta el riesgo, debemos considerar matemáticamente el factor de una reducción en las ganancias si somos inversionistas sofisticados. Si puede obtener alrededor de 12 % en un fondo mutuo y yo trato de hacerlo invertir en una apuesta o en una ruleta que le producirá una recompensa de 500 %, usted enseguida diría que los dos no pueden compararse. ¿Por qué? Por el riesgo. El sentido común le dice que no compare fondos mutuos con una ruleta sin ajustar la recompensa para el riesgo. El sentido común le dice que reduzca el 500 % de la ruleta debido al riesgo. Luego de reducir la ganancia de la ruleta por el riesgo, usted preferirá el fondo mutuo. Buena elección.

Esto también se hace en el ámbito universitario. Existe una medida estadística del riesgo llamada beta. Una gran beta quiere decir un gran riesgo. Los financieros a nivel de graduados a los que se les enseñan fórmulas matemáticas para hacer inversiones riesgosas comparan manzanas con manzanas y realizan inversiones más seguras después del ajuste por riesgo. Nosotros nunca aplicamos esta fórmula a una casa libre de deudas contra una casa hipotecada y con inversiones, lo cual es muy ingenuo. La fórmula técnica es excelente para ponerlo a dormir, pero entienda que no puede comparar el riesgo con el no riesgo a menos que haga ajustes.

En fin, después del ajuste por impuestos y riesgo, usted no gana dinero con nuestra formulita. Al cabo de una vida de hipotecas e inversiones, la persona libre de deudas saldrá airosa.

MITO: Tome una hipoteca a treinta años y prométase pagarla como si fuera por quince años, de modo que si algo va mal, tenga espacio para maniobrar.

REALIDAD: Algo saldrá mal.

De una cosa estoy seguro en la transformación total de mi dinero: tuve que dejar de decirme a mí mismo que yo tenía disciplina innata y un fabuloso dominio propio natural. Eso es mentira. Tengo que poner en práctica sistemas y programas que me hagan actuar correctamente. Decir: «Prefiero morir antes que faltar a mi promesa, y sé que haré pagos extras en mi hipoteca porque soy el único ser humano en el planeta que tiene esa clase de disciplina» es engañarse a usted mismo. Una gran parte de lo que se necesita para ser fuerte financieramente es que sepa dónde está su punto débil y que tome medidas para asegurar que no será víctima de su debilidad. TODOS somos débiles.

Hijos enfermos, transmisiones dañadas, vestidos de graduación, cuentas de electricidad altas y vacunación de los perros surgen de pronto y usted no hace los pagos extras. Entonces continúa la mentira diciendo: «Bueno, el próximo mes lo pagaré». ¡Madure! Las investigaciones revelan que casi nadie hace pagos extra sistemáticamente en su hipoteca. No se engañe.

Los plazos más cortos son importantes	
Precio de compra	495.000 dólares
Pago de entrada	49.500 dólares
Suma de la hipoteca	445.500 dólares

A una tasa de interés de 7 %		
30 años	2.964 dólares	1.116.514 dólares
15 años	4.004 dólares	770.270 dólares
Diferencia	1.040 dólares	346.244 dólares

Por un pago de 1.040 dólares más al mes usted se puede ahorrar casi 350.000 dólares y 15 años de esclavitud. Algo interesante que he podido observar es que las hipotecas a quince años siempre se pagan en quince años. Lo repito, parte de la transformación total de su dinero es poner en práctica sistemas que automaticen las decisiones correctas, como una hipoteca de quince años. Las hipotecas a treinta años son para aquellos que disfrutan tanto la esclavitud que desean extenderla por otros quince años y pagar cientos de miles de dólares más por ese privilegio. Si usted debe sacar una hipoteca, finja que solo existen las de quince años.

Si usted tiene una buena tasa de interés, no es necesario volver a financiar para pagar una hipoteca en quince años o antes. Sencillamente haga pagos como si fuera una hipoteca a quince años y su hipoteca se pagará en quince años. Si quiere liquidar su hipoteca en doce años, o en cualquier número de años que desee, visite mi página web o tome una calculadora y calcule el pago adecuado en su tasa de interés sobre su saldo de una hipoteca a doce años (o el número que usted desee). Una vez que tenga la suma del pago, pague la diferencia entre ese pago de principal e interés y su pago corriente de principal e interés; así liquidará el pago de su casa en doce años.

El mejor momento para volver a financiar es cuando puede ahorrar en intereses. Use las calculadoras en mi página web: ramseysolutions.com/tools para determinar si usted debería volver a financiar. Si decide llevar a cabo este proceso, pagar los puntos o los derechos iniciales no redunda en su mejor interés. Los puntos o los derechos iniciales son intereses prepagados. Cuando usted paga puntos, obtiene una tasa de porcentaje anual (APR, por sus siglas en inglés) más baja porque ha pagado ya parte del interés. Los cálculos revelan que usted no ahorra lo suficiente en las tasas de interés como para recuperar el pago de los puntos. Cuando usted paga los puntos, está pagando el interés por adelantado y toma un promedio de diez años recobrar el dinero. Freddie Mac dice que la vida promedio de una hipoteca es de un poco más de 3 años, así que en general usted no ahorra suficiente para recobrar su dinero antes de pagar su préstamo mudándose o volviendo a financiar. Cuando haga esto último, pida una cuota «par», que significa cero puntos y cero derechos iniciales. El corredor de la hipoteca puede lograr una ganancia vendiendo el préstamo; ellos no necesitan el derecho inicial para ser rentables.

> **MITO:** Es conveniente aprovechar las tasas más bajas ofrecidas por una hipoteca ARM (hipoteca con tasa ajustable) o una hipoteca con un pago final global (o hipoteca globo) si usted sabe que «va a mudarse en unos pocos años de todas maneras».
>
> **REALIDAD:** Usted se mudará cuando inicien juicio hipotecario.

La hipoteca de tasa ajustable (ARM, por sus siglas en inglés) se inventó a principio de los años 80. Anteriormente, quienes estábamos en el negocio de bienes raíces vendíamos hipotecas con tasas fijas a 7 % u 8 %. ¿Qué sucedió? Yo estaba allí en medio de aquel desastre de economía cuando las hipotecas con tasa de interés fijo subieron hasta 17 % y el mundo de los bienes raíces se congeló. Los prestamistas pagaban 12 % sobre CD, pero tenían préstamos a 7 % en cientos de millones de dólares en hipotecas. Estaban perdiendo dinero y a los prestamistas no les gusta perder dinero. Así nació la hipoteca de tasa ajustable, en la cual su tasa de interés sube cuando suben las tasas de interés prevalecientes en el mercado. La ARM nació para transferirle a usted, el consumidor, el riesgo de las altas tasas de interés. En los últimos años, las tasas e hipotecas de casas se han mantenido en niveles históricamente bajos. En el momento de escribir estas líneas, las tasas han vuelto a subir a niveles máximos en veinte años. No es aconsejable adquirir algo que se ajusta cuando las tasas están en su nivel más bajo y tampoco conviene hacerlo cuando las tasas tienden a subir. Al parecer, los propagadores del mito siempre desean añadir riesgos a su casa, el único lugar del que usted debe estar seguro que tiene estabilidad.

Las hipotecas globo son peores aún. El globo revienta y siempre es extraño para mí que el sonido de la explosión sea tan alarmante. ¿Por qué no lo esperamos? Por naturaleza, los globos revientan. Las personas con inteligencia financiera siempre se apartan del riesgo y las hipotecas globo crean pesadillas de riesgos. Cuando toda su hipoteca vence en treinta y seis o sesenta meses, usted envía invitaciones a relieve a Murphy (¿lo recuerda?, si puede salir mal, saldrá mal) para que venga a vivir en su cuarto de invitados. He visto a cientos de clientes y solicitantes como Jill a través de los años.

Jill es la esposa de un sujeto sofisticado que avanza en su carrera corporativa. Su marido le aseguró que mejorarían porque su carrera estaba avanzando rápidamente. Así, pues, obtuvieron la tasa de interés más baja y tomaron una hipoteca globo por cinco años. «Nosotros sabíamos que nos mudaríamos antes de cinco años», afirmó ella. Su esposo comenzó a tener dolores de cabeza al tercer año de la hipoteca, lo cual, lamentablemente, descubrieron que era causado por un tumor cerebral. Conocimos a este ejecutivo en alza con habla limitada y en silla de ruedas, total y permanentemente inhabilitado a los 38 años de edad. Le habían salvado la vida, pero las operaciones lo habían devastado. Jill, ya una madre de mediana edad con dos hijos y un esposo inhabilitado, no tuvo los ingresos suficientes para volver a financiar la casa cuando la hipoteca globo se hizo pagadera.

El banco no era el culpable; este simplemente cumplía con su trabajo cuando comenzó el juicio hipotecario. Quisiera poder describirle un final feliz, pero la verdad es que vendieron la casa con un extraordinario descuento para detener el juicio hipotecario y ahora alquilan y tratan de sobrevivir. Todo eso ocurrió porque trataron de ahorrar unos cuantos dólares en la tasa de interés, porque «sabíamos que nos mudaríamos»; y lo hicieron.

MITO: Es bueno tener un préstamo sobre el valor neto de la casa en lugar de un fondo de emergencia.

REALIDAD: Repito, precisamente en las emergencias es cuando usted no debe tener deudas.

El préstamo sobre el valor neto de la casa o la línea de crédito con garantía hipotecaria es uno de los préstamos que más agresivamente se ofrece en el mercado actual. El estadounidense promedio endeudado hasta la coronilla ha agotado todos los medios prestatarios, salvo la segunda hipoteca grande sobre su casa. Esto es muy lamentable, porque ahora arriesgamos nuestra casa para ir de vacaciones, abrir un negocio, consolidar deudas o para tener un fondo de emergencia. Las familias acuden a nosotros con extrema urgencia cuando el préstamo sobre el valor neto de la casa es el último gran error que han cometido y representa la paja que rompe la espalda al camello.

La industria bancaria llama a estos préstamos HEL para abreviar, y mi experiencia me dice que simplemente dejaron fuera una *L* (la palabra en inglés *HELL* quiere decir infierno). Estos préstamos sobre el valor neto de la casa son muy peligrosos y una increíble cantidad de ellos termina en juicios hipotecarios.

Aun una persona conservadora que no tiene deudas de tarjetas de crédito y paga en efectivo sus vacaciones puede caer en el error del HEL al establecer un préstamo o una «línea de crédito» (conocida como HELOC) solo para emergencias. Eso parece razonable hasta que usted ha pasado por una emergencia o dos y comprende claramente que una emergencia es cuando menos necesita endeudarse. Si sufre un accidente de automóvil o pierde su empleo y pide prestado 30.000 dólares contra su casa para ir viviendo mientras se recupera, probablemente perderá su casa. La mayoría de los HEL son renovables anualmente; esto significa que ellos lo califican para el préstamo una vez al año.

Ed y Sally no se dieron cuenta de eso. Ed era un sujeto muy sofisticado financieramente, o al menos eso creía, y tenía un HEL para emergencias. Sally sufrió un grave accidente de automóvil y en tres meses Ed perdió su empleo debido a una reducción de personal. Inmediatamente, acudieron al HEL y se atrasaron en sus cuentas. La renovación anual del HEL llegó y el banco decidió no renovar el préstamo debido a su mal crédito, que había sido perfecto durante los previos diecisiete años de matrimonio. El banco exigió el pago. Ed no podía creer que el banco les diera un puntapié estando en el suelo. La exigencia del pago significaba que tenían que volver a financiar para pagar al banco, pero ¿sabe qué pasó? Ellos no podían hacerlo porque su crédito era malo. El resultado final fue lamentable: vendieron su casa para evitar un juicio hipotecario. Ed estaba equivocado. Ellos debían haber tenido un fondo de emergencia en lugar de un préstamo.

MITO: ¡Usted no puede pagar una casa al contado!

REALIDAD: ¿Quiere apostar?

Primero, permítame decirle que la deuda de la hipoteca es la única clase de deuda de la que no hablo a gritos. Yo quiero que pague su casa como parte de la transformación de su dinero, y por todas las razones expuestas en las páginas precedentes, usted tiene que ser muy cuidadoso. Cuando me preguntan sobre las hipotecas, siempre digo que nunca tomen un préstamo por más de quince años a una tasa fija de interés y nunca tengan un pago mayor al 25 % de su ingreso neto. Esto es lo máximo que usted debe pedir prestado.

Yo jamás saco préstamos. Luke me llamó desde Cleveland para decirme que algunos de mis oyentes y lectores están haciendo lo que Sharon y yo hemos hecho: «El plan del pago inicial de 100 %». Es decir, pagar en efectivo. La mayoría de las personas no piensan que eso puede hacerse. Bueno, Luke lo hizo.

Luke ganaba mucho dinero. Su ingreso a los 23 años era de 65.000 dólares y se casó con una joven que ganaba 40.000 dólares anuales. Su abuelo le había enseñado que nunca pidiera dinero prestado. Así, pues, Luke y su nueva esposa vivían en un pequeño apartamento sobre el garaje de una dama rica. Pagaban solo 500 dólares mensuales de alquiler. Subsistían con poco, no hacían nada que costara dinero y ahorraban. ¡Y qué cantidad ahorraron! Con un ingreso de más de 100.000 dólares, ahorraron 70.000 dólares al año por tres años y pagaron al contado una casa de 200.000 dólares. Hicieron la compra el día en que la esposa de Luke cumplía 26 años. Ellos vivieron como nadie y ahora viven como nadie más. Si usted gana 100.000 dólares al año y no tiene pagos, puede llegar a ser muy rico muy pronto. Sin embargo, recuerde que los amigos de Luke y sus familiares creían que él estaba totalmente loco. Ellos se burlaban de sus autos, de su estilo de vida y de sus sueños. Solo su esposa y su abuelo creían en sus sueños. ¿Qué importa lo que piensen las personas en quiebra?

Puede ser que usted no gane 105.000 dólares al año, pero usted quizás no necesite una casa de 200.000 dólares para empezar. Tal vez no gane 105.000 dólares por año, así que su sueño puede tomar cinco años en lugar de tres, como Luke. ¡Pregúntele a cualquier persona de 80 años si cinco años de sacrificio valen la pena para cambiar su destino financiero por el resto de su vida! Pregúntele a cualquier persona de 80 años si cinco años de sacrificio valen la pena para tener la satisfacción de saber que usted cambió su árbol familiar. Pagar al contado por una casa es muy posible. Lo difícil es encontrar personas dispuestas a pagar el precio con un estilo de vida sacrificado.

Antes de casarnos, Doug y yo éramos divorciados y teníamos la custodia de nuestros hijos. Como padres solteros, era difícil hacer los pagos de la casa y cubrir los demás gastos necesarios de la vida. Cada vez que debíamos pagar la hipoteca o la renta, el dinero apenas alcanzaba. Yo estaba intentando acabar la universidad y él tenía deudas de su matrimonio anterior. Yo tenía una tarjeta de crédito que usaba para emergencias (reparaciones del auto, etc.) y no veía necesario llevar un balance de la tarjeta. Nuestra deuda era grande cuando nos casamos.

Al poco tiempo de casarnos, iniciamos la transformación total de nuestro dinero. Doug escuchaba el programa radial cada día durante los treinta minutos de ida al trabajo. Él estaba convencido de que obtendríamos paz financiera si seguíamos los pasos de bebé. Decidí sumarme a su propósito, pues en ese punto no había mucho más que pudiéramos hacer.

Cuando dejamos de utilizar nuestras tarjetas de crédito, ¡dejamos de gastar tanto dinero! Además, establecer un presupuesto resaltó las áreas en que habíamos estado gastando dinero ciegamente. Descubrimos que muchos de nuestros gastos eran para cenar fuera de casa y para obtener artículos lujosos innecesarios. Entonces, decidimos tomar todo el dinero extra y pagar nuestra tarjeta de crédito. Luego pagamos el auto, creamos nuestro fondo de emergencia y comenzamos a pagar la hipoteca. ¡Así logramos pagar la casa un año y medio antes de la fecha límite! Aunque muchas personas no se imaginan la importancia de lograr ser dueños de nuestra propia casa, descubrimos que ese era el último y más grande paso para obtener paz financiera.

Desde que no tenemos deudas, hemos disfrutado ir de vacaciones familiares y pasar tiempo juntos. ¡Hay mucho menos estrés ahora en nuestra familia! Es increíble cuánto más fácil fue unir a la familia tras deshacernos de las preocupaciones financieras que teníamos. Todavía no vivimos de manera lujosa y nos gusta buscar descuentos para las cosas que compramos. Sin embargo, ¡la paz que sentimos al no tener deudas justifica los pequeños sacrificios! Dave, ¡gracias por cambiar el rumbo de nuestra familia!

Sabrina y Doug Howerton
(42 y 52 años respectivamente)
Gerente de tienda; trabajador de fábrica de aluminio

Un cuadro de libertad

Bueno, ese fue el sexto paso de bebé, libre de deudas y muy a gusto. Nuestra observación de las familias que se mantienen con intensidad de gacela es que liquidan la hipoteca en unos siete años desde la fecha en que le declararon la guerra a la cultura, desde la fecha en que decidieron tener una transformación total de su dinero. Estoy seguro de que ahora usted está más que convencido de que este no es un libro para hacerse rico con rapidez. ¿Qué autor le diría a una cultura de microonda que necesita un promedio de siete años para alcanzar el último paso de bebé? ¿Qué clase de autor le diría a una cultura de música electrónica que los primeros dos pasos necesitan unos dos o dos años y medio muy difíciles? Un autor que haya visto esto realizado decenas de miles de veces por personas comunes con un deseo extraordinario de triunfar; el mismo que le dice a usted que no es fácil, pero que vale la pena.

He utilizado el argumento emocional con la audiencia radial y con la audiencia en vivo de que la hierba se siente diferente bajo sus pies cuando usted es su dueño. Cuando pague la hipoteca, haga una fiesta para celebrarlo e invite a todos sus amigos, familiares y vecinos. Tal vez puedan imitarlo y deseen una transformación total de su dinero al ver que la suya funciona realmente.

A lo largo de los años, la gente me ha enviado todo tipo de recuerdos de la transformación total de su dinero, entre ellos muchas formas creativas de usar las tarjetas de crédito destrozadas y estropeadas enviadas por personas que descubrieron que si viven como nadie luego podrán vivir como nadie más. Uno de los regalos que más recuerdo llegó en una bolsa con cremallera, acompañado por una carta. Esta carta y la muestra de hierba me la entregó una persona en un centro comercial en Louisville, Kentucky. Yo estaba allí en una presentación radial y firmando libros, cuando apareció Alicia, o «Al», como ella quiere que la llamen.

Según su carta, la historia de Alicia era común, pero no terminaba de modo normal. Ella y su esposo comenzaron la transformación total de su dinero a la edad de 25 años. Ellos me oían en nuestro programa de radio y decidieron que estaban hartos. Ellos tenían 20.000 dólares en préstamos estudiantiles, 10.000 dólares en préstamos para automóviles, 3.000 dólares en deudas de tarjetas de crédito y una hipoteca de 85.000 dólares. En conclusión, un gran total de 118.000 dólares en deudas. Con una entrada neta de 70.000 dólares al año, liquidaron todo en seis años. A los 31 años, Al se paró frente a mí como una mujer libre y sonriente. Además, me trajo uno de mis regalos favoritos: una carta y una bolsa con cremallera. ¿Qué había dentro de la bolsa? Hierba de su patio, «porque —dijo ella—, la hierba se siente diferente bajo mis pies descalzos en mi patio ahora que no hay hipoteca y que estamos LIBRES DE DEUDAS».

Le pregunté qué iba a hacer ahora que estaba libre de deudas. Su respuesta fue divertida. Me dijo que ella y su esposo iban a cenar para celebrarlo. En la comida iban a hacer dos cosas: primero, leer el menú de izquierda a derecha para variar, ya que el costo no era ahora lo primordial; segundo, ¡en la cena de celebración intentarían gastar más que en un pago del automóvil! Como puede ver, si usted vive como nadie, después podrá vivir como nadie más.

A continuación, Al me dijo que ella y su esposo estaban tomando un curso directo hacia el último paso de bebé y que con- tribuirían más de lo que jamás habían imaginado. A los 31 años, esta pareja está destinada a muy altos niveles de riqueza. Felicidades, Al, tú y tu esposo son verdaderos ejemplos de lo que es una transformación total de su dinero.

12

Cree riqueza como loco: Conviértase en el Míster Universo del Dinero

Usted ha alcanzado el número perfecto, el séptimo paso de bebé. Al alcanzar la última etapa de la transformación total de su dinero, ha entrado al mejor 23 % de la población. Está totalmente libre de deudas: no hay pago de casa ni pagos de autos. No está bajo el dominio de ninguna tarjeta de crédito, no es un esclavo del exceso, no tiene préstamos estudiantiles (su vieja mascota) y está libre. Vive con base en un plan mensual escrito y conviene en esto con su cónyuge, si tiene uno. Usted está destinado a un retiro que aparenta considerablemente ser mejor que comida de perro e inseguridad social. Si tiene hijos, serán estudiantes sin préstamos estudiantiles. Usted ha vivido como nadie y ahora puede vivir como nadie más. Con sudor y sacrificio ha recuperado el dominio de su vida y su más poderoso instrumento para crear riqueza, su ingreso.

Séptimo paso de bebé: Creación de riqueza y generosidad

¿Cuál fue el propósito de tener una transformación total de su dinero? ¿Por qué lo hizo? ¿Por qué tanto sacrificio y trabajo? Estar endeudado y fuera de control no requiere mucho esfuerzo. ¿Por qué someterse a tantas inconveniencias? ¿Por qué desea tener riquezas? Si cree que la riqueza tiene la respuesta a todas las preguntas de la vida y lo convierte en una persona libre de problemas, está delirando. He tenido riqueza dos veces en mi vida y no fue libre de problemas; en realidad, la mayoría de los problemas se escriben con varios ceros. La riqueza no es un mecanismo de escape; es más bien una tremenda responsabilidad. Entonces, ¿qué haría usted si tuviera 18 millones de dólares que le costaron cuarenta años adquirirlos?

Tras muchos años de estudiar, enseñar y aun predicar sobre el tema en todo Estados Unidos, encuentro solo tres buenos usos para el dinero. El dinero es bueno para DIVERTIRSE; el dinero es bueno para INVERTIR; y el dinero es bueno para CONTRIBUIR. Todo lo demás que pudiera hacer con el dinero no representa buena salud mental y espiritual de su parte. Así que, si algún día tiene 18 millones de dólares, debe hacer estas tres cosas. De hecho, mientras da los pasos hacia la riqueza, debería hacer esas tres cosas. Usted ha perdido peso, ha mejorado su sistema cardiovascular y ahora ha aumentado su musculatura porque ha pagado las deudas, ha ahorrado para las emergencias y ha invertido a largo plazo para el retiro y la planificación académica. En esta etapa de la transformación total de su dinero, usted es el Míster Universo del dinero, con notable musculatura en el abdomen, los pectorales y los cuádriceps. Tiene toda esa musculatura financiera, de modo que ahora debe hacer algo intencional con ella. No es solo para contemplar; construimos este cuerpazo financiero por una razón: para DIVERTIRNOS, para INVERTIR y para CONTRIBUIR.

Sí, tenemos que divertirnos

Al niño dentro de nosotros le gusta la parte DIVERTIDA de esta ecuación, y puesto que hemos hecho que este niño se comporte bien por largo tiempo con promesas de helados, ahora debe recibir su helado. ¿Debe alguien tener un reloj de 30.000 dólares? ¿Debe alguien manejar un automóvil nuevo de 75.000 dólares? ¿Debe alguien vivir en una casa de 1,5 millones de dólares? Absolutamente sí. El problema con las personas es que compran esas cosas cuando no pueden pagarlas.

En el capítulo 3 sobre mitos de la deuda, hablé sobre los autos nuevos y cuán mala inversión son, porque bajan de valor muy rápidamente. Puesto que el automóvil nuevo es lo más grande que compramos que baja de valor, su pago es usualmente el mayor que hacemos, salvo la hipoteca de la casa. Aproximadamente 70 % de las personas a las que ayudo en la transformación total de su dinero tienen que tomar la difícil decisión de vender su automóvil para poder quedar libres de pagos grandes. Si no se liberan ellos mismos de esa gran deuda y ese pago grande, encontrarán muy difícil escalar los pasos de bebé. Por eso algunos días mi programa por radio se convierte en el programa «venda su auto». Algunos días parece que mi respuesta a cada pregunta es: «Venda el automóvil». «No compre ese automóvil nuevo» es un consejo que usted escuchará de mi parte tan a menudo que lo repetirá en sus sueños.

A veces un oyente preguntará si puede permitirse hacer una compra mientras esté siguiendo el plan de la transformación total de su dinero. Otras veces un nuevo oyente cae en la trampa de preguntar sobre la compra de algo totalmente ridículo. Soy paciente, al principio, para explicar que no pueden hacer eso ahora. Les digo algo como: «El fondo de emergencia es más importante que un sofá de cuero». Tengo una computadora frente a mí cuando estoy en vivo, mediante la cual el encargado del teléfono me informa quién me llama y para qué. No hace mucho tiempo miré la pantalla y vi que Michael estaba esperando para hablar conmigo. La nota decía que deseaba comprar una motocicleta Harley-Davidson. Las motocicletas Harley son fabulosas, pero no son para personas en quiebra porque una buena cuesta más de 40.000 dólares. Juzgué de antemano a Michael como de 28 años, con dos pagos de autos, dos hijos, una esposa y sin dinero. Me figuraba que era uno de esos sujetos que coloca sus fantasías infantiles antes que el bien de su familia. Cargué mi escopeta para responder su pregunta. Estaba preparado no solo para decirle que no comprara la Harley, sino también para orientar su manera general de considerar las finanzas.

Creía que Michael estaba probablemente ganando 48.000 dólares por año y en quiebra, de modo que evidentemente no le era negocio comprar un juguete de 40.000 dólares.

—Dave, siempre he soñado con tener una Harley —comenzó diciéndome Michael—. Solo llamé para ver si crees que debo comprarla y si puedo permitírmelo.

Por varios minutos hablé sobre lo estupendas que son las Harley y cómo muchas personas desearían tener una. Usualmente pregunto un poco sobre la situación financiera de la persona que llama a fin de dar una opinión bastante razonable, por eso le pregunté a Michael cuánto ganó el año pasado.

Él respondió:

—Unos 650.000 dólares.

—Sí, pero ¿cuál ha sido tu promedio durante los últimos cinco años? —le pregunté, pensando que quizás se sacó el premio gordo.

Él respondió:

—Cerca de 550.000 dólares por año. —Ahora sí que me tenía en la cuerda floja—. ¿Y cuánto tienes en inversiones? —inquirí.

—Cerca de 20 millones de dólares —fue su último disparo.

—¡Cómprate la Harley, amigo! —fue mi consejo.

¿Puede Michael permitirse un juguete de 40.000 dólares? Absolutamente sí. ¿Es moralmente erróneo que disfrute de un artículo que desea cuando su compra es para él, como porcentaje de su riqueza, equivalente a la compra de una cajita feliz en un McDonald's para la mayoría de las personas? No, no hay absolutamente ningún error, financiero o moral, con esa compra. El hombre se ha ganado su Harley y mucho más.

Le referí la historia de Michael para asegurarme de que entiende que una razón para tener la transformación total de su dinero es crear riqueza que le permita divertirse. ¡Así que disfrute! Llevar a su familia, aun a los miembros más lejanos, en un crucero de siete días, comprar grandes diamantes, o aun comprar un automóvil nuevo son cosas que puede permitirse cuando se tienen millones de dólares. Usted puede permitirse hacer esas cosas porque cuando las hace, su posición económica apenas es afectada. Si le gusta viajar, viaje. Si le gusta la ropa, compre ropa. Le ofrezco la libertad de disfrutar con su dinero, porque el dinero es para disfrutarlo. Ese disfrute libre de culpabilidad es una de las tres razones para tener una transformación total de su dinero.

Invertir es la forma de mantenernos ganando

Al adulto dentro de nosotros le gusta la INVERSIÓN de dinero porque es parte de lo que lo hace a usted rico. Además, los dólares en crecimiento son un medio de llevar la cuenta de la transformación total de su dinero. ¿Está ganando? Esto realmente se convierte en un juego. En la película *Amor a segunda vista*, Hugh Grant hace el papel de George Ward. El personaje de

George es una figura corporativa muy rica y consentida. Su carácter es uno que no queremos imitar, pero él tiene una excelente frase sobre su dinero en la película. Él le cuenta al personaje de Sandra Bullock que vive en ese lujoso hotel y le dice despreocupadamente: «Realmente, soy el dueño del hotel; mi vida es un poco como el Monopolio».

Invertir puede sentirse así después de un tiempo: «un poco como el Monopolio». Cuando juega Monopolio, puede avanzar o puede quedarse atrás. Algunas veces el mercado fluctúa, pero como inversionistas maduros, navegamos sobre las olas, nos mantenemos allí por largo plazo. Algunas veces me encuentro con personas que llegan a este paso y se asustan porque tan pronto alcanzan la edad del retiro, sus inversiones van cuesta abajo. No tema nunca; si tiene inversiones de calidad con un extenso historial, las recuperará. Además, no necesita todo el ahorro para retirarse, solo necesita parte de lo que eso produce. Como usted no lo necesita todo en ese momento, sería tonto hacerlo efectivo mientras el mercado está bajo. «Comprar cuando está alto, vender cuando está bajo» no es la fórmula de la riqueza. Sea paciente con el mercado mientras vive con el ingreso que el nido produce.

Usted puede optar por ser un poco más sofisticado, pero mientras no sobrepase los 10 millones de dólares, yo mantendría mi inversión muy simple. Puede abarrotar su vida con multitud de cargas innecesarias haciendo inversiones sumamente complejas. Yo utilizo los sencillos fondos mutuos y los bienes raíces libres de deudas como mi conjunto de inversiones muy limpias, sencillas y con algunas ventajas tributarias básicas. Al llegar a este paso de bebé, si desea adquirir algún bien raíz ya pagado, puede ser divertido.

Siempre administre su propio dinero. Debe rodearse de un equipo de personas más capaces que usted, pero quien toma las decisiones es usted. Puede saber si son más capacitados que usted si pueden explicar cuestiones complejas de manera que pueda entenderlas. Si un miembro de su equipo desea que usted haga algo «porque yo lo digo», cambie de miembro. Usted no está contratando a un padre, está procurando consejo. Dios no les dio a ellos la responsabilidad de su dinero; se la dio a usted. Las celebridades y los atletas reconocidos pierden con frecuencia toda su fortuna debido a que ceden la responsabilidad de administrar su propio dinero. El administrador del dinero que pierde sus bien ganadas inversiones con esfuerzo no va a vivir con la pesadumbre y el dolor que usted sentirá. La Biblia declara: «… en la multitud de consejeros hay seguridad» (Proverbios 11:14, RVR1960). Un buen abogado planificador del patrimonio, un contador público o un experto en impuestos, un profesional de seguros, un inversionista profesional y un buen agente inmobiliario son unos pocos de los miembros esenciales del equipo que usted debe reunir alrededor suyo. Apruebo el uso de planificadores financieros si son miembros del equipo y no capitanes omnipotentes de este.

Cuando escoja y trabaje con su equipo de finanzas, es vital que traiga solo a miembros que tengan el corazón de un maestro, no el corazón de un vendedor ni de un «experto». El vendedor siempre está en busca de una comisión y pensando a corto plazo, y el «experto» no puede evitar ser condescendiente, lo cual es cómico porque es probable que tenga menos dinero que usted. Además, cuando pida consejo, evalúe si la persona que da el consejo se beneficiará con él. Si su profesional de seguros se inventa grandes ideas relacionadas al seguro cada semana, puede tener un problema. Eso no significa que todo el que recibe comisión de usted quiere explotarlo. Hay abundantes personas en el campo financiero que trabajan a comisión que tienen un alto nivel de integridad; pero esté alerta a los posibles conflictos de intereses.

Todos saben que el sueldo de un profesor es malo. Teníamos un ingreso anual de menos de 40.000 dólares, un hijo adoptado y ningún plan financiero para el futuro; yo sabía que algo debíamos cambiar. Escuchamos sobre Dave Ramsey en la iglesia y nos emocionamos tanto que determinamos pagar en cinco años nuestra hipoteca de 50.000 dólares. Sabíamos que para tener una transformación total de nuestro dinero debíamos evitar las vacaciones y los artículos de lujo y debíamos ser considerablemente más estrictos con nuestro presupuesto. Sin embargo, nos emocionaba la meta.

Entonces, comencé varios negocios alternos: preparación de impuestos y ventas por eBay. Así logré aumentar 15.000 dólares a nuestro pago. Con un monto extra como ese usted podría pensar que liquidar una hipoteca de 50.000 dólares sería fácil en cinco años, pero nuestro plan de adoptar una niña proveniente de China era nuestra prioridad. El costo de la adopción rondaba los 17.000 dólares y justo cuando creímos que no podríamos tener un bebé propio… ¡sorpresa! Nuestro seguro médico no cubrió el parto, así que tuvimos que gastar otros 5.000 dólares.

Puesto que nuestra familia crecía, estábamos más decididos que nunca a pagar la casa. ¡Alabado sea el Señor! ¡Logramos nuestra meta en poco menos de cuatro años! Es decir, acabamos un año antes de lo estimado. Esto demuestra que, si nosotros pudimos lograrlo, todos pueden.

Ahora que cruzamos la meta, la vida es increíble. Sentimos paz al saber que el dinero no nos controla. Aunque sigo siendo profesor y mi esposa se queda en casa con nuestros hijos, AHORA sí podemos tomar vacaciones y comprar artículos caros. ADEMÁS, adoptamos otra niña de China, lo que nos convierte en una familia de cinco personas con un salario de profesor. Hoy podemos donar libremente a personas y organizaciones en las cuales confiamos que se centren en los niños huérfanos de China.

Ahora contribuimos y ahorramos como nunca antes y, aún más importante, vivimos como Dios quiere que vivamos.

Keith y Karen McGinty
(40 y 42 años respectivamente)
Profesor de matemáticas; ama de casa

Dentro del séptimo paso de bebé (creación de riqueza y generosidad), hay una subsección b, otro hito. El segundo hito dentro del concepto de llegar a ser rico es el «pináculo».

Criado en los suburbios en Tennessee, crecí acostumbrado a montar en bicicleta y a enfrentarme a las lomas. Para un muchacho de siete años con una bicicleta de una sola velocidad, una loma alta parecía el Everest. Yo no sé qué chico en la historia lo hizo primero, pero la técnica de escalar con una bicicleta de muchacho se ha transmitido a través de generaciones: el zigzag. En lugar de pedalear cuesta arriba, íbamos trabajosamente de lado a lado, ascendiendo poco a poco por nuestras montañas de Tennessee. Las tarjetas de beisbolistas impopulares sonaban *clic, clic, clic* a través de los rayos de las ruedas mientras ascendíamos. El calor parecía el de un horno y las gotas de sudor se convertían en ríos. Esta es la época en que un muchacho de siete años empuja con cada músculo de su ser. El esfuerzo y la determinación manifestada en su cara parecen una máscara de Halloween del año pasado. Usted tira de los manubrios con toda la fuerza que los músculos de sus brazos producen para impulsar sus piernas sobre los pedales una vez más. Impulsa e impulsa, respira y respira, hasta que alcanza la cima.

¿Qué encuentra en la cima? El escéptico entre nosotros dice: «Otra colina que escalar». Aquellos con el muchacho aún vivo en nuestro interior sabemos qué había en la cima. Aquellos que aún tienen un muchacho en su interior que puede soñar, que puede creer y que puede esperar sabemos lo que encontramos en la cima. Aquellos que hemos escalado algunas increíbles alturas sabemos qué encontré aquel verano en Tennessee en la cima de la loma. Encontramos aquel momento perfecto; el momento cuando se pisa el pedal por última vez antes de descender la enorme elevación por el otro lado. El momento perfecto cuando se mantiene en equilibrio, luego de sudar, de trabajar y de sufrir la agonía. Entonces, una sonrisa se dibuja en su cara. Ese momento, justo antes de emprender la gloriosa jornada en descenso, es el pináculo.

El viaje en descenso *es* glorioso. El viento sopla a través de su cabello y sus pies ya no están sobre los pedales, sino sobre los manubrios. El *clic, clic, clic* de las tarjetas de beisbolistas se convierten en un parlotear con un sonido como de miles de grillos. Usted está ahora disfrutando el paseo; deslizarse es el fruto de su trabajo. Las memorias del esfuerzo, el sudor y el pedaleo hasta el límite se desvanecen a medida que brilla el sol y el viento cosquillea sus oídos, susurrando: «¡Eres el rey! ¡Lo hiciste! ¡Escalaste la loma! ¡No te echaste atrás! ¡Pagaste el precio para ganar!». La sonrisa en su alma le dice: «Meta cumplida».

Si está comenzando a pensar que soy demasiado dramático, pues que así sea. Es difícil describir la llegada al pináculo sin ninguna emoción. Este paso de bebé nos lleva al punto donde su dinero trabaja más fuertemente que usted: el pináculo. Este es el instante de máxima intensidad de gacela, cuando su dinero asume vida propia.

El punto no es que va a dejar de vivir cuando llegue allí; usted todavía administrará y dirigirá, pero sus finanzas tendrán su propia base y usted estará deslizándose cuesta abajo. La riqueza hallará su camino hacia usted. Los errores en su declaración de impuestos serán en su favor; el SRI los descubrirá y le devolverá el dinero con intereses. Bueno, eso es probablemente un sueño imposible, pero seguro que capta la idea.

Cuando su dinero gana más que usted, usted es oficialmente rico. Cuando puede vivir confortablemente de sus ingresos por inversión, está financieramente seguro. El dinero es un trabajador recio, más duro que usted. Nunca se enferma, nunca se embaraza y nunca se inhabilita. El dinero trabaja veinticuatro horas al día, siete días a la semana. El dinero cumple con su trabajo y solo pide dirección y un dueño firme.

Ha arribado al pináculo cuando puede vivir de 8 % de su nido. Adelante, multiplique su nido por 0,08 y si puede vivir con esa cantidad o ese número es más de lo que usted gana, usted está bajando la pendiente. ¡Felicidades! ¡Su dinero gana más que usted! Al hacer este cálculo, descubrirá cuán cerca está de cumplir esa importante meta de seguridad financiera. Podrá calcular cuál es el pináculo de su nido de ahorros y, entonces, usando su ingreso disponible, ver cuántos años le tomará subir esa loma. Créame, todo es cuesta abajo después de eso. Disfrute su paseo.

Contribuir es el mayor premio de todo el proceso

Su parte madura se reunirá con el niño que lleva dentro a medida que aprende a participar del uso final del dinero: CONTRIBUIR. Dar es posiblemente lo más divertido que jamás hará con su dinero. DIVERTIRSE es bueno, pero se cansará del golf y de los viajes; y si come suficiente, la langosta comienza a saberle a jabón. INVERTIR es bueno, pero dar vueltas y vueltas alrededor del tablero de Monopolio al fin pierde su atractivo, especialmente después de alcanzar el pináculo. Toda persona saludable mental y espiritualmente que he conocido ha sido transformada por la virtud de contribuir, en tanto que esto no signifique que no pueda pagar sus propias necesidades. Puedo asegurarle, después de haberme reunido literalmente con miles de millonarios, que lo que los saludables comparten en común es el amor por CONTRIBUIR.

Solo el fuerte puede ayudar al débil, y eso también es cierto con el dinero. A un niño pequeño no se le permite cargar a un recién nacido; solo los adultos que tienen fuerza muscular para mantener su seguridad deben cargar a los bebés. Si desea ayudar a alguien, muchas veces no puede hacerlo sin dinero. La Biblia establece que la religión pura es realmente ayudar al pobre, mas no teorizar por qué es pobre (ver Santiago 1:27). Margaret Thatcher dijo: «Nadie recordaría al buen samaritano si solo hubiera tenido buenas intenciones; pero él además tenía dinero». El buen samaritano tenía buen corazón y suficiente dinero para pagar al posadero el cuidado del herido. El dinero estuvo involucrado. El dinero brilló con su máximo esplendor ese día. El dinero da poder a las buenas intenciones. Por eso no siento vergüenza de estar a favor de la creación de riqueza.

Mi padre murió cuando yo tenía cinco años, así que estuvimos solo mis dos hermanas, mi madre y yo la mayor parte de mi vida. Mi madre hizo lo mejor que pudo, pero yo nunca tuve a alguien con quien hablar sobre cuestiones financieras. Entonces, acabé endeudándome por comprar muchísimas tonterías.

Tras casarnos y tener una hija, mi esposa y yo decidimos que debíamos salir de deudas y comenzar a ahorrar para el futuro. Nos tomó algún tiempo adoptar un plan, porque cada uno iba por su cuenta con su dinero. Finalmente, ¡decidimos saldar nuestras deudas de una vez por todas!

Pagamos 50.000 dólares y puesto que no hemos tenido más actividad crediticia, nuestro puntaje FICO se ha dañado. Sin embargo, no nos importa; ¡ya no adoramos al todopoderoso puntaje crediticio! Destruimos las tarjetas de crédito, ahorramos 10.000 dólares para un fondo de emergencia y ya no tenemos deudas, excepto la de la casa.

Ahora que nuestra situación financiera es buena, tenemos suficiente dinero para dar a otros cuando sentimos que es propicio. El año pasado, la amiga de nuestra hija perdió a su padre justo antes de comenzar el nuevo año escolar. Su madre estaba temporalmente incapacitada y sus ingresos eran bajos, por lo que el pago de la colegiatura de la escuela privada se convirtió en un problema. Puesto que yo entendía el dolor de perder a un padre, no quería que la amiga de nuestra hija lidiara con la pérdida de su padre y también con el trauma de cambiar de escuela. Mi esposa y yo decidimos pagar su colegiatura durante un año. ¡Ella permaneció con sus amigos durante ese período difícil y nosotros tuvimos la oportunidad de contribuir!

Comprar cosas puede sentirse bien, pero dar a otros se siente correcto. Le agradecemos a Dios que nos haya enseñado a manejar nuestras finanzas, porque ahora podemos hallar formas de bendecir a otros con nuestro dinero.

El cúmulo de todos los bienes del mundo no se puede comparar al sentimiento de ayudar a los necesitados.

Ron y Teresa Brewer
(44 y 46 años respectivamente)
Vendedor; trabajadora en clínica para niños

Libérese

Es triste encontrarme con personas que tratan de evitar este tercer uso del dinero al pensar, erradamente, que van a terminar con más dinero. Eric Butterworth nos habla de un interesante sistema usado para capturar monos en la jungla. Los captores usan pesadas botellas de vidrio con cuellos largos. Dentro de cada botella depositan algunas nueces dulces y olorosas. El aroma de las nueces atrae a los monos hacia las botellas. Cuando los monos meten la mano en las botellas para tomar las nueces, el cuello de las botellas es muy pequeño para que una muñeca cerrada pueda salir. El mono no puede sacar su mano de la botella sin que se le caigan las nueces, lo cual no está dispuesto a hacer. Las botellas son muy pesadas para llevárselas, de modo que los monos quedan atrapados nada más que por su codicia. Podemos sonreír ante esos monos tontos, pero ¿cuántas veces hemos perdido nuestra libertad nada más que por nuestra codicia?

La mayoría hemos regalado algo alguna vez, pero he visto suceder algunas cosas realmente divertidas cuando las personas buenas se hacen ricas. Cuando usted atraviesa la transformación total de su dinero, puede hacer algunas cosas a mayor escala. Tengo un amigo que compra 75 bicicletas nuevas para un ministerio urbano cada año. Las compra en Navidad y, conjuntamente con un grupo misionero que conoce a las familias en el área, le da una a cada niño en un proyecto de viviendas subvencionadas. El lugar está infestado de droga y cargado de crimen, pero por un día al año, estos muchachos ven a alguien que da sin esperar algo de vuelta.

Otro pastor amigo mío está en un proyecto llamado Semillas de bondad. Un miembro anónimo de esa congregación donó 50.000 dólares a los demás miembros para que los fueran repartiendo un billete de 100 dólares a la vez. El miembro no debía usar ese dinero donado ni recibir nada en recompensa y debía darlo tan personalmente como fuera posible. Esos billetes de 100 dólares se fueron entregando de una persona a otra en toda la ciudad con fabulosos resultados. Personas que habían perdido completamente su fe en Dios y en la raza humana se conmovían hasta lo más profundo por un simple regalo de 100 dólares. Los donantes informaban con frecuencia que gozaban más que los que lo recibían.

El amigo secreto

Todos hemos visto estos poderosos ejemplos de generosidad. El periódico *USA Today* siguió por varios años a un hombre que, en Navidad, se llamaba a sí mismo El amigo secreto. Esta persona recorría las calles cerca de la Navidad y repartía billetes de 100. No exigía ni esperaba nada. Algunas veces los regalaba a personas necesitadas y otras a cualquiera que estuviera allí. Cada año repartía cerca de 25.000 dólares en billetes de 100. Comenzó esta tradición hace años en su ciudad natal en Kansas City y luego lo hizo por todo Estados Unidos. Repartió en Nueva York después del 9 de septiembre del 2001 y en el área de Virginia / Washington D. C., tras el ataque del francotirador. Simplemente caminaba y entregaba a las personas billetes de 100 dólares. Él presenció reacciones fabulosas y escuchó historias maravillosas.

En el invierno de 1971, trabajó como vendedor, y cuando su compañía quebró, se encontró también en quiebra. Había dormido en su automóvil por ocho días y no había comido por dos días cuando fue al Dixie Diner, donde ordenó y comió un gran desayuno. Esperó a que la gente se fuera y actuó como si hubiera perdido su billetera. El dueño del restaurante, Tom Horn, que era también el cocinero, se acercó a la silla donde nuestro amigo se había sentado, recogió un billete de 20 dólares y le dijo: «Joven, a usted se le debe haber caído esto». Nuestro amigo comprendió más tarde que Tom había plantado aquel billete de 20 para dejarlo salir de una situación desagradable con su dignidad intacta. Al salir, elevó una oración: «Gracias, Señor, por ese hombre. Prometo que si alguna vez tengo dinero, haré lo mismo».

En 1999, El amigo secreto, ahora un empresario muy próspero, buscó a Tom Horn, ahora con 85 años, en su hogar de Tupelo, Mississippi. En el portal de Tom y con un gorro de San Nicolás, volvió a contar la historia del joven hambriento de 1971. Le preguntó a Tom cuánto creía él que sería el valor de 20 dólares en aquella época, y Tom riéndose le dijo: «Probablemente 10.000 dólares». El amigo secreto entonces le entregó a Tom 10.000 dólares en efectivo en un sobre. Por supuesto, Tom trató de rechazarlo, pero finalmente aceptó y depositó el dinero en el banco. También afirmó que podría necesitarlo para atender a su esposa que padecía de Alzheimer.

Horn opinó sobre el amigo secreto: «Él no quiere que le agradezcan o que lo alaben por lo que hace; él obra así porque brota de la bondad de su corazón». Después de obsequiar a docenas de personas hace varias Navidades, El amigo secreto dijo: «¿No es divertido alegrar a las personas y contemplar la sonrisa en su rostro?». Creo saber por qué este hombre contribuía de esta manera: porque quizás eso sea lo más divertido que puede hacer con el dinero, y usted nunca lo sabrá hasta que lo intente.

Hace varios años, se reveló la identidad del amigo secreto. Su nombre era Larry Stewart, de Kansas City. Él reveló su identidad porque, tras regalar 1,3 millones de dólares, le diagnosticaron cáncer. Larry deseaba que nosotros continuáramos su legado como amigos secretos. ¡Eso es contribuir!

Haga las tres cosas

Hay solo tres usos para el dinero: DIVERSIÓN, INVERSIÓN y CONTRIBUCIÓN. Usted no puede atribuirse el estatus de la transformación total de su dinero hasta que haya hecho estas tres cosas. No tiene que comprar una Harley, invertir millones o regalar 25.000 dólares en efectivo, pero tiene que hacer algo de cada una. Además, como dije anteriormente, debería comenzar haciendo algo de cada una a medida que da los pasos. Contribuir con algo, aunque sea su tiempo sirviendo sopa a los desamparados, debe hacerse desde el primer paso de bebé. La diversión también comienza aquí. Aunque tenga que ser una diversión poco costosa al principio, es mayor y mejor a medida que llegamos más alto en los pasos. La inversión, por supuesto, comienza en el cuarto paso de bebé (invierta 15 % de su ingreso para el retiro). Usted no alcanzará el pleno uso y disfrute de su dinero hasta que haga las tres cosas.

El que nunca se divierte con su dinero no capta este punto. El que nunca invierte dinero jamás tendrá suficiente. El que nunca contribuye es un mono con su mano dentro de una botella. Haga un poco de cada una de esas cosas y, si es casado, deje que su cónyuge tenga alguna flexibilidad tan pronto como se pueda. Después de que haya completado el paso del fondo de emergencia, permita que cada uno funcione en las áreas que estimen mejor. Mi esposa, Sharon, es una ahorradora natural, así que siempre hace trampas con el fin de invertir. Yo soy un gastador natural, de modo que me aseguro de que ella se divierta. Ambos disfrutamos al contribuir.

Por favor, empuje ese pedal una vez más. Retroceda un poco si tiene que hacerlo, pero el fracaso no es una opción. ¡Empuje, empuje! Le prometo, y las decenas de miles de personas que han alcanzado el pináculo en la transformación total de su dinero también lo aseguran, que en la cima de la loma hay un glorioso descenso. ¡Haga esa carrera con nosotros!

Yo era raro antes de que ser raro fuera popular. Comencé a ahorrar para mi primera casa a los 17 años y pagué la mitad a los 23 años. Por otro lado, mi esposa fue diferente. Cuando nos casamos, ella tenía trece tarjetas de crédito y un pago total de 30.000 dólares por su auto. Yo sabía que esto no era bueno para unos recién casados y ambos decidimos saldar las deudas.

Aunque mi esposa tenía dudas, comenzamos a pagar las deudas por consumo y los 95.000 dólares de nuestra casa nueva. Fue entonces que descubrí *La transformación total de su dinero* y decidí actuar con intensidad. Entonces, inicié un trabajo a medio tiempo de mantenimiento de césped y utilicé las herramientas que tenía disponibles. Mi suegra me permitió utilizar su podadora motorizada siempre y cuando cortara su césped cada sábado. Así comenzamos a pagar todas nuestras cuentas.

Mi esposa deseaba ser ama de casa para cuidar de nuestros hijos. Así, con el auge del negocio de mantenimiento de césped, pagamos la deuda por consumo en diez meses. Cuando decidimos comenzar una familia, mi esposa pudo cumplir su deseo de quedarse en casa con los niños. Durante mucho tiempo, dirigimos casi todo nuestro dinero extra al pago de la hipoteca. Hoy podemos gritar con orgullo: «¡Estamos libres de deudas!».

Ya no discutimos por causa de las finanzas. Si algo se rompe, lo reparamos o lo reemplazamos; ya no es un problema. Ahora tengo todo el tiempo que quiera para estar con mi familia y sé que su futuro será brillante porque nos hemos sacrificado en pos de ello.

Poco después de pagar la casa, comenzamos el séptimo paso de bebé. Sin duda, contribuir monetariamente provoca una sensación maravillosa y es sencillo cuando uno no tiene deudas. Nuestras cuentas tradicionales y Roth IRA están abastecidas; también lo están los fondos universitarios de nuestros dos hijos. ¡Invertir es crucial! Usted debe invertir AHORA, porque no puede recuperar el tiempo perdido. Más adelante en su vida, usted estará feliz de haberlo hecho. Nosotros podemos retirarnos cuando y como queramos. Tenemos más de 100.000 dólares en fondos de retiro, 90.000 dólares en ahorros, nuestra casa vale 450.000 dólares y pagamos por completo dos autos nuevos. Mis símbolos de estatus preferidos son la hipoteca pagada y el BMW en el garaje.

Luke y Laura Lokietek
(36 y 34 años respectivamente)
Analista programador sénior; ama de casa

Viva como nadie

Usted comenzó este libro financieramente flojo, sobrecargado de deudas, fuera de forma en ahorros y en desesperada necesidad de un entrenador personal. En estas páginas ha comprobado cómo decenas de miles de personas normales han adquirido un excelente estado financiero. Este es un libro sobre cómo salir de deudas y construir riquezas. Sin embargo, existe un problema al seguir el plan de la transformación total de su dinero. El problema sencillamente es que es un «plan probado», porque funciona. Si sigue este sistema, funcionará. Dará tan buenos resultados que va a hacerse rico al cabo de veinte a cuarenta años. El problema con hacerse rico es que corre el riesgo de llegar a enamorarse de la riqueza. Podemos fácilmente comenzar a adorar el dinero, especialmente después de tener mucho.

Falsos centavos de seguridad

Según Proverbios 10:15, la riqueza de un hombre puede llegar a ser su ciudad fortificada. En tiempos bíblicos, la muralla alrededor de la ciudad era la protección contra el enemigo. Si todo lo que usted obtiene de su riqueza es un concepto erróneo de ella, la riqueza destruirá su paz. Si deriva de su riqueza la idea de que usted es grandioso porque reunió algo de dinero, entonces no captó la esencia de la transformación total de su dinero. La persona rica que es gobernada por sus pertenencias no es más libre que el consumidor acosado por la deuda que hemos criticado a través del libro. Antoine Rivaroli dijo: «Hay hombres que obtienen de su riqueza solo el temor de perderla».

Puesto que ha leído muchas páginas aprendiendo de mí un sistema para crear riqueza, podría pensar que creo que las cosas materiales son la vía a la felicidad, el bienestar emocional y la madurez espiritual. Usted se equivocaría, porque yo sé que ese no es el caso. Por el contrario, veo un verdadero peligro espiritual en tener gran riqueza. El peligro es el materialismo pasado de moda. En su gran libro *Money, Possessions and Eternity* [Dinero, posesiones y eternidad], el autor Randy Alcorn examina con cuidado el materialismo. Randy habla de una enfermedad que anda suelta en Estados Unidos: la «afluenza». La afluenza es una enfermedad que afecta a algunos ricos y a sus hijos. Puesto que algunos de ellos buscan felicidad, solaz y satisfacción en el consumo de cosas, ellos encaran un problema. Al tratar de que las cosas materiales hagan algo para lo que no fueron concebidas, salen vacíos, deprimidos y hasta llegan al suicidio. Entonces, descubren la sabiduría de las calcomanías que se pegan a los autos: «El que muere con mayor número de posesiones ya está muerto». Las pertenencias son maravillosas; adquiera algunas, pero no permita que la riqueza se convierta en su dios.

Mi esposa y yo nos preocupamos porque nuestra riqueza fuera una maldición y no una bendición para nuestros hijos. Por eso, cuando eran niños, fuimos severos con ellos respecto del trabajo, el ahorro, las donaciones y los gastos. Desde pequeños esperamos mucho de ellos. Hoy estoy muy orgulloso del carácter de nuestros hijos adultos. Ellos, como sus padres, no son perfectos, pero están actuando bien. Cuando una de nuestras hijas era adolescente, se quejó: «¿Sabes lo difícil que es ser hija de Dave Ramsey? Papá, tú eres muy duro con nosotros; nos haces comprar nuestros propios autos y manejar nuestras chequeras. No eres flexible con nosotros». Le respondí que éramos severos con ellos porque un día ellos heredarían nuestra riqueza, y esa riqueza arruinaría sus vidas o llegaría a ser un instrumento para mucho bien.

Mis hijos, usted y yo podemos hacer que ocurran cosas buenas como resultado de la transformación total de nuestro dinero solo *si* tenemos el carácter espiritual para reconocer que la riqueza no es la respuesta a las preguntas de la vida. Además, debemos reconocer que, aunque la riqueza es muy divertida, viene con una gran responsabilidad.

Otra paradoja es que la riqueza lo hará a usted más de lo que usted es. Piense en eso por un momento. Si es un patán y llega a hacerse rico, será el rey de los patanes. Si es generoso y llega a hacerse rico, será más generoso. Si es amable, la riqueza le permitirá mostrar amabilidad en forma inmensurable. Si se siente culpable, la riqueza se asegurará de que se sienta culpable por el resto de su vida.

El AMOR al dinero, mas no el dinero en sí mismo, es la raíz de todos los males

Como cristiano, me sorprende cómo ciertos grupos políticos y religiosos han decidido que la riqueza es mala. Muchos de los héroes de la fe bíblica, de la historia universal y de nuestra nación han sido muy ricos, incluso el rey David, Salomón, Job y la mayoría de nuestros Padres Fundadores. Existe una mentalidad negativa absurda que justifica la mediocridad financiera. La riqueza no es un mal, y la persona que la posee no es malvada por virtud de la riqueza. Existen patanes ricos y patanes pobres. En su libro *El espíritu de las disciplinas*, Dallas Willard afirma que *usar* la riqueza es causar que se consuma, *confiar* en las riquezas es contar con ellas para cosas que no pueden suministrar, pero *poseer* riquezas es tener el derecho a decir cómo serán o no usadas.

Si usted es una buena persona, es su deber espiritual poseer riquezas para el bien de la humanidad. Si es cristiano como yo, es su deber espiritual poseer riquezas de modo que pueda hacer con ellas cosas que den gloria a Dios. El resultado es que, si toma la posición de que administrar la riqueza es malo o carnal, entonces por descuido deja toda la riqueza a la persona mala y carnal. Si la riqueza es espiritualmente mala, entonces las buenas personas no pueden tenerla, de manera que todas las malas personas la obtienen. Es deber de las buenas personas adquirir riqueza para que no caigan en manos de las malas personas, porque las buenas personas harán el bien con ella. Si todos abandonamos el dinero porque algunas almas confundidas lo consideran un mal, entonces los únicos con dinero serán los pornógrafos, los traficantes de drogas o los proxenetas. ¿Está claro?

Para darle esperanza

Creo que usted se habrá dado cuenta de que la transformación total de su dinero es más que una mera discusión sobre temas de dinero. La transformación total de su dinero lo hace enfrentarse al hombre o a la mujer en el espejo. Ese enfrentamiento nos hace encarar aspectos emocionales, de relación, físicos y aun espirituales de nuestra vida. Las personas ricas que he conocido que están satisfechas no tuvieron solo una transformación total de su *DINERO*; ellos tuvieron una transformación de vida. Puesto que las finanzas personales son ochenta por ciento conducta y veinte por ciento conocimiento, usted reformará su vida en este proceso, o terminará hecho un miserable. Estoy siendo muy espiritual aquí al final, pero lo espiritual es un aspecto legítimo de la conducta. Conozco a personas bien formadas y maduras que llegaron a ser quienes Dios las diseñó para ser cuando arreglaron sus finanzas. Dios tiene un plan para su vida que no busca dañarlo; es un plan para tener esperanzas en el futuro (ver Jeremías 29:11).

Lo principal que deseo que usted tome de este libro es esperanza. Esperanza de que puede ser como las personas cuyas historias he presentado aquí. Esperanza de que puede convertir los problemas de dinero en triunfos monetarios. Esperanza de que puede retirarse con dignidad. Esperanza de que puede cambiar su árbol familiar, porque, al crear riqueza, dejará una herencia. Esperanza de que puede contribuir monetariamente en maneras que nunca antes ha probado. Es hora de que se convierta en una gacela. Es tiempo de que deje atrás la lectura y el aula de clases y ponga en práctica estos principios. Son viejos principios, y funcionan. Decenas de miles de personas sencillas como usted y yo han llegado a estar libres de deudas y aun ricos usando este plan. No es algo mágico; es puro sentido común. Lo emocionante es que todos pueden hacerlo; *todos*. ¿Será usted el próximo? Eso espero.

Comience aquí la transformación total de su dinero

En *The Ramsey Show* tenemos una tradición que comenzó por accidente hace mucho tiempo cuando una oyente llamó e inmediatamente empezó a gritarme que estaba libre de deudas. ¡Ni siquiera podía decir una palabra! Se había sentido atrapada por su deuda durante tanto tiempo que, una vez que por fin se liberó, ¡lo único que quería era gritar su victoria a todo pulmón! Hoy en día, los gritos de libertad de deudas son una parte habitual de nuestro programa; muchas veces, la gente viene en persona a hacer su grito desde el escenario «Libre de deudas» en el vestíbulo de nuestra sede y comparten las historias de sus viajes hacia la libertad. Es a la vez un grito de victoria para ellos y un estímulo para todos los que siguen su camino. Siempre les pregunto qué fue lo que marcó la mayor diferencia cuando dieron los primeros pasos de bebé. ¿Qué les hizo tener éxito donde otros no lo tienen? ¿La respuesta? Una y otra vez, dos simples palabras: el presupuesto. Ya sea que hayan pagado una deuda de 10.000 o 500.000 dólares, que tengan un ingreso de 30.000 o 230.000 dólares, que sean casados o solteros, ancianos o jóvenes, aprender a vivir con un presupuesto es siempre el factor principal de su éxito.

Las personas que nunca han hecho un presupuesto con frecuencia tienen fuertes sentimientos sobre la idea de presupuestar. Muchos creen que un presupuesto es restrictivo y que, si viven con uno, nunca podrán volver a gastar dinero en algo divertido. Sin embargo, le diré algo que realmente no es divertido: sentir que está fuera de control con su dinero, que apenas llega a fin de mes o que nunca saldrá adelante.

La elaboración de un presupuesto cambiará todo eso para usted porque, en esencia, un presupuesto no es más que un plan para su dinero. Es la forma de decirle a su dinero adónde tiene que ir para que pueda dejar de preguntarse adónde ha ido. Cuando haga un presupuesto, sabrá que lo básico (comida, alojamiento, servicios, transporte) está cubierto. Dejará de sentir miedo a que rechacen la tarjeta de débito en el supermercado o, peor aún, a cargar la compra a la tarjeta de crédito. Se acabaron los avisos de retraso en el pago de la hipoteca. Cuando utiliza su presupuesto para pagar más de su deuda, adivine qué… ¡la deuda se salda! Cuando presupuesta su dinero para ahorrar para su fondo de emergencia, para Navidad o para un auto nuevo, adivine qué… ¡realmente ahorra dinero para esos objetivos! Un buen presupuesto es tan importante para el éxito de los pasos de bebé que lo consideramos el paso de bebé 0, y es el paso que nunca se detiene.

Si está casado, hacer un presupuesto juntos le ayudará a ponerse de acuerdo con su cónyuge sobre el dinero y a poner fin a las peleas por dinero. Estarán en el mismo equipo, trabajando por los mismos objetivos. ¿Se imagina la paz que eso traerá a su hogar? Si es soltero, pero no lleva un presupuesto, ya sabe lo fácil que es ocultar sus gastos, incluso a sí mismo. Por eso usted también tiene que hacer un presupuesto, para ser responsable consigo mismo y con los objetivos que se proponga.

Para que la transformación total de su dinero tenga éxito, tiene que planificar sus gastos cada mes, sobre el papel, a propósito, antes de que empiece el mes. Digo «en papel» porque así es como Sharon y yo empezamos nuestro presupuesto, en un bloc de notas amarillo. No hace falta ser tan de la vieja escuela (ni tan cerebrito) como yo, porque mi equipo ha creado la mejor aplicación de presupuestos del mundo. Se llama EveryDollar y millones de personas la utilizan cada día para elaborar sus presupuestos, controlar sus gastos y progresar realmente en sus objetivos económicos. Creemos con mucha firmeza en la importancia de un presupuesto para su éxito, por eso le damos acceso a la versión Premium de EveryDollar durante tres meses, ¡totalmente gratis! Con la versión Premium, puede conectar sus cuentas bancarias y transferir sus transacciones directamente a su presupuesto. Además, tendrá acceso a todo tipo de recursos para ayudarle a desarrollar sus habilidades presupuestarias, informes para mantenerte en el buen camino, ¡y el equipo está añadiendo nuevas características todo el tiempo!

No le prometo que le encantará presupuestar después del primer mes. Se necesita unos tres meses para aprender a hacerlo, así que no se rinda. Lo que sí prometo es que si sigue trabajando y se ciñe al presupuesto que ha trazado, empezará a ver progresos. Por fin sentirá que controla su dinero. Usted y su cónyuge tendrán una mejor comunicación sobre el dinero y confiarán que la transformación total de su dinero va a funcionar.

Acerca del autor

Dave Ramsey es la voz de confianza en Estados Unidos en temas de finanzas y negocios. Ramsey es un experto en administración de finanzas personales y una personalidad de radio extremadamente popular. También es el autor de cinco libros *best sellers* del *New York Times*: *Financial Peace* [Tranquilidad financiera], *More Than Enough* [Más que suficiente], *La transformación total de su dinero*, *EmpreLiderazgo* y *Baby Steps Millionaires* [Pasitos de bebé millonarios]. Su programa radial *The Ramsey Show* lo escuchan millones de personas cada semana en cientos de estaciones de radio por todo Estados Unidos. Asimismo, Ramsey es el fundador y director de Ramsey Solutions, una empresa dedicada a ayudar a las personas a alcanzar la libertad financiera, establecer objetivos profesionales y fortalecer las relaciones a través de clases de la Universidad para la Tranquilidad Financiera, planes de estudios de finanzas personales, eventos en vivo de clase mundial, pódcasts informativos y mucho más.

Hojas de trabajo de
La transformación total de su dinero

Para obtener la versión digital de estos formularios,
visite ramseysolutions.com/tools.
Mire la aplicación EveryDollar en Ramseysolutions.com/budgeting.

Plan mensual de flujo de dinero

Sí, este formulario de presupuesto tiene muchos espacios para rellenar.

No obstante, esto no es un problema. Hacemos esto para incluir prácticamente todos los gastos imaginables en este formulario, de modo que no se olvide de nada. No es necesario que llene cada espacio en blanco, sino solo aquellos que son relevantes para su situación particular.

Paso 1

Escriba su ingreso neto mensual en el recuadro en la parte superior derecha (**A**). Esa será la cantidad que debe presupuestar ese mes. Por ahora, todo bien, ¿verdad?

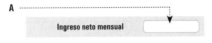

Paso 2

Dentro de cada categoría principal, como Comida, existen subcategorías, como Víveres. Comience arriba y avance hacia abajo, de modo que llene primero la columna Presupuesto (**B**). Sume las categorías y escriba la cifra en el recuadro Total (**C**).

También tome en cuenta los porcentajes recomendados por Dave (**D**). Esto impedirá que le asigne demasiado dinero a una categoría en particular.

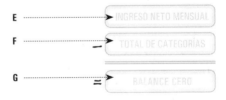

Paso 3

Finalmente, escriba su ingreso neto mensual en el recuadro superior al final de la página (**E**). Luego sume todas las categorías e ingrese el total en el recuadro Total de categorías (**F**). Después sustraiga la cifra en Total de categorías de su Ingreso neto mensual. El balance debería quedar en cero (**G**). ¿No le parece genial?

Paso 4

Al final del mes, ingrese su gasto real en la columna Gasto (**H**). Esto le permitirá hacer modificaciones al presupuesto del mes siguiente.

Plan mensual de flujo de dinero

Ingreso neto mensual _____

sume la columna Presupuesto e ingrese la suma aquí.

Estos íconos indican que sería una buena opción utilizar sobres con efectivo.

♥ DONATIVOS
	Gasto	Presupuesto
Diezmo		
Donativos y ofrendas		
*10–15%		**TOTAL**

🐷 AHORROS
	Gasto	Presupuesto
Fondo de emergencia		
Fondo de retiro		
Fondo universitario		
*10–15%		**TOTAL**

🏠 VIVIENDA
	Gasto	Presupuesto
Primera hipoteca / renta		
Segunda hipoteca		
Impuestos de bienes raíces		
Reparaciones / mantenimiento		
Cuotas de asociación		
*25–35%		**TOTAL**

⚙ SERVICIOS BÁSICOS
	Gasto	Presupuesto
Electricidad		
Gas		
Agua		
Recolección de basura		
Teléfono / celular		
Internet		
Cable		
*5–10%		**TOTAL**

🍎 ALIMENTACIÓN
	Gasto	Presupuesto
✉ Víveres		
✉ Restaurantes		
*5–15%		**TOTAL**

👕 VESTIMENTA
	Gasto	Presupuesto
✉ Adultos		
✉ Niños		
✉ Limpieza / lavandería		
*2–7%		**TOTAL**

🚗 TRANSPORTE
	Gasto	Presupuesto
Gasolina y aceite		
✉ Arreglos y neumáticos		
Licencias e impuestos		
Reemplazo del auto		
Otros _____		
*10–15%		**TOTAL**

🩺 MEDICINA / SALUD
	Gasto	Presupuesto
Medicamentos		
Cuentas médicas		
Odontólogo		
Optometrista		
Vitaminas		
Otros _____		
Otros _____		
*5–10%		**TOTAL**

*Porcentajes recomendados por Dave

SEGUROS

	Gasto	Presupuesto
Seguro de vida		
Seguro de salud		
Propietario / arrendatario		
Seguro de automóvil		
Seguro de incapacidad		
Robo de identidad		
Cuidado prolongado		

*10–25% TOTAL

PERSONAL

	Gasto	Presupuesto
Cuidado infantil / niñera		
Artículos de aseo personal		
Cosméticos		
Educación / matrícula		
Libros / suministros		
Manutención		
Suscripciones		
Cuotas de organizaciones		
Regalos (incluyendo Navidad)		
Reemplazo de muebles		
Dinero extra (para él)		
Dinero extra (para ella)		
Suministros del bebé		
Suministros de la mascota		
Música / tecnología		
Misceláneos		
Otros _____		
Otros _____		
Otros _____		

*5–10% TOTAL

RECREACIÓN

	Gasto	Presupuesto
Entretenimiento		
Vacaciones		

*5–10% TOTAL

DEUDAS

	Gasto	Presupuesto
Pago del auto 1		
Pago del auto 2		
Tarjeta de crédito 1 __		
Tarjeta de crédito 2 __		
Tarjeta de crédito 3 __		
Tarjeta de crédito 4 __		
Tarjeta de crédito 5 __		
Préstamo estudiantil 1		
Préstamo estudiantil 2		
Préstamo estudiantil 3		
Préstamo estudiantil 4		
Otros _____		
Otros _____		
Otros _____		
Otros _____		
Otros _____		

su meta es tener un 0% aquí. *5–10% TOTAL

Cuando haya llenado cada categoría, sustraiga los totales de las categorías de su ingreso neto mensual.

Utilice el formulario «Fuentes de ingreso» si es necesario. → INGRESO NETO MENSUAL

Sume los totales de cada categoría. — TOTAL DE CATEGORÍAS

Recuerde que la meta de un presupuesto con base cero es que este número sea igual a cero. = BALANCE CERO

Plan de asignación de gastos

La vida hala su dinero en diferentes direcciones. Gaste un poco de tiempo en esta sección antes de gastar su dinero.

La palabra *asignación* es un término elegante que significa «cuando usted gaste su dinero». Aquí expandiremos su Plan mensual de flujo de dinero y profundizaremos más al desglosar su ingreso de acuerdo al período de pago. Las cuatro columnas de este formulario representan las cuatro semanas de un mes. Si usted está casado, combine sus ingresos con los de su cónyuge.

Paso 1a

Escriba el período de pago en el recuadro A. Esto simplemente indica qué tanto tiempo pasará entre un cheque y otro. Si a usted le pagan el 1 y el 15 del mes, entonces su período de pago para julio será, por ejemplo, 7/1 a 7/14.

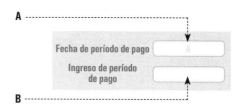

Paso 1b

Escriba cuánto le pagarán en ese período de pago (B).

Paso 2

Escriba cuánto dinero de presupuesto tiene en la columna de Presupuesto (C). En la columna Restante (D), incluya un total constante de qué cantidad de su ingreso inicial le queda para ese período de pago.

Paso 3

Siga avanzando en la lista hasta que la columna Restante (E) llegue a cero. Cuando esta columna llegue a cero, usted ha terminado de presupuestar ese período de pago.

Paso 4

Si al final de la columna (F) le queda dinero, regrese y ajuste algún área, como los ahorros o las donaciones, de modo que se asegure de que ha gastado cada dólar. Recuerde que cada dólar debe tener un destino.

Plan de asignación de gastos

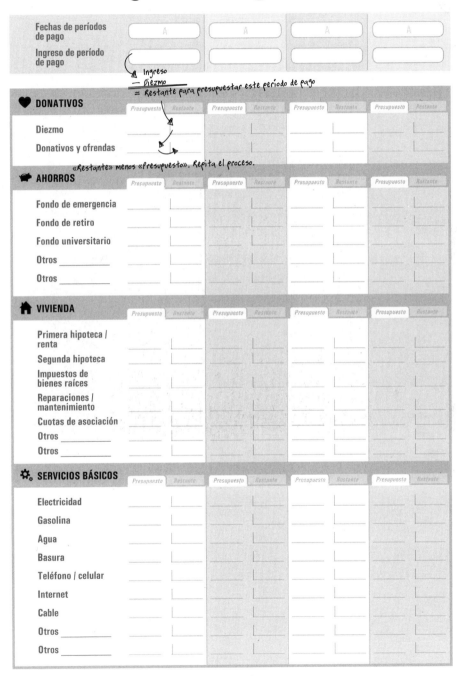

| Fechas de períodos de pago | A | A | A | A |
| Ingreso de período de pago | | | | |

Ingreso
— Diezmo
= Restante para presupuestar este período de pago

♥ DONATIVOS

	Presupuesto	Restante	Presupuesto	Restante	Presupuesto	Restante	Presupuesto	Restante
Diezmo								
Donativos y ofrendas								

«Restante» menos «presupuesto». Repita el proceso.

🐷 AHORROS

	Presupuesto	Restante	Presupuesto	Restante	Presupuesto	Restante	Presupuesto	Restante
Fondo de emergencia								
Fondo de retiro								
Fondo universitario								
Otros _____								
Otros _____								

🏠 VIVIENDA

	Presupuesto	Restante	Presupuesto	Restante	Presupuesto	Restante	Presupuesto	Restante
Primera hipoteca / renta								
Segunda hipoteca								
Impuestos de bienes raíces								
Reparaciones / mantenimiento								
Cuotas de asociación								
Otros _____								
Otros _____								

⚙ SERVICIOS BÁSICOS

	Presupuesto	Restante	Presupuesto	Restante	Presupuesto	Restante	Presupuesto	Restante
Electricidad								
Gasolina								
Agua								
Basura								
Teléfono / celular								
Internet								
Cable								
Otros _____								
Otros _____								

Fechas de períodos de pago	A	A	A	A

Cuando lo «Restante» llega a cero, usted ha terminado de presupuestar este período de pago.

🍎 ALIMENTACIÓN

	Presupuesto	Restante	Presupuesto	Restante	Presupuesto	Restante	Presupuesto	Restante
✉ Víveres								
✉ Restaurantes								

👕 VESTIMENTA

	Presupuesto	Restante	Presupuesto	Restante	Presupuesto	Restante	Presupuesto	Restante
✉ Adultos								
✉ Niños								
✉ Limpieza / lavandería								

🚗 TRANSPORTE

	Presupuesto	Restante	Presupuesto	Restante	Presupuesto	Restante	Presupuesto	Restante
Gasolina y aceite								
✉ Arreglos y neumáticos								
Licencias e impuestos								
Reemplazo del auto								
Otros _____								
Otros _____								
Otros _____								

🩺 MEDICINA / SALUD

	Presupuesto	Restante	Presupuesto	Restante	Presupuesto	Restante	Presupuesto	Restante
Medicamentos								
Cuentas médicas								
Odontólogo								
Optometrista								
Vitaminas								
Otros _____								
Otros _____								
Otros _____								
Otros _____								
Otros _____								
Otros _____								

Plan de asignación de gastos

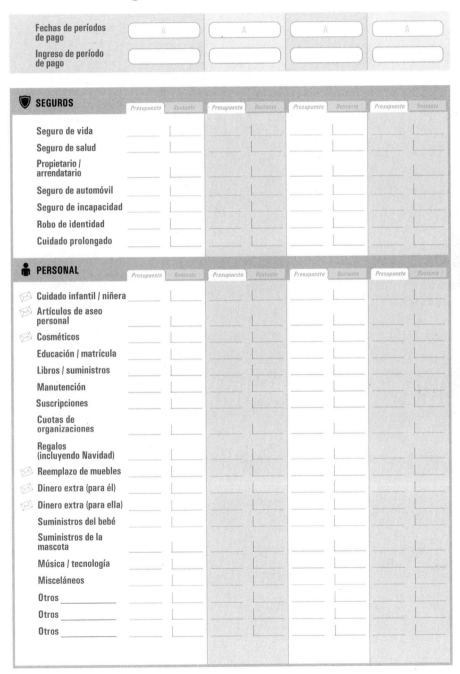

Fechas de períodos de pago

Ingreso de período de pago

🛡 SEGUROS

	Presupuesto	Restante	Presupuesto	Restante	Presupuesto	Restante	Presupuesto	Restante
Seguro de vida								
Seguro de salud								
Propietario / arrendatario								
Seguro de automóvil								
Seguro de incapacidad								
Robo de identidad								
Cuidado prolongado								

👤 PERSONAL

	Presupuesto	Restante	Presupuesto	Restante	Presupuesto	Restante	Presupuesto	Restante
Cuidado infantil / niñera								
Artículos de aseo personal								
Cosméticos								
Educación / matrícula								
Libros / suministros								
Manutención								
Suscripciones								
Cuotas de organizaciones								
Regalos (incluyendo Navidad)								
Reemplazo de muebles								
Dinero extra (para él)								
Dinero extra (para ella)								
Suministros del bebé								
Suministros de la mascota								
Música / tecnología								
Misceláneos								
Otros _____								
Otros _____								
Otros _____								

Fechas de períodos de pago	A	A	A	A

🏃 RECREACIÓN

	Presupuesto	Restante	Presupuesto	Restante	Presupuesto	Restante	Presupuesto	Restante
Entretenimiento								
Vacaciones								
Otros _____								

💰 DEUDAS

	Presupuesto	Restante	Presupuesto	Restante	Presupuesto	Restante	Presupuesto	Restante
Pago del auto 1								
Pago del auto 2								
Tarjeta de crédito 1 __								
Tarjeta de crédito 2 __								
Tarjeta de crédito 3 __								
Tarjeta de crédito 4 __								
Tarjeta de crédito 5 __								
Préstamo estudiantil 1								
Préstamo estudiantil 2								
Préstamo estudiantil 3								
Préstamo estudiantil 4								
Otros _____								
Otros _____								
Otros _____								
Otros _____								
Otros _____								
Otros _____								
Otros _____								
Otros _____								
Otros _____								
Otros _____								
Otros _____								
Otros _____								
Otros _____								

Plan para ingresos irregulares

Todos los salarios de algunas personas lucen igual, pero los de otras no.

Si usted trabaja por cuenta propia o es vendedor, ¡sin duda comprende lo que digo! No obstante, usted no queda libre de elaborar un presupuesto. De hecho, ¡este formulario es vital precisamente por esa razón! Es usual que las deudas y los gastos superen los ingresos, así que manténgase al tanto de su dinero.

Paso 1

Llene el Plan mensual de flujo de dinero tomando en cuenta su estimación de cuánto ganará ese mes. Si no está seguro, utilice el mes de menor ingreso del año pasado como punto de partida.

Paso 2

Escriba todo aquello que no incluyó en su Plan mensual de flujo de dinero en la columna Ítems (**A**). Estas son aquellas cosas que no pudo presupuestar, pero que deben pagarse.

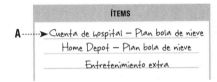

Paso 3

Aliste sus gastos en orden de prioridad y lleve la cuenta del total. Es crucial que establezca prioridades adecuadas. Por ejemplo, ¡un viaje a la playa no es más importante que comprar alimentos!

Paso 4

Cuando le paguen, escriba sus ingresos adicionales en el recuadro (**B**). El término adicional se refiere a cualquier monto más allá de lo presupuestado en el formulario Plan mensual de flujo de dinero.

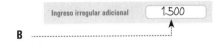

Paso 5

Gaste el dinero estipulado en la lista hasta que no quede nada. Probablemente no llegue al final de la lista. ¡No hay problema! Por eso es importante establecer prioridades.

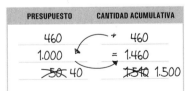

Plan para ingresos irregulares

Sus ingresos irregulares adicionales van aquí.

Escriba, en orden de prioridad, todo aquello que no incluyó en su Plan mensual de flujo de dinero.

Ingreso irregular adicional	

De uno en uno sume cada ítem del presupuesto a la cantidad acumulativa.

ÍTEMS	PRESUPUESTO	CANTIDAD ACUMULATIVA
		+
		=

Plan bola de nieve

Ya abasteció su fondo de emergencia; ahora debe deshacerse de la deuda.

¡El formulario del Plan bola de nieve lo ayudará a obtener triunfos rápidos y a tomar impulso! Haga pagos mínimos en todas sus deudas, excepto la más pequeña. ¡Luego concéntrese en esa con la intensidad de una gacela! ¡Dirija hacia su liquidación cuanto dólar pueda reunir!

Paso 1

Enumere sus deudas de menor saldo total primero a mayor. No se preocupe de la tasa de interés a menos que dos deudas tengan un saldo similar. En ese caso, ponga la de mayor interés primero.

DEUDAS	SALDO TOTAL
Diagnóstico	50
Cuenta de hospital	460
Home Depot	770

Paso 2

Ataque la deuda más pequeña al pagar de ella tanto como pueda. Cuando pague una deuda, tome el monto con que la estaba pagando y añádalo al pago mínimo de la siguiente deuda. Mientras la bola de nieve rueda, va absorbiendo más nieve. ¿Comprende la imagen?

PAGO MÍNIMO	PAGO NUEVO
~~10~~	~~10~~
38	~~48~~
45	93

Paso 3

Cuando liquide una deuda, táchela; ¡esto lo ayudará a determinar cuánto le falta para estar libre de deudas!

~~Cuenta de hospital~~
~~Home Depot~~
~~Tarjeta VISA~~
~~Préstamo~~ del auto ¡ESTOY LIBRE DE DEUDAS!

Plan bola de nieve

Cuando pague una deuda, sume el siguiente pago mínimo al monto actual. Esto se convierte en el pago nuevo.

Anote sus deudas de la menor a la mayor según el balance.

DEUDAS	SALDO TOTAL	PAGO MÍNIMO	PAGO NUEVO
			+
			=

Desglose de los ahorros

Estos ítems también se llaman fondos de amortización; ellos son la red de seguridad de su plan.

Después de que su fondo de emergencia esté completo, puede ahorrar para ciertas cosas como cambiar los muebles, el automóvil, arreglar la casa o irse de vacaciones. Este formulario está diseñado para recordarle que cada dólar en su cuenta de ahorros está reservado para algo.

cantidad que tiene disponible en cada fondo de amortización.

El balance que desea para cada fondo de amortización.

ÍTEMS	BALANCE	OBJETIVO
Fondo de emergencia (1) 1.000 dólares		
Fondo de emergencia (2) 3-6 meses		
Fondo de retiro		
Fondo universitario		
Impuestos de bienes raíces		
Seguro de propietario		
Reparaciones / cuota de mantenimiento		
Cambiar los muebles		
Seguro del auto		
Cambiar el auto		
Seguro de incapacidad		
Seguro médico		
Médico		
Odontólogo		
Optometrista		
Seguro de vida		
Matrícula / suministros escolares		
Regalos (incluyendo Navidad)		
Vacaciones		
Cambiar la computadora		
Llantas del auto		
Bebé		
Otros		

TOTAL

Formulario del capital del consumidor

Su patrimonio neto: lo que posee menos lo que debe.

Utilice este formulario para detallar todos sus bienes y sus valores. Luego sustraiga de cada uno lo que debe (si debe algo). Cuando llene cada columna, el recuadro de Capital total le revelará su patrimonio neto.

cuánto vale cada ítem.

cuánto debe por cada ítem.

sustraiga la deuda del valor para obtener el capital.

ÍTEMS	VALOR	—	DEUDA	=	CAPITAL
Bienes raíces _____					
Bienes raíces _____					
Auto _____					
Auto _____					
Efectivo disponible					
Cuenta corriente					
Cuenta de ahorros					
Cuenta Money Market					
Fondos mutuos					
Plan de retiro					
Valor en efectivo (el seguro)					
Artículos del hogar					
Joyas					
Antigüedades					
Bote					
Deuda no garantizada (negativa)					
Deuda en tarjetas de crédito (negativa)					
Otros _____					
Otros _____					

Este es su patrimonio neto.

VALOR TOTAL	—	DEUDA TOTAL	=	CAPITAL TOTAL

Formulario de la suma total de pago

Estos ítems también se llaman fondos de amortización; ellos son la red de seguridad de su plan.

Después de que su fondo de emergencia esté completo, puede ahorrar para ciertas cosas como cambiar los muebles, el automóvil, arreglar la casa o irse de vacaciones. Este formulario está diseñado para recordarle que cada dólar en su cuenta de ahorros está reservado para algo.

Cuando deba pagar este ítem, ¿cuánto dinero necesitará?

Utilice la fórmula de abajo para calcular cuánto presupuestar.

Esta cantidad debe incluirse en su presupuesto mensual.

ÍTEM QUE SE NECESITA	DINERO QUE SE NECESITA	÷	MESES	=	PRESUPUESTO
Impuestos de bienes raíces					
Seguro de propietario					
Reparaciones en el hogar					
Cambiar muebles					
Cuentas médicas					
Seguro de salud					
Seguro de vida					
Seguro de incapacidad					
Seguro del auto					
Reparaciones del auto / etiqueta					
Cambiar auto					
Ropa					
Matrícula					
Billete de banco					
SRI (empleo por cuenta propia)					
Vacaciones					
Regalos (incluyendo Navidad)					
Otros _____					
Otros _____					

Componentes principales

Su plan financiero tiene muchos elementos.

Usted debe saber qué hacer y cuándo hacerlo. Este formulario le muestra lo esencial que debe incluir en su plan de éxito. Revíselo de línea en línea y escriba la acción que debe tomar respecto a cada ítem; después, incluya una fecha límite.

ÍTEM	ACCIÓN NECESARIA	FECHA DE ACCIÓN
Plan de flujo de dinero por escrito		
Testamento o plan patrimonial		
Plan de reducción de deudas		
Plan de reducción fiscal		
Fondo de emergencia		
Fondo de retiro		
Fondo universitario		
Donaciones		
Enseñar a mis hijos		
Seguro de vida		
Seguro de salud		
Seguro de incapacidad		
Seguro del auto		
Seguro de propietario		
Seguro del arrendatario		
Seguro por cuidado prolongado		
Seguro por robo de identidad		

Porcentajes recomendados

¿Cuánto de su dinero debe dirigir a cada área?

A continuación encontrará algunas recomendaciones basadas en experiencia e investigación. Si comprueba que usted gasta más de lo que recomendamos en una categoría en particular, considere ajustar su estilo de vida en esa área para disfrutar una mayor flexibilidad y libertad. No obstante, son solo sugerencias. Por ejemplo, si tiene ingresos altos, el porcentaje será menor para áreas como los alimentos.

Utilice esta fórmula para obtener sus objetivos de porcentajes.

Ingreso total mensual **X** Porcentaje recomendado

Utilice esta fórmula para obtener los porcentajes que utiliza actualmente.

Cantidad presupuestada **÷** Ingreso total mensual **X 100**

ÍTEM	PORCENTAJE RECOMENDADO	OBJETIVO	PORCENTAJE ACTUAL
Donaciones	10–15 %		
Ahorros	10–15 %		
Vivienda	25–35 %		
Servicios públicos	5–10 %		
Alimentos	5–15 %		
Transporte	10–15 %		
Ropa	2–7 %		
Medicina / salud	5–10 %		
Seguro	10–25 %		
Personal	5–10 %		
Recreación	5–10 %		
Deudas	5–10 %		

Resumen de fuentes de ingresos

El dinero es genial... cuando uno lo tiene.

Su dinero viene de algún sitio, ¿o no? Entonces, anótelo. Este formulario detalla todas sus fuentes de ingreso. No existe tal cosa como «dinero encontrado por ahí». ¡Todo cuenta y todo se incluye en el presupuesto!

Anote la cantidad de cada ingreso aquí.

Anote la fecha o período de pago aquí.

EMPLEO	CANTIDAD	FECHA DE PAGO
Pago 1		
Pago 2		
Comisiones		
Bono		
Empleo por cuenta propia		
Devolución de impuestos		
Otros _____		

INVERSIÓN / RETIRO		
Ingreso por intereses		
Ingreso por dividendos		
Ingreso por alquiler		
Fondo fiduciario		
Seguridad social		
Pensión		
Anualidad		
Otros _____		

OTROS		
Ingreso por discapacidad		
Manutención		
Asistencia temporal para familias necesitadas (ATFN)		
Regalos en efectivo		
Desempleo		
Otros _____		

Haga una suma y anote aquí su ingreso total.

TOTAL

Prorrateo de deudas

«¡Es que no puedo hacer los pagos mínimos!». No tema, tenemos un plan para usted.

Prorrata significa «lo que le corresponde». Utilice este formulario para determinar qué porcentaje de sus ingresos representa cada acreedor. Luego envíe el pago con una copia de este formulario y su presupuesto mensual, aunque el acreedor diga que no lo acepta.

Paso 1

Sustraiga el Gasto necesario (**B**) de los Ingresos familiares (**A**). Esto le dará su Renta disponible (**C**). Esa es la cantidad con que debe pagar su deuda una vez que sus necesidades estén cubiertas.

A ----► Ingresos familiares

B ----► Gasto necesario   —

C ----► Renta disponible   =

Paso 2

Anote su Deuda total (**D**). Luego reúna todas sus facturas y sume el total de todos sus pagos mensuales mínimos. Escriba esto en su Pago total mínimo (**E**). Si su Pago total mínimo es mayor que su Renta disponible (**C**), debe utilizar el Prorrateo de deudas.

D ----► Deuda total

E ----► Pago total mínimo

ÍTEM	PAGO	÷ DEUDA TOTAL	= PORCENTAJE	X RENTA DISPONIBLE	= NUEVO PAGO
F	G	H	I	J	K

Paso 3

Ingrese todas sus deudas en la columna Ítem (**F**) y escriba el total a pagar de la deuda en la columna Pago (**G**). Luego añada la Deuda total (**H**) y la Renta disponible (**J**) desde la parte superior del formulario.

Paso 4

En cada línea, divida el Pago (**G**) por la Deuda total (**H**) para obtener el Porcentaje (**I**). Esa cantidad le muestra el porcentaje de su ingreso disponible que le corresponde a cada acreedor.

Paso 5

Multiplique el Porcentaje (**I**) por su renta disponible total en la columna Renta Disponible (**J**). Escriba esa cifra en la columna Nuevo pago (**K**). Esa es la cantidad que debe enviarle a ese acreedor específico. Repita ese cálculo con cada ítem en la lista para obtener su prorrateo de deudas.

Prorrateo de deudas

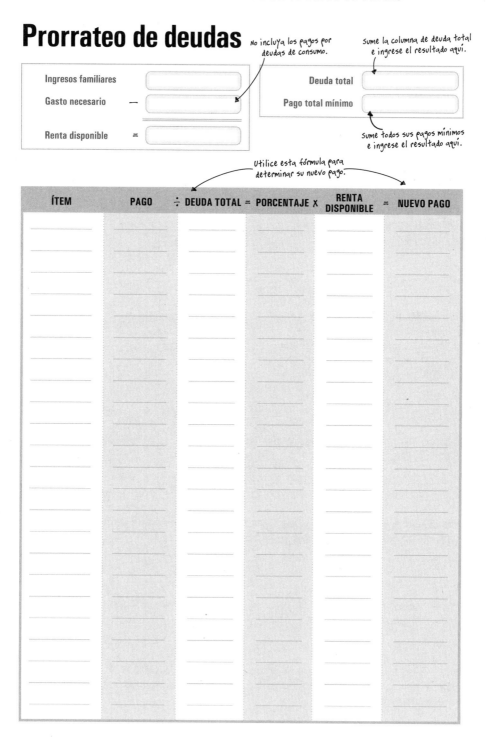

No incluya los pagos por deudas de consumo.

Sume la columna de deuda total e ingrese el resultado aquí.

Ingresos familiares	
Gasto necesario —	
Renta disponible =	

Deuda total	
Pago total mínimo	

Sume todos sus pagos mínimos e ingrese el resultado aquí.

Utilice esta fórmula para determinar su nuevo pago.

ÍTEM	PAGO	÷ DEUDA TOTAL	= PORCENTAJE	X RENTA DISPONIBLE	= NUEVO PAGO

ÍNDICE

YO PUDE, ¡TÚ PUEDES!

ISBN 9781404119420

Margarita Pasos, líder de opinión, empresaria, conferencista y entrenadora corporativa del Fortune 500, revela cómo pasó del pánico, la ansiedad y la depresión grave a una vida de felicidad, paz y plenitud.

Yo pude; ¡tú puedes! es una herramienta y una guía para las personas que han estado buscando una solución a sus trastornos emocionales, pero han luchado por encontrar la paz y el bienestar.

PASOS DE GIGANTE

ISBN 9781404119390

Brian Tracy y Margarita Pasos combinan su experiencia para acortar tu camino al éxito y darte los principios que les han permitido a ambos ser conferencistas internacionales, tener negocios exitosos y superar toda clase de obstáculos en el camino.

Pasos de gigante es la guía que necesitas para actualizar tu mentalidad y tener la actitud que hace que cualquier persona se convierta, rápidamente, en un ganador. En este libro, Brian y Margarita ayudan a los lectores a acortar su camino y evitar frustraciones.

LAS 21 LEYES IRREFUTABLES DEL LIDERAZGO

ISBN 9781400239474

John C. Maxwell, el experto en liderazgo, conferenciante y autor internacionalmente reconocido, ha tomado este éxito de ventas de un millón de ejemplares y lo ha hecho aún mejor.

Si nunca ha leído *Las 21 leyes irrefutables del liderazgo*, se ha perdido uno de los libros de liderazgo más vendidos de todos los tiempos. Si ha leído la versión original, le encantará esta nueva versión ampliada y actualizada.

CAMBIE SU MUNDO

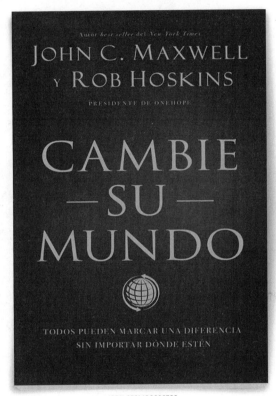

ISBN 9781400228782

Dos de los líderes más respetados hoy en día y que han cambiado al mundo, el experto en liderazgo John C. Maxwell y el líder de desarrollo global Rob Hoskins, comparten sus experiencias en el mundo real ayudando a transformar millones de vidas, comunidades y empresas en todo el mundo para mostrar a la gente cómo ser el cambio que el mundo necesita y ayudar a otros a hacer lo mismo.

APAGA EL CELULAR Y ENCIENDE TU CEREBRO

ISBN 9781400337057

El premiado filósofo, conferenciante internacional y académico Dr. Pablo Muñoz Iturrieta nos trae un manifiesto filosófico que pretende animar a los lectores a aprender a pensar por sí mismos y no permitir que la tecnología domine y controle su vida.

INQUEBRANTABLES

ISBN 9781400220366

En su primer libro, *Inquebrantables*, Daniel Habif, proporciona inspiración y motivación para ayudar al lector a superar obstáculos y crear la vida que desea vivir. Más que un libro de autoayuda, *Inquebrantables* ofrece un manifiesto que invita al lector a participar en el proceso de romper patrones y crear la vida que desean en las áreas de la familia, el amor, el matrimonio, carrera profesional y la vida.

LAS TRAMPAS DEL MIEDO

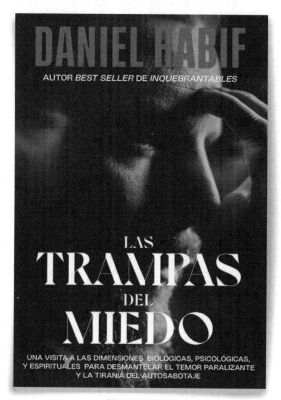

ISBN 9781400235926

Las trampas del miedo, la continuación del éxito de ventas, *Inquebrantables*, es una visita a las dimensiones biológicas, psicológicas y espirituales de los temores que debemos desmantelar. Daniel Habif explica cómo operan estas trampas y ofrece herramientas para superarlas, pero no se queda allí: incluye varias de las secuelas que el miedo causa y explora alternativas para enfrentarlas.